彼女たちのまなざし

日本映画の女性作家

Female Gaze

北村匡平
児玉美月 著

フィルムアート社

目次

序論

児玉美月

「映画監督」と呼ばれる人々が一人残らず女性であったなら、当然そこに「女性監督」という呼称は生まれえない。かつて映画監督には、男性しかいないとされていた時代があった。よって「映画監督」といえば、それだけで直ちに男性の映画監督を指していた。女性の映画監督は男性の後続であるために、さらに昔には「女流監督」、もしくは「女性監督」と呼ばれてゆく。したがって「女性監督」という言葉は、それが発せられるとき、女性が存在しえなかったかつての歴史、そして現在もなお続くジェンダーの不均衡を都度証立てるだろう。こうした「女性監督」を巡る問題について、フランスの映画作家であるセリーヌ・シアマは次のように語った。

> なぜそうした呼び名に「女性」を付されることが重要かというと、これまで社会や芸術におけるさまざまな場面で多くの女性の存在が消されてきた歴史があるからです。そのため、女性はいままでも参加してきたのだ、そしていまも参加しているのだという事実を示す意味で、私自身はそのようにカテゴリ化された側面も示していきたいという思いがあります[◆1]。

文学や音楽など他の芸術分野と比較しても、こと映画においては監督の地位に立ち「映画作家」とまで見做される女性は、日本でも未だ男性よりはるかに少ない。その意味で、言語上の表象においてもプレゼンスを高める政治的効果はあるといえる。女性差別が厳然として跋扈する日本において企業や政治の場で決定権をもつ重役が極端に男性側に比重が置かれている現状に鑑みても明らかなように、基本的に集団芸術である映画で「監督」の立場は字義通り組織を統率する役割を果たさなければならないために、男性のほうが「適している」とされ、より女性は不遇の境遇に置かれてきた。

むろん映画史を更新してきた女性は監督だけではない。脚本家、美術、撮影監督、ヘアメイク、編集、衣裳、スクリプターなど、さまざまな領域にいる。しかし本書が「女性」を冠したうえで監督＝作家にとりわけ焦点を当てているのは、しばしば作品の看板としてその名を挙げられる監督業にこそ、映画界における女性差別が顕著に堆積されてきたと考えられるからである。よって本書が意図するところは、映画において監督のみを特権化することではなく、映画の総体を監督のみに帰すことでもなく、監督業に就く女性の仕事を通して、女性たちを不当に扱ってきた構造と機序を見通す戦略的選択にこそある。

しかし男性権威主義的な映画界においても女性の監督が確かにいること、性差別がなお温存され続けていることをつねに含意させながらも、同時に私たちは「女性監督」の呼称を、一刻も早く手放せるよう焦燥感に駆られながら用いらなければならない。この呼称は決して無自覚に発されるべきではなく、また無頓着に耳にされるべきでもなく、たえず現時点における政治的効果についての問い直しが迫られて然るべきである。性差を無効化し、むやみに達成されてもない平等を仮構するよりも、そ

うした「女性監督」なる呼び名への引っ掛かりが平等へと意識を走らせる限りにおいて、この言語的実践は意味をなす。

とはいえ、ひいては男女二元論を強調してしまいかねない「女性監督」として括る暴力性もまた、避け難くある。たとえばバイカーたちによる組織の一員に加わる「ヒロイン」を描く『Rodeo ロデオ』(二〇二二)を監督したローラ・キヴォロンは、自身を男女二元論のジェンダー規範に馴染まないノンバイナリーであると発言しており、「女性監督」にも「男性監督」にも属さない映画作家の存在もまた見過ごせない。

本書が取り上げた映画作家たちは、ジェンダーに対するそれぞれの自己認識にかかわらず、社会的に「女性」と看做されて活動しているか否かを基準としている。その作家たちは「女性監督」のカテゴリに含まれると想定しているものの、当然ながらそれはあくまでも暫定的な判断でしかなく、ジェンダーが流動的である以上、カテゴリ傘下にいる作家たちもまた変動する可能性があることを付言しておきたい。

本書の構成としては次の通りである。第一章では、映画の誕生からほどなくして活躍したアリス・ギイやその後のサイレント映画時代の「女性監督」を整理したうえで、日本ではじめて映画監督となった戦前の坂根田鶴子以降の歴史的編成を捉えてゆく。ここでは欧米を中心とした世界的な動向にも目配せしつつ、日本の「女性監督」の歴史を「胎動期」(一九五〇〜一九八〇年代)、「黎明期」(一九九〇年代)、「ニューウェーヴ」(二〇〇〇年代)、「黄金期」(二〇一〇年代以降)と区分し、各時代にどのよう

な映画作家がいかにして現れ、何を描いたのか、その見取り図を提示する。

第二章では、女性映画作家の批評集である本書の要をなす総勢一六名による作家論に入ってゆく。この一六名は日本映画の「女性監督」の歴史において重要な功績を果たした作家、世間一般的に知名度の高い作家、強い作家性をもちこれからの映画界を牽引すると期待される作家など、田中絹代から中川奈月まで新旧問わず、筆者二人がそれぞれにいま論じるべき必要性を感じた作家を取り上げた。むろん他にも論じるべき作家は数多くいるが、紙幅の都合上厳選するしかなく、それはまた別の機会に譲りたい。

「女性監督」ではなくたんに「監督」として名指されたいという切実なる思いを抱えた作家たちがいるなか、本書の性質上やむをえず一方的に個々の作家たちを「女性監督」の枠組みに嵌めてしまっているため、ここでは各作家が「女性監督であること」について過去に言及している記述があった場合には、それをできるだけ議論のなかに組み込むようにした。女性の映画作家であるまさに当事者たちが「女性監督」をどう捉えているか、それに対してどう意思表明してきたかを一挙に辿れる点も本書の特徴の一つだといえるだろう。

第三章では二〇一〇年代後半以降に劇場公開デビューを果たした次世代を担ってゆくであろうより新しい映画作家たちが、どのような映画を撮っているのかに迫る。大まかな方向性ごとに作家たちを区分けしつつ、日本映画の現在地点を探ろうとした。

巻末付録として収録した映画ガイドは、女性作家による長篇映画を一〇〇本選出した。ガイドでは一人の作家につき一作品限りの制約で、第一章から第三章までに言及できなかった作家を優先的に選

ぶようにし、読者が新しい女性作家の作品と出逢えるよう配信サービスやパッケージなど視聴へのアクセスがしやすいかどうかも加味している。また、まだ世間にそこまで名の知られていない若い世代の今後のキャリアの一助に少しでもなるようにという思いのもと、新しい作家にやや傾倒していることをお断りしておきたい。より過去の時代に活躍した作家に関しては、第一章の歴史論考も参照されたい。

いまから八〇年以上前に撮られたハワード・ホークス監督作『ヒズ・ガール・フライデー』（一九四〇）には、新聞記者の男女が「この記事には女性の繊細さが必要だ」「勝手なこと言わないで」と会話する場面がある。これまで女性の映画作家たちは、しばしば「女性ならでは」といった紋切り型の表現で作品を評されてきた。概ねそこに続くのは「繊細さ」であったり「感性」であったりするが、「男性ならでは」とは評されないことが示すように、それは「男性＝主流」として「女性＝傍流」とする評言であり、いうまでもなく女性に「繊細さ」を関連づけるのはジェンダーバイアスにほかならず、感性は「女性」というジェンダーだけに依拠できるものではなく、個人それぞれの特性でしかない。「女性ならでは」という言説は直ちに「女性ならこうあるべき」とする抑圧へと転化する危険性をも孕む。少なくない当事者たちが疑念を呈してきたにもかかわらず、そうした評言は二〇二〇年代を過ぎてもなお絶命してはいない。

「女性ならでは」といった評言は、性別に対する固定観念の根強い男性中心的な言説の土壌があってこそ成立する。男性作家ばかりの映画界において、そのなかで点在する物珍しい女性作家がなにか

新しい表現を生み出せば、それは「その人だから」ではなく、あたかも「女性だから」成し遂げられたかのような言説が構築されてゆく。

「女性ならでは」に続くのが「テーマ」だった場合には、男性作家たちがどんなテーマでもジェンダーに縛られず撮っているように本来であれば誰がどのテーマを撮ってもいい表現の場であることが健全だが、特定のテーマばかりが「女性が撮るべき」ものとして強化され、女性作家に割り当てられてゆくようなゲットー化が生じれば、女性作家たちそれぞれ訴えかけたいテーマを有しているはずにもかかわらず、それを阻む要因にさえなってしまう恐れがある。その代表格としてたとえば伝統的には「恋愛」や「結婚」が挙げられ、いま明確にそうした風潮に対抗している自覚的な作家たちもいる。

これまでフェミニスト映画批評家たちの仕事は、女性や女性に関わる主題が誠実に描かれた男性監督による作品もまた評価してきた。女性だから女性のテーマが撮れるわけではなく、また男性だから女性のテーマが撮れないわけでもない。ただ男性作家に過度に偏重してきた表現の場において、女性の問題でさえも男性たちばかりが占有してきてしまった歴史がある。こうした状況下では女性作家は自身のジェンダーから決して逃れられず、純粋に芸術活動に励もうとしても、つねに「女性」であることがついてまわってしまう。自身のジェンダーを長らく意識せずにただ「芸術家」としていられた男性作家との不均衡は、そこにも存する。私たちが作り手の属性を強く意識しなければならないのは、芸術としての映画作品を評価しようとする局面よりも、映画産業における政治的な平等性について論じる局面においてではないだろうか。喫緊の課題として女性の監督を増やさなければいけないのは、「女性ならでは」のテーマを撮らせるためなどではなく、まずそれが一義的には普遍的な人権と平等

の問題であるからにほかならない。

逆説的ではあるが、本書は「女性監督」の括りを以て既知の「女性監督」なる名辞から遠くの彼方へと航海してゆこうとする。ここに女性の作家のみに限定された言説空間を創造することで、大勢の男性作家たちのなかにいる数少ない女性作家という図式を一旦解体し、「女性ならでは」をはじめとして「女性」を単純に画一化してしまう評言がいかに脆弱かを流露させようと試みている。女性の映画作家が手がけた作品を、果たしてこれまでの映画言説は正当に評してこられたのかを問い直したい。そして何より、既存の家父長的な語りとまなざしからの解放を目指す。

この社会に生まれついてひとたび「女性」と割り振られてしまえば、あらゆる場面において「女性」として本人の意思に関係なく扱われることから免れないために、その作り手が得た「女性」としての生の経験や感情もまた過小評価はできない。ジェンダーもまた世界をまなざすパースペクティヴを形成する。それでも、あまたの女性作家たちの作品を女性作家ばかりの地平においてつぶさに見つめていったとき、そこに「女性監督」のラベリングそれのみで何らかの共通性を安易に断言してしまうことはできないように思う。それほどに女性の作家たちが手掛けてきた作品は多様であり、個性豊かで、「その人だから」こそ、それが撮れたに違いないのだから。作家、筆者、読者がともに引き裂かれながらも「女性監督」の旗印を掲げて手を結び、「女性監督」という概念を切り崩す手立てにならんことを。本書を手に取った読者の前に、ただただ差異の海が拡がってゆくことを、願わんばかりである。

◆1　セリーヌ・シアマ［インタビュー］（聞き手＝児玉美月）「映画の革命家、一五年の歩み」、『ユリイカ』〈特集＝セリーヌ・シアマ〉二〇二二年一〇月号、五〇頁。

第1章

日本映画における女性監督の歴史

北村匡平

1 女性監督のパイオニア

一八九五年一二月、フランスのパリでリュミエール兄弟がシネマトグラフを用いて映画を上映した。その翌年、アリス・ギイは、ボール紙のキャベツを小さな庭に並べてカメラをまわした。リュミエール兄弟が『工場の出口』（一八九五）や『赤ん坊の食事』（一八九五）で人々の日常の風景を記録したのに対して、アリス・ギイは出演者が演じる虚構を撮った。『キャベツ畑の妖精』（現存するフィルムはリメイク版）と名づけられたファンタジーの世界——劇映画の誕生である。リュミエール兄弟が最初の映画群でドキュメンタリーを志向したのに対して、アリス・ギイは幻想的な要素が詰まったフィクションを作った。映画史が物語を描く劇映画を中心に発展していくことを考えると、彼女こそがその創始者の一人だったといっても過言ではない。

アリス・ギイはカメラの機材を扱うゴーモン社の社長秘書だった。すぐに彼女は映画の虜になって自ら撮りはじめ、ゴーモン社の看板監督として次々と作品を送り出すことになる。『フェミニズムの結果』（一九〇六）は、ジェンダーを反転させたコメディ映画で、男が化粧をしてミシンをかけ、子育てをする一方、女はバーで酒を飲み、強引に男に接吻をする。喜劇の形式を採った批評性の高い映画だ。また『マダムの欲望』（一九〇六）は喫食する女性の快楽をクロースアップで捉えたショットが繰り返される。遠景で捉えられた人がスクリーン上を動くのが一般的な初期映画にあって、これほど人間の欲求を生き生きと活写した映画はなかっただろう。映画技法の点でも、奥行きを使ったフレーム

内の映画的空間が意識されていることがわかる。映画史ではトム・ガニングによって「アトラクションの映画」と称される、観客に直接刺激を与える類の映画が中心だった初期映画にはおさまらない物語的欲望が端々に見られる。

初期映画を彩ったアリス・ギイは結婚を機に夫とニューヨークに渡り、出産・育児を経て一九一〇年にカメラマンだった夫とソラックス社を設立する。ここでも多くの作品を監督したが、驚くべきことに他人の作品として記録されたり、名前を消されたりして映画史から忘れ去られてしまう。彼女に関する研究は一九七〇年代以降、フェミニズムの流行とともに盛んになり、フィルムの発掘や活動の調査が進められている。実のところ初期の無声映画時代のアメリカでは、スクリプターや衣裳といった限られた職にとどまらず、監督や製作などに携わる数多くの女性が映画製作の中心で働いていたという。一九一〇年代に他社に比して多くの女性監督が活動していたユニバーサル社が設立した子会社のブルーバード社の映画では、一六二作品のうち二一作品、すなわち12・9%の割合を女性監督が占めていた[◆1]。この比率は、その後の映画史から見てもかなり高い。

無声映画時代には女性初のアメリカ人監督であるロイス・ウェーバーが中絶や避妊をテーマにする映画を撮り、他にもアイダ・メイ・パークやドロシー・ダヴェンポートなどが活躍していた。だが、映画が娯楽として産業化していくにつれ、女性の作り手の多くが主要なポジションから淘汰されてしまう。一九三〇年代にトーキー化し、大きなスタジオが権力をもつと女性が所属していた小さなプロダクションは姿を消していく。そんななかドロシー・アーズナーはハリウッドの黄金時代に映画を撮った数少ない監督の一人である。編集者としてキャリアを開始した彼女は『近代女風俗』（一九二七）

で監督デビュー、一九四三年までの間に多くのフィルムを残した。また、彼女は最初にトーキー映画を撮った女性監督で、レズビアンとして自らの性的指向を公言した稀有な映画作家でもあった。

イタリアではエルヴィラ・ノターリが夫とナポリにドーラ・フィルムを設立し、一九一一年から一九二九年までの間、悲劇的メロドラマ『聖なる夜に』（一九二二）など多くの映画を撮った。彼女も映画史のパイオニアでありながら長い間抹消されてきた人物である。フランスのジェルメーヌ・デュラックは雑誌の編集に携わりながら映画や演劇の批評を書き、一九一五年に『Les Soeurs ennemies』を撮って映画監督に転身した。ドイツでは舞台監督だったレオンティーネ・ザガンが、女学生の女性教師に対する思慕を描いた『制服の処女』（一九三一）を早い時期に撮っている。

この時期の女性監督としてもっとも著名なのはレニー・リーフェンシュタールだろう。彼女はナチスの党大会を記録した『意志の勝利』（一九三五）やベルリンオリンピックの記録映画『オリンピア』（一九三八）を撮り、その名を世界に轟かせた。映像によって肉体の美しさと力強さを引き出す手腕は、いま観てもずば抜けている。彼女はもともとダンサーとしてデビューし、山岳映画のスターとなって、自らメガホンを執るようになった。監督デビュー作『青の光』（一九三二）にヒトラーが惚れ込んで、彼女の人生は大きな転機を迎え、生涯ナチズムに協力した映画作家と認識されることになった。

日本ではエディソンのキネトスコープの上映が一八九六年、リュミエール兄弟のシネマトグラフは一八九七年とすぐに映画は入ってきたが、男優による女形が中心で一九二〇年頃まで映画女優はいなかったし、女性監督の登場も遅れを取り、一九三〇年代中頃になるまで現れることはなかった。アリス・ギイが映画監督となって四〇年後、日本映画界では一九三六年に溝口健二の編集や監督補を務め

ていた坂根田鶴子が、女性ではじめて監督となった。[2]一九二九年に日活に入社し、現場についた彼女は、やがて溝口との約束で監督昇進を果たし、会社からの指示で新派劇『初姿』を監督したのである。その後、一九三九年の映画法による統制で、溝口のもとを離れ文化映画に活路を見出し、理研化学映画に入社して『北の同胞』（一九四〇）を撮った。それから日本を離れて満映（満州映画協会）に入り、何本かの国策映画を演出している。坂根の映画のなかで残存しているのは満映で撮った二〇分ほどの『開拓の花嫁』（一九四三）のみで、一九四六年に帰国して松竹に入社するも、監督はおろか助監督にすら復帰することはできなかった。彼女は最初の映画を撮った頃、雑誌でこのように記している。

男によってのみ描かれ男によってのみ支配された映画界に、今度は女性の立場から別な新しいセンスを注入することも、映画の世界に絶えず若々しい情熱を持たせ、又映画にニューアンスを富ませるものです。／今迄の映画は男性スタッフの独壇場であって、其の点男の主観的観察の傾きに陥って居る、と言うより描き得ていない処が沢山ある。例えば一人の女性を描くにしても、随分どうかと思う矛盾や描き足りない真実性のあるのを不満に思った。〔……〕今に日本の映画界にも、女のシナリオライター、女のキャメラマンなどがどしどし進出すれば、私は此等のスタッフと共に、レオンティン・ザガンならず私自身が、男では描けないそれこそ女性万丈の映画を作りたいと思う。〔……〕愛欲、恋愛の対象としてのみの女性描写が、女性の全面的生活では勿論ない。[3]

彼女は産業のみならず表象においても、女が支配され、一方的に描かれているという権力構造を鋭

く見抜いている。そしてここでは、女が男による性的欲求や恋愛の対象としてばかり描かれていることへの不満が語られている。ある意味で、日本における女性監督の歴史は、彼女のフェミニストたるこの発言を引き受け、男性のヘゲモニーのもとで構造化される表象空間を打破し、男性のまなざしによって一方的に構築されてきた女性イメージを自らの手で描き直そうとした実践の歴史と見ることもできるだろう。

2　胎動期——一九五〇〜一九八〇年代

坂根田鶴子に次いで劇映画の監督をした女性がスターだった田中絹代である。同時期にはハリウッドで活躍していたスターのアイダ・ルピノが一九四九年の『望まれざる者』で監督デビュー、立て続けに映画を撮り、生涯七本のフィルムを残している。ちょうど田中絹代が一九四九年にアメリカに渡ったとき、女優のクローデット・コルベールが監督になるという話を聞いて、自らが監督することを強く意識したという。こうして『恋文』（一九五三）で監督デビューを飾った田中絹代は生涯六本の映画を撮った。彼女のように女優としてキャリアを積んでから映画を撮った監督に望月優子、左幸子、宮城まり子などがいる。望月優子は一九六〇年代に東映で『海を渡る友情』（一九六〇）と『おなじ太陽の下で』（一九六二）という中篇の教育映画を撮り、『ここに生きる』（一九六二）を監督し、テレビの演出も手がけた。宮城まり子はドキュメンタリー映画『ねむの木の詩』（一九七四）を撮り、左幸子は唯一の作品『遠い一本の道』（一九七七）を残した。

一方、ドキュメンタリーの領域では、早い時期から多くの作家が誕生している。中心となったのは一九五〇年に設立された岩波映画製作所で、初期の重要な女性監督が輩出された。その代表は羽田澄子と時枝俊江である。羽田は創立されたばかりの岩波映画製作所に入社し、短篇の記録映画『村の婦人学校』（一九五七）で監督デビューを果たし、『古代の美』（一九五八）や『狂言』（一九六九）などを作った。一九七七年には岐阜県根尾川の上流にある桜の巨木を四年の歳月をかけて記録した『薄墨の桜』を撮って話題となり、フリーとなってからも継続的にドキュメンタリーを撮った。同じく創立直後の一九五一年に岩波映画に入った時枝俊江は、羽田よりも早い時期に『土と尿素肥料』（一九五二）を撮ると、ローマ国際農業映画祭で銀賞を受賞した。翌年には『幼児生活団の報告』（一九五三）を撮って幼児教育映画に傾倒し、『町の政治―べんきょうするお母さん』（一九五七）や文化大革命の民衆をロケーションで捉えた『夜明けの国』（一九六七）など政治的な映画も作っている。

ドキュメンタリー映画の歴史において重要な女性監督として他に渋谷昶子がいる。彼女は独立プロのスクリプターとして今井正や山本薩夫など名匠について現場を経験していた。だが、あるとき突然スクリプターを辞め、フリーの監督になることを宣言する。映画監督に転身してから「東洋の魔女」と称された日本女子バレーチームのドキュメンタリー『挑戦』（一九六三）を撮り、カンヌ国際映画祭の短篇部門で日本初のグランプリを受賞した。このように田中絹代を除けば、女性監督は多くの場合、記録映画の分野で活動するしかなかった。あるいは映画が斜陽産業となっていく一九六〇年代に生まれたピンク映画という、やはり周縁的ジャンルに活路を見出すほかなかった。その代表例が浜野佐知である。彼女は一九六〇年代末にピンク映画界に参入し、『十七才すきすき族』（一九七二）で監督デ

ビューした。ピンク映画女優として人気を博した谷ナオミも、一九七二年にピンク映画の監督としてデビューし、『性の殺し屋』と『飢えた淫獣』といった作品を残している。

隣国の韓国に目を向けてみれば、田中絹代や岩波映画の女性監督たちが映画を撮りはじめたのと同じ時期に女性監督第一号が誕生している。パク・ナモクの『未亡人』（一九五五）である。彼女の友人であり、韓国映画史で二番目の女性監督がホン・ウノンだ。『女判事』（一九六二）でデビューし、三作の映画を撮った。ホン・ウノンのデビューからほどなく、人気絶頂だったスター女優のチェ・ウニが『ミンミョヌリ－許嫁－』（一九六四）を発表し、史上三人目の女性監督となった。中国でも一九五〇年代に女性監督第一号が誕生している。中国共産党政権が誕生した後、人民解放軍に直属する撮影所で軍事ニュースを撮ったのをきっかけに劇映画を作るチャンスを得た王苹《ワンピン》が『柳堡的故事』（一九五七）を撮り、翌年製作した革命映画『永不消逝的電波』（一九五八）で彼女は不動の地位を確立した。

欧米の女性監督の歴史において、大きな転換期となっていくのが一九六〇年代から七〇年代にかけての女性解放運動の時期である。一九五〇年代からインディペンデントで短篇のダンス映画などを撮っていたアメリカのシャーリー・クラークは、六〇年代に入ると最初の長篇映画『ザ・コネクション』（一九六一）を作り、『クールワールド』（一九六三）や『ジェイソンの肖像』（一九六七）などを撮って存在感を示した。フランスでは「ヌーヴェル・ヴァーグの祖母」とも称されるアニエス・ヴァルダが、すでに一九五〇年代から映画を撮りはじめ、「左岸派」として撮った『5時から7時までのクレオ』（一九六二）は脚光を浴びた。男のエゴイズムを痛烈に批判した『幸福』（一九六五）でベルリン国際映

画祭銀熊賞に輝き、『歌う女・歌わない女』（一九七九）では二人の女性の中絶や自立を描き、フェミニズムを明確に主張した。さらに『冬の旅』（一九八五）でヴェネツィア国際映画祭金獅子賞を受賞する快挙を成し遂げた。ヴァルダ映画は女性の作り手に大きな影響を及ぼし、フェミニズムを強く意識した作品を撮る作家を多く育てた。

スウェーデンで女優として活動したマイ・セッタリングは自国や英国、ハリウッドでさまざまな映画に出演するが、次第に監督への欲望が芽生え、イギリスに戻ると一九六〇年代にドキュメンタリーを撮りはじめ、初の短篇ドキュメンタリー『The War Games』（一九六二）がヴェネツィア国際映画祭銀獅子賞を受賞した。その後も露骨な性描写が話題となったスキャンダラスな『歓喜のたわむれ』（一九六四）、過激な描写が物議を醸した『夜のたわむれ』（一九六六）を撮った。アニエス・ヴァルダとマイ・セッタリングは、一九六〇年代という政治の時代に、きわめて個性的で型破りの作家として先駆的に評価を獲得し、女性監督として異彩を放っていた。

一九七〇年代のカンヌ国際映画祭では、ベルギーのシャンタル・アケルマンやフランスのマルグリット・デュラス、ハンガリーのメーサーロシュ・マールタなど女性監督の出品作が増えていった。『アダプション／ある母と娘の記録』（一九七五）でメーサーロシュ・マールタは女性ではじめてベルリン国際映画祭金熊賞を受賞した。アケルマン映画はほとんどが女性主人公で、それまで男性監督によって描かれてきたステレオタイプの女性像を解体し、女性の孤独や地位、偏見や同性愛などの問題に早い時期から取り組んだ。彼女の作品は後続の作家のみならず、フェミニスト映画理論にも強い影響を与えている。

その他にも長篇映画『第二の目覚め』（一九七八）を撮り、『鉛の時代』（一九八一）でヴェネツィア国際映画祭金獅子賞を受賞するニュー・ジャーマン・シネマの作家となったマルガレーテ・フォン・トロッタなどもこの時期に活躍した。『彼女と彼たち－なぜ、いけないの－』（一九七七）で女が働き、男たちが家事をする異色の関係を描いたフランスのコリーヌ・セローは、『赤ちゃんに乾杯！』（一九八五）でも性別役割分業を反転させ、独身男性三人に子育てをさせるコメディ映画を作った。本作は第二波フェミニズムとも反響して大ヒットとなった。コリーヌ・セローの商業映画の成功とアニエス・ヴァルダが『冬の旅』でヴェネツィア国際映画祭金獅子賞を受賞した一九八五年は、フランスの女性監督の歴史でもメルクマールとなる年である。

一九七〇年代頃から女性監督が同時多発的に世界中で作品を撮りはじめた。もちろん女性解放運動の盛り上がりと無関係ではなく、フェミニズムに深く傾倒した作品が製作されたが、必ずしも政治的な映画ばかりというわけではなかった。この潮流に類似性があるとすれば、従来の映画で幾度となく描かれてきた男性の視点による理想的な女性像やファム・ファタールとは別の女性像、すなわち当事者としてのリアルな女性像を造形しようとした点だといえるだろう。

フェミニズムが活発だったこの時代、残念ながらその運動と連動するような映画を残したアニエス・ヴァルダやメーサーロシュ・マールタのような映画作家は日本では生まれなかった。けれども、日本の大手映画会社五社の演出部の就職条件が「大卒・男子」だった時代、浜野佐知は独立プロで助監督修行を積み、一九七〇年代からピンク映画を撮り続けた。彼女は男の性的妄想に満ち溢れていたアンダーグラウンドなジャンルで、女の主体的な性欲を撮ることをテーマに掲げ、三〇〇本を超える

ピンク映画を撮った。[4]「女の性を女の手に取り戻す」ことを一貫して追求した浜野佐知は、ヴァルダやアケルマンと同時代、紛れもなくフェミニズムを実践していた。とはいえ、ピンク映画が男性向けのマイナーなジャンルであったがゆえ、同時代には黙殺され、浜野佐知が再評価されるのには、かなりの時間を要してしまう。

一九八〇年代には女優から映画監督デビューした沖山秀子が『グレープフルーツのような女 性乱の日々』（一九八一）を撮り、大映の女優だった南左斗子が栗崎碧の名で記録映画を撮りはじめ、文楽の人形芝居を野外にセットを組んで撮影した『曽根崎心中』（一九八一）は、ポルトガルやベルギーの国際映画祭で受賞し称賛された。また、写真家だった吉田ルイ子は異業種から参入して『ロングラン』（一九八二）を作り上げた。他にも女優の高橋洋子が自身の小説『雨が好き』（一九八三）を映画化し、椎名桜子も自作小説『家族円舞曲』（一九八九）の映画化で監督デビューした。一九八〇年代までに圧倒的に多かったのは女優からの転身である。だが、そのほとんどは一本か数本の作品を残して短命に終わり、長期的に継続して監督を続けることはなかった。

日本ではこの時期、世界で評価されるような女性監督は現れなかったが、一九八〇年代に入ると女性監督を取り巻く状況が変化し、確実に何かが変わろうとしていた。岩波ホール総支配人だった高野悦子が中心となって一九八五年に東京国際女性映画祭が東京国際映画祭の協賛企画としてスタートした。「世界の女性監督の紹介」と「日本の女性監督の輩出」を目標に掲げ、二〇一二年まで継続され、特にドキュメンタリー部門で成果をあげた。このように一九八〇年代まで劇映画の女性監督への道は、女優から監督へ転身するケースを除けば、ほとんど閉ざされていた。一方、記録映画やピンク映画と

いった低予算のマイナーな領域では女性の監督進出が進んでいたのである。撮影所での女性の仕事は長い間、脚本、結髪、衣裳、編集、そしてスクリプターなどに限られていた。

もう一つの重要な拠点となったのは、新たな才能の発見と育成を目指し、一九八四年から自主映作家の製作を支援するために開始された、ぴあフィルムフェスティバルのPFFスカラシップである。女性監督の進出という点で遅れを取っていた日本だが、PFFに入選し、スカラシップを受けて『イみてーしょん、インテリあ。』(一九八五)を完成させた風間志織が現れて天才と騒がれ、新時代の予兆があった。撮影所システムが崩壊していたこの時期において、インディペンデントで映画を撮る女性監督にとって、こうした映画祭の存在はきわめて重要な場であり、とりわけPFFからデビューしていく女性監督が二〇〇〇年代から大きな流れを形成することになるが、その前に一九九〇年代の黎明期に起こった出来事を確認しておこう。

3　黎明期——一九九〇年代

一九九〇年代に女性監督の躍進に通ずる必要不可欠な転機が訪れる。そのインフラとなったのが、映画作りを学べる環境の拡大と機材の進化、そして作品を流通させるシステムの拡充である。東京藝術大学や日本大学芸術学部など大学以外にも、すでに各地にあった専門学校で映画を学べる環境はかなり整っていた。日本唯一の映画の単科大学・日本映画大学は、もともと今村昌平が設立した専門学校で長い歴史をもち、多くの映画人を育てていた。新藤風はその前身である日本映画学校で学び、

一九九八年に卒業して『LOVE/JUICE』（二〇〇〇）を製作、ベルリン国際映画祭新人作品賞を受賞した。大阪写真専門学校（現・ビジュアルアーツ専門学校）に通っていた河瀬直美が8ミリで映画製作をはじめたのは一九八八年のことである。彼女は何本もの自主制作によるセルフ・ドキュメンタリー映画を撮り、国内の賞を受賞して注目を集めた。そして初の長篇劇映画『萌の朱雀』（一九九七）でカンヌ国際映画祭カメラ・ドールを受賞し、二七歳にして突如世界のステージへと躍進した。

他にもタナダユキや井口奈己がイメージフォーラム映像研究所で学んでPFFに選出され、監督デビューを果たす。一九九七年に設立された映画美学校では、第一期生として安里麻里や大九明子が学び、その後も映画監督を多く輩出していく。一九九八年に設立されたニューシネマワークショップも、斉藤玲子や今西祐子ら女性監督を多くデビューさせている。同じく一九九八年に開校したENBUゼミナールからは、岨手由貴子や早川千絵が育っている。このように撮影所システムが機能しなくなってから、大学以外にも、専門的な知識や技術を学ぶことができる映画学校が備わり、監督になるルートが多様になっていったことは重要であり、女性監督にとってもその選択肢の多さはプラスに働いたはずだ。

このような環境の拡充に加えて、自らカメラを手に撮影し、作品を作っていける技術が一般に利用できるようになったことも大きい。ビデオカメラやデジタルカメラに加えて、パソコンで編集作業まで個人でできるようになったのである。こうした技術的要件が二〇〇〇年代の若手の女性監督を生み出していったことは間違いないだろう。さらにテクノロジーのハード面でいえば、カメラやソフトが以前より安く手に入れることができるようになり、軽量化したことも大きかったようだ。東京国際女

性映画祭を総支配人として主導してきた高野悦子は、この時期を振り返って女性監督の映画を作る場がいい方へと広がったのは「ハードの面で、映画を撮る機械が安く、軽くなってきたこと、照明などもあまり考えなくてもいいから作りやすくなったということがあるし、また、学校もできて男女平等に勉強ができるということもあります」と話している。

それに対して長くドキュメンタリー映画を撮ってきた羽田澄子は「私が作品を作っていた初めのころは、映画の機材、フィルム、それから相当数のスタッフが基本的にいないと作品が作れなかったんです。この条件が、女性の監督が出てくる一番大きな障害だったわけです」と答え、これだけ女性監督が出てきたというのは機材が変わり「男がいなくてても作れるようになった」からだと述べている。◆5座談会はこの後、映画界の体制の問題や社会における女性への偏見の議論になっていく。いまだにこちらの問題は残ったままだが、映画を学ぶ環境が拡充し、技術が安く手に入り軽くなったことは、女性の監督の歴史において重要な意義をもったことがわかる。

インフラとテクノロジーが普及したことによって、撮影所時代とは異なるルートで映画監督になるケースが増えた。山崎博子は広告業界に就職したのち、渡米してUCLAの大学院で学び、卒業制作として作った短篇劇映画『ジャクスタ』（一九八九）がロサンゼルス女性映画祭最優秀短編映画賞を受賞した。彼女はその後、帰国して『ぼくらの七日間戦争2』（一九九一）で長篇映画監督デビューを果たす。栗原奈名子はニューヨーク大学大学院で学び、ドキュメンタリー映画『ルッキング・フォー・フミコ』（一九九三）を製作してグローバルに活動を展開した。

CMディレクターだった松浦雅子が、江戸川乱歩の同名小説を映画化した『人でなしの恋』

（一九九五）で脚本・監督デビュー、その後、『デボラがライバル』（一九九七）や『プラトニック・セックス』（二〇〇一）など商業映画の話題作を撮った。佐藤嗣麻子はロンドン・インターナショナル・フィルム・スクールへ留学したのち、怪奇映画『ヴァージニア』（一九九二）で監督デビューし、人気漫画を映画化した『エコエコアザラク－WIZARD OF DARKNESS』（一九九五）は高く評価された。同時期、PFF出身ですでにデビューしていた風間志織が『冬の河童』（一九九五）でロッテルダム国際映画祭タイガーアワード（グランプリ）を受賞している。

一九九三年から映画をプロデュースしていた松井久子は『ユキエ』（一九九八）を監督し、優れた新人監督に与えられる最優秀新人監督賞（現・新藤兼人賞）を受賞した。一九九六年の東京国際女性映画祭に招待された浜野佐知は、記者会見で日本の女性監督でもっとも多くの劇映画を撮ったのは田中絹代の六本だと発表され、このままでは「私は日本の女性監督として存在しなかったことになる」と思って一般映画を撮ることを決意した。◆6 こうして彼女は多くの寄附を得て『第七官界彷徨―尾崎翠を探して』（一九九八）を完成させることになる。

一九九〇年代には、海外の大学や映画学校で学んでから映画を撮る監督が増えていった。また、女性がそれまでほとんど機会がなかった劇映画を撮りはじめたのもこの時期である。この頃、世界で高く評価され、日本でも知られた海外の女性監督の一人はジェーン・カンピオンだろう。ニュージーランド生まれのカンピオンは『ピール』（一九八二）でカンヌ国際映画祭短編映画部門パルム・ドールを獲得し、『ピアノ・レッスン』（一九九三）は女性監督としてはじめてカンヌ国際映画祭でパルム・ドールを受賞、他にも多くの賞を受賞して世界的な名声を勝ち取った。隣の韓国では『スリー・フレン

ズ』（一九九六）で長篇デビューしたイム・スルレが、バレーボールの女子韓国代表チームの実話に基づく『私たちの生涯最高の瞬間』（二〇〇八）を撮って大ヒットさせた。現在まで長く活動している韓国の女性監督の一人である。フェミニストの女性監督として有名なピョン・ヨンジュも一九九五年に元従軍慰安婦の女性が共同生活をする「ナヌムの家」を記録したドキュメンタリー映画『ナヌムの家』三部作（一九九五）を撮った。五人の女性たちの成長を描いたチョン・ジェウンの『子猫をお願い』（二〇〇一）も後続の作家に大きな影響を与えている。

日本の女性監督の歴史において、一九九〇年代のもっとも重要な「事件」は、河瀬直美の登場であった。彼女は先にも触れたように、はじめての長篇『萌の朱雀』でいきなり国際的ステージへと駆け上がって脚光を浴びる。だが、そこで終わらず、その後も意欲的に作品を撮り続け、ヨーロッパを中心とする国外で高く評価されている。国内の批評言説においては河瀬の自己愛に満ちた私映画に賛否両論あるものの、受賞歴の点のみならず、方法論においても日本映画史におけるキーパーソンの一人だといえよう。彼女はカンヌ国際映画祭常連で世界的な知名度を誇り、セルフ・ドキュメンタリーや劇映画で革新的な方法論を実践し、さらには国家的事業である二〇二〇年東京オリンピックの総監督まで務めた。一九九〇年代から約三〇年もの間、絶え間なく映画を作り、第一線で活躍し続けている稀有な映画作家である。

4 ニューウェーヴ――二〇〇〇年代

二〇〇〇年代前半に多くの女性監督が長篇デビューし、これまでのように短命ではなく持続的に作品を撮り続ける映画作家が増えていった。映画賞など社会的評価も付随し、知名度も以前とは比べられないほど高くなった。この時期の変化は、一人の監督の単発的な話題によるものではなく、複数の映画作家による「波」と見なせる動きである。河瀬に続く大物作家の登場は、是枝裕和に見出され、現場を経験してシナリオを書き、自ら長篇映画デビューを果たした西川美和だ。二〇〇三年当時、二八歳の西川が『蛇イチゴ』で監督デビュー、人間の虚実や表裏を克明に描き出す彼女の見事な造形力は、続く『ゆれる』(二〇〇六)でも大いに発揮され、映画界を驚かせた。およそ三年に一本というペースで重厚な作品を持続的に作る西川美和も、国内を中心に数々の賞を授かり、日本を代表する映画作家となっていく。この時期は、大学や専門学校で映画を学び、ぴあフィルムフェスティバルなどをきっかけとして監督への道を手にする女性監督が次々に登場してきた。

二〇〇四年には、荻上直子が同じ髪型をした少年たちが暮らす地方の田舎町に異分子がやってくる個性的なフィルム『バーバー吉野』でデビューし、井口奈己が自身の8ミリ映画を35ミリの劇場版としてリメイクした『犬猫』を発表した。荻上は南カリフォルニア大学で映画製作を学び、PFFアワードに入選、スカラシップ作品となり、長篇劇場デビューを果たした。荻上の『かもめ食堂』(二〇〇六)はミニシアター系では異例の五億五〇〇〇万を超える興行収入を叩き出した。井口もまたPFFアワ

ードをきっかけにプロデューサーがついて劇場デビューを飾り、トリノ映画祭で審査員特別賞、国際批評家連盟賞、最優秀脚本賞特別賞をトリプル受賞という快挙を達成した。二〇〇三年から二〇〇四年にかけて、現在でも継続的に良質な作品を撮っている女性監督が立て続けにデビューしている。

大阪に生まれた在日朝鮮人のヤン ヨンヒは、朝鮮総連の幹部として活動する両親と自身にカメラを向けた初の長篇セルフ・ドキュメンタリー『ディア・ピョンヤン』（二〇〇五）を発表し、国内外で多くの賞を受けた。同時期のPFFアワード組ではタナダユキが生理痛に苦しみ怒る主人公を自ら演じた『モル』（二〇〇一）でグランプリを獲得し、『百万円と苦虫女』（二〇〇八）や『ふがいない僕は空を見た』（二〇一二）など話題作を撮った。ENBUゼミナールで学んだ呭手由貴子もぴあフィルムフェスティバルで短篇『コスプレイヤー』（二〇〇五）が入選、長篇『マイムマイム』（二〇〇七）が準グランプリとエンタテインメント賞を受賞、商業映画デビュー作『グッド・ストライプス』（二〇一五）は新藤兼人賞金賞を受賞した。映画美学校から東京藝術大学大学院監督コースで黒沢清らに師事し、映画の現場を経験した安里麻里は、ユーロスペースの「映画番長」という企画で長篇映画『独立少女紅蓮隊』（二〇〇四）を監督してデビューした。女性監督としては珍しくアクションやホラーを撮り、『リアル鬼ごっこ』シリーズなど商業作品を手掛けて、近年の『アンダー・ユア・ベッド』（二〇一九）にいたり、独自の作家的世界を描き出した。

二〇〇六年にはニューヨーク大学大学院で映画を学んだ中村真夕が『ハリヨの夏』で、加藤治代が『チーズとうじ虫』で、多摩美術大学芸術学部で映像制作を学んだ唯野未歩子が女優として活動したのち、『三年身籠る』で監督デビューした。在日韓国人の呉美保は大阪芸術大学で映像を学び、大林

宣彦事務所PSCに入社、短篇が次々に賞を受賞し、初の長篇映画『酒井家のしあわせ』(二〇〇六)で監督デビューした。写真家として名を馳せていた蜷川実花が転身して『さくらん』(二〇〇七)で鮮烈な監督デビューを成し遂げたのもこの頃である。二〇〇〇年代中頃、明らかにこれまでとは異なる女性監督の「新しい波」が感じられた。

撮影所システムの時代、繰り返しになるが大手の映画会社では監督志望は「大卒・男性」に限られており、そもそも女性に映画監督になる道は開かれていなかった。こうした制度が違っていれば、もっと多くの女性監督が早い時期から活躍していたはずだ。スタジオシステムが崩壊すると、さまざまなルートで監督になるケースが増え、一九九〇年代からすでにその兆しは見えていた。荻上直子のように高等教育機関で学ぶケースはまだ少数だったものの、すでに触れたように西川美和は直接現場に助手として入って経験を積み上げ、河瀬直美は専門学校で学んで自主映画を作り、タナダユキや井口奈己はメージフォーラム映像研究所で学んだ。こうした色々なルートが開拓されていったのが一九九〇年代の重要な動きであった。

二〇〇〇年代に入ると、女性監督が撮った作品の公開作が次第に増えていく。一九九〇年代の日本における公開作品は洋画のほうが邦画よりも多かったが、二〇〇〇年代に入って差が縮まり、二〇〇六年に逆転する。一九九〇年代に邦画の公開本数は二三〇本にまで落ち込んでいたが、シネマコンプレックスの広がりとともに四〇〇本を超える作品が公開されるようになった。スクリーンの数が飛躍的に増え、各地の映画祭の盛り上がりに乗じてデビューできるチャンスが多くの若手に開かれた。日本で公開される外国映画のなかで女性監督の作品は、長らく年に五本未満の時代が続き、五本

をこえたのが一九八三年、一〇本をこえたのが一九八六年、二〇本をこえたのが一九八八年、三〇本に達したのが一九九二年、女性監督による作品数の比率が10%をこえたのが二〇〇一年である。[7] ただしこの比率は二〇〇〇年代を通じて高まっていくわけではなく、むしろ邦画と洋画の公開本数の逆転とも関連してか10%を下回る年が多くなってしまう。一方、日本映画における女性監督の公開作品は、二〇〇一年に五本だったのが二〇〇六年には二五本、二〇〇九年には二九本、二〇一一年には三一本となった。[8] 邦画の公開本数における割合でいえば、二〇〇一年に2%だったのが、二〇一一年には7%にまで伸びているのだ。ちなみにJapanese Film Projectによる調査では、女性監督の比率は二〇一九年が11%、二〇二〇年が10%となっている。[9]

女性監督のニューウェーヴは単に女性の映画監督が増えたというだけではなく、あるいは彼女たちが賞を授かり社会的評価を受けたというだけでもない。その描かれる内容においても、優れて新しいムーブメントだった。タナダユキの『モル』は月経というモチーフを前面に押し出して、女性の痛みや憤りを不可視化しようとする男性中心の社会を罵倒する。河瀬直美は『垂乳女 Tarachime』(二〇〇六)で妊娠し、出産する自らの女性身体にカメラを向けた。これまで男性から異物化され、見世物化されてきた月経や妊娠の主題を、彼女たちは当事者の身体を通じて内側から描き直した。ヘルシンキで食堂を営む中年女性たちを描いた荻上直子の『かもめ食堂』は反対に、そうした女性性をいっさい排除している。ここには妊娠や出産、恋愛や結婚、官能や月経といった即座に女性と結び付けられ、見世物化されてきたシーンはない。感情的かつ不安定で「欠陥」として描かれてきた「女性」へのアンチテーゼであるかのごとく、世界は男性抜きで完結し、中年女性は脱性化されている。男性

の視線のもとで見世物化される偶像の女性イメージではなく、具体的で生々しい女性身体と、理念的で安定した女性身体が、さまざまな女性の視点から描かれるようになったことの意味は大きい。

ピンク映画を撮りながら一般映画にも進出した浜野佐知が作った『百合祭』（二〇〇一）は、原作小説における高齢女性の異性愛物語を「老女のレズビアニズム」として大幅に改変した。国内だけでなく世界の映画祭に招待され、トリノ国際女性映画祭準グランプリやフィラデルフィア国際G＆L映画祭グランプリなどを受賞し称賛された。旺盛な活動意欲をもって次々に作品を撮った河瀬直美が、二〇〇七年に撮った『殯の森』でカンヌ国際映画祭グランプリを受賞し、世界でもっとも知られる日本の映画監督の一人となった。浜野佐知、風間志織、河瀬直美に続き、西川美和、タナダユキ、井口奈己、荻上直子、大九明子、蜷川実花といった作家性の濃厚な女性監督が日本の映画界を彩っていったのである。

二〇〇〇年代における女性監督の国際的なアイコンの一人をあげるならば、その影響力と評価で考えてソフィア・コッポラになるだろう。『ヴァージン・スーサイズ』（一九九九）で長篇監督デビューを果たし、「ガーリー・ブーム」を席巻した彼女は、続く『ロスト・イン・トランスレーション』（二〇〇三）でアカデミー脚本賞ほか多くの映画賞に輝き、『SOMEWHERE』（二〇一〇）でヴェネツィア国際映画祭金獅子賞の栄冠に輝く。ファッションや音楽の高いセンスをもつコッポラは、空虚さと美しさを同居させたような独自の映像を作り上げ、多くの女性ファンを惹きつけた。たとえば、若者を中心に絶大な人気を誇るアニメーション映画作家の山田尚子などは、ソフィア・コッポラからの影響を公言している。

こうした二〇〇〇年代の作家の創作活動には、男性の視線を内面化した女性像ではないイメージを投影したり、家父長制とは別の共同体を描き出したり、女性の置かれた状況や身体に自覚的に作品を作ったりと、明らかにこれまでとは違った女性監督の重層的な実践が見られるようになった。この波に呼応するかのように批評言説も一気に増えてゆく。二〇世紀の女性監督を調査した分厚い『女性監督映画の全貌』が二〇〇一年に刊行された。この本を刊行し、月刊誌『女性情報』を編んでいたパド・ウィメンズ・オフィスが「別冊女性情報」として『女性監督映画がおもしろい』（第四号からは「女性映画はおもしろい」と変更）を二〇〇四年から二〇一五年版まで毎年刊行した。二〇〇七年には『ユリイカ』が特集「監督系女子ファイル」を組んだ。既存の女性像を脱する主体的なイメージを当事者として描く女性監督の登場、そしてそれに言葉を与える批評言説の登場、女性監督の新しい波は二〇〇〇年代に起こったのである。

5　黄金期——二〇一〇年代以降

二〇一〇年前後から次世代の女性監督が次から次へとデビューして豪華絢爛の時代を迎える。むろん二〇二〇年代に入ると、さらなる増加が期待できるが、二〇一〇年代の女性監督による作品数や描くテーマも二〇〇〇年代とは異なるため、ここでは二〇一〇年代に登場した映画作家や二〇〇〇年代から活躍している女性監督が何を描こうとしたのかを簡単に確認していきたい。

二〇〇九年に三島有紀子が『刺青 匂月のごとく』（二〇〇八）で劇映画を撮って監督デビューし、オ

リジナル脚本の『しあわせのパン』（二〇一二）、『ぶどうのなみだ』（二〇一四）で独自の世界観を見せた。映画美学校出身の横浜聡子が『ウルトラミラクルラブストーリー』で商業映画デビューするのも二〇〇九年のことである。二〇〇〇年代から東京藝術大学と映画美学校で映画を学び、作品を撮っていた瀬田なつきも『嘘つきみーくんと壊れたまーちゃん』（二〇一一）で長篇映画デビューする。

すでに監督デビューしていた呉美保が二作目の長篇映画『オカンの嫁入り』（二〇一〇）で新藤兼人賞金賞を受賞、余命わずかなシングルマザーが女として生きる姿を描いた。さらに次作『そこのみにて光輝く』（二〇一四）は、モントリオール世界映画祭で最優秀監督賞を受賞し、キネマ旬報ベストテン第一位に選出された。安藤桃子は異性愛規範を覆すような同性愛を扱った『カケラ』（二〇〇九、安藤モモ子名義）で監督デビューした。本作は主人公が排尿するシーンがあったり、生理用ナプキンをつける場面を描いたり、意識的に男性のまなざしによって見世物化される女性像を解体しながら女同士の睦みあいを触覚的に映し出した。続く『０・５ミリ』（二〇一四）では孤独な老人の生活に入り込む介護ヘルパーの女性やジェンダー・アイデンティティが揺れ動くマコトとの交流を描き、国内外で数々の賞を受賞した。

二〇一〇年代に入るとドキュメンタリー映画では、小森はるかと小田香が頭角を現した。東京藝術大学を卒業し、同大学大学院修士課程を修了、在学中に映画美学校でも映画作りを学んだ小森は、東日本大震災後、東北へ移り住み、震災後を生きる人々と風景を記録した。岩手県陸前高田市でプレハブの種苗店を自力で建てた主人に密着した『息の跡』（二〇一六）は独特の方法論によって長い時間をかけて強烈なキャラクターを追いかけた傑作である。小田香はアメリカのホリンズ大学で映画を学

び、卒業制作として撮った、同性愛者であることを家族にカミングアウトする『ノイズが言うには』（二〇一一）が、なら国際映画祭で観客賞を受賞、ドキュメンタリーとフィクションの境界を意識的に攪乱させる方法論は高く評価され、『セノーテ』（二〇一九）など傑出した作品を残している。

アニメーション映画では山田尚子の活躍が著しかった。京都造形芸術大学で学び、京都アニメーションに入社してアニメーターとしてキャリアを積んだ山田尚子がテレビアニメ『けいおん！』の監督に抜擢されたのが二〇〇九年のこと、映画化された『映画けいおん！』（二〇一一）は大きな話題を呼び、大ヒットを記録した。長篇三作目の『映画 聲の形』（二〇一六）は映画賞を総なめにし、興行収入の面でも批評的評価でも成功をおさめた。アニメーション業界で働く女性のなかでも、特に監督になるのはきわめて困難なキャリアで、山田尚子は映画作家の固有名として広く知られた先駆的な存在だといえるだろう。テーマとスタイルが強固に結びついた作家性の強い女性監督がドキュメンタリーとアニメーション業界で現れたことは、二〇〇〇年代までには見られなかった僥倖だといえる。

二〇〇〇年代以降、シネマコンプレックスの普及とともにスクリーンの数は上昇に転じ、『ポケットモンスター』『名探偵コナン』『ONE PIECE』『クレヨンしんちゃん』『ドラえもん』といったアニメ映画のシリーズが毎年のように興行収入のベスト10に入るようになる。宮﨑駿に次ぐ新海誠のアニメーション映画の世界的ヒットもあわせて、二〇一〇年代は「アニメーション映画の時代」であり、邦画の歴代興行収入のベスト10は、ほとんどすべてアニメーション映画の独占状態になった。実写映画が顕在だった一九九〇年代を象徴する女性監督が河瀨直美、二〇〇〇年代が西川美和とするなら、アニメーション映画全盛の二〇一〇年代を象徴するアイコンは山田尚子だといえるだろう。それは単

に彼女がアニメーション映画を成功させた若い世代だからというだけではなく、制作の面でも女性共同体を意識的に形成し、表象の面でも近代的異性愛制度に回収されない女同士の絆に取り組み、あるいは障害をもつマイノリティを描き、さらには女性のクィアな欲望を映し出し、現代のアクチュアルな題材に取り組んできたからにほかならない。

山田尚子に続く数少ないアニメーション作家として注目されているのは岡田麿里である。脚本家としてキャリアを積み、オリジナル脚本ではじめての監督作となった『さよならの朝に約束の花をかざろう』（二〇一八）はP.A.WORKSで制作され、親子の関係を壮大なスケールのファンタジーで描き出した。京都アニメーションの人気テレビアニメを映画化した『ヴァイオレット・エヴァーガーデン 外伝―永遠と自動手記人形―』（二〇一九）で監督に抜擢された藤田春香は、女学校に通うイザベラと教育係のヴァイオレットが次第に親密な関係性を築いてゆく、クィアな欲望の過程を静かに描いた。他にも『名探偵コナン』の劇場版の演出に長く関わっていた永岡智佳が『名探偵コナン 紺青の拳』（二〇一九）の監督を務めている。アニメーション映画の女性監督は、実写映画に比べてかなり少ないのが現状だが、二〇二〇年代に山田尚子以降の新たな作家の登場が増えていくことが期待される。

二〇一〇年代に実写映画で存在感を放ったのは、上智大学在籍中の二〇一二年に『あの娘が海辺で踊ってる』を撮って注目された山戸結希である。『5つ数えれば君の夢』（二〇一四）で商業映画デビューし、『溺れるナイフ』（二〇一六）は大きな話題を呼んだ。凄まじいカット割りでショットがつながれ、作為的に時間が操作される『ホットギミック ガールミーツボーイ』（二〇一九）の公開を機に『ユリイカ』（二〇一九年七月号）でも特集が組まれた。独特な台詞回しと画面構成で強烈な作家性を宿し

た山戸結希は、若手の監督の中でも一際目立った存在として認知され、さらに若い世代の作り手への影響も大きい。彼女は『21世紀の女の子』（二〇一九）という「自分自身のセクシュアリティあるいはジェンダーが揺らいだ瞬間が映っていること」を共有のテーマとする女性映画監督一五名の短篇オムニバス映画の企画・プロデュースを手がけた。本作に携わった枝優花、井樫彩、首藤凜、一般公募で選ばれた金子由里奈などの若手は、その前後作で異性愛規範を問い直し、ジェンダー・アイデンティティやセクシュアリティの問題に向きあう作品を作っている。ここには工藤梨穂や淺雄望、野本梢などを加えることもできるだろう。

二〇一〇年代後半は、商業映画でも性的マイノリティを描く作品が増えた。二〇一五年に国連で採択された持続可能な開発目標（ＳＤＧｓ）に関わる言説の広がりとともに、ジェンダー平等や性的マイノリティの議論が活発になり、「ＬＧＢＴ」という言葉が世代を超えて急速に知られるようになっていったのが特徴だ。同時代の言説への影響として、二〇一四年に日本で公開されたディズニー映画『アナと雪の女王』（二〇一三）が空前の大ヒットを記録したことは大きい。異性愛規範や家父長制へのアンチテーゼととれる女同士の連帯、すなわちプリンセスの革新的なシスターフッドを描いた本作が、ジェンダーに関わる議論を活性化させたのは間違いないだろう。

こうした下地や社会的包摂（ソーシャルインクルージョン）の言説のもとで、二〇一八年にテレビドラマで放送された『おっさんずラブ』が人気を博し、映画化されたことも大きい。同時にこの時期は、日本でも第四波フェミニズムが盛り上がり、二〇一七年の #MeToo 運動と並行して、フェミニズムを強く意識した作品やシスターフッドを押し出す作品も多く作られるようになった。強烈な作家性を

湛える『わたしたちの家』（二〇一七）の清原惟も、『彼女はひとり』（二〇一八）の中川奈月も、政治性を声高に主張しているわけではないが、家父長制や男性中心主義へのオルタナティヴを女性の身体を介して提示しているといえる。同時期に山田尚子が『リズと青い鳥』（二〇一八）で女が女を欲望するクィアなアニメーションを制作し、「癒し系」と称されていた荻上直子が『彼らが本気で編むときは、』（二〇一七）でトランスジェンダー女性を描いたことも偶然ではない。

二〇〇〇年代には、たとえば村上なほが六人の女性たちを描いたオムニバス・ムービー『アイノカラダ』（二〇〇三）を撮り、その一つのエピソードでレズビアンのカップルを描いているが、同性愛を主題とする女性監督はまだ少なかった。けれども二〇一〇年代を通じて、女性監督がシスジェンダー・ヘテロセクシュアルとは異なる性的指向や性自認をテーマに作品を撮ったり、女同士の連帯を自覚的に撮ったりするケースがかなり多くなった。男性の視線に一方的に投影されてきた女性像を自らの視点で描き直した二〇〇〇年代とはまた別のフェーズに入ったといえるが、現代を捉え直して俯瞰するには、もう少し時間がかかるかもしれない。

この時期を象徴する映画監督はフランスのセリーヌ・シアマである。『水の中のつぼみ』（二〇〇七）で監督デビューし、シンクロナイズド・スイミングを舞台に女同士の欲望を描いたシアマは、続く『トムボーイ』（二〇一一）で出生時に割り当てられた性別とは異なる、男の子として生きようとする主人公を描いてベルリン国際映画祭テディ賞を受賞、女同士の宿命の恋を力強いタッチで描写した『燃ゆる女の肖像』（二〇一九）では、カンヌ国際映画祭脚本賞とクィア・パルム二冠に輝き、多くの映画賞を受けて世界を席巻した。セリーヌ・シアマは、クィア映画が多くの国で作られるようになっ

た二〇一〇年代を象徴する映画作家となった。同性愛を公言し、性的マイノリティを撮り続けるセリーヌ・シアマは、クィアコミュニティから絶大な支持を集めると同時に、若手の女性監督へも多大な影響を与えている。

最後に二〇一〇年代後半の女性監督で、根強い家父長制の伝統のもとフェミニズム運動が巻き起こった韓国のキム・ボラをあげておきたい。キム・ボラは韓国の東国大学映画学科を卒業し、アメリカのコロンビア大学大学院に進学して修士号を取り、卒業制作として『リコーダーのテスト』(二〇一二)を撮った。彼女は雑誌のインタビューで「女性監督」としてカテゴライズされることに対して「今は仕方ない」とし、「今まで女性のナラティヴがあまりにも少なかったので、それを語るうえでいや応なく、男性のナラティヴとの違いを際立たせるしかなかったからだ」としている。◆10 フェミニストと自認するキム・ボラは『はちどり』(二〇一九)を撮って世界で絶賛され、多くの賞を総なめにした。本作は一人の少女の視線を通じて、社会に根を下ろす家父長制を痛烈に批判する。そしてそこに見出されるのは少女同士の間で揺れ動く微妙なセクシュアリティだ。レズビアンと公言しながら当事者として映画を撮り続けるセリーヌ・シアマと、フェミニストとして活動しながら女性の目を介して家父長社会を穿つキム・ボラ――。彼女たちが後に続く女性監督に与える影響は計り知れない。

二〇二〇年を経た現在の地点から眺めてみると、ゲイやレズビアン、トランスジェンダーなど性的マイノリティが脇役で登場したり、ステレオタイプな表象を与えられたりしたかつての作品とは異なり、二〇一〇年代後半あたりから主役や主要な役柄で明示的に描かれることが増えた。同性愛者であればゲイ、トランスジェンダーであればトランス女性と、不均衡な構造の問題や先入観に満ちた人物

造形の問題はあるにせよ、商業映画においても性的マイノリティが描かれる機会は格段に多くなった。またプロットにおいて、家族や友人に承認されることが物語を駆動する重要な要素ではなく、周囲の理解は前提として、その先を描こうとする物語も増えてきたように思われる。

近年では二〇〇〇年代まではほとんど描かれてこなかったAセクシュアル／Aロマンティックなどのマイノリティ（もちろん過去の膨大な作品リストのなかには描かれていながら見落とされている映画もあるだろう）に焦点をあてる物語、たとえばAセクシュアル／Aロマンティックと思われる主人公を描いた金子由里奈の『ぬいぐるみとしゃべる人はやさしい』（二〇二三）など、多様なセクシュアリティを可視化させようとする次世代の女性監督も現れている。ソーシャルメディアを通じて日常的に二〇一〇年代のフェミニズム運動や性的マイノリティの言説に触れてきた世代にあっては、共通してジェンダーやセクシュアリティへの高い関心が窺える。おそらく二〇三〇年代も、異性愛規範や家父長制を剔抉《てっけつ》する作品が、若い世代を中心に作られてゆくだろう。

◆1　入倉友紀「ブルーバード社の挑戦――活動の変遷の3人の女性監督たち」、『映像学』一〇三号、二〇二〇年の調査によると、一六二作品のうち二一作品が女性監督による作品であった。

◆2　坂根田鶴子に関しては、池川玲子『「帝国」の映画監督 坂根田鶴子――『開拓の花嫁』・一九四三年・満映』吉川弘文館、二〇一一年に詳しい。

◆3　坂根田鶴子「女監督の場合」、『サンデー毎日』一九三六年四月一日号、四四－四五頁。引用元の旧字体・旧仮

名遣いは、新字体・新仮名遣いで表記し、ルビは削除した。

◆4 浜野佐知『女になれない職業——いかにして300本超の映画を監督・制作したか。』ころから、二〇二二年、八‐一四頁。

◆5 高野悦子・大竹洋子・小藤田千栄子・羽田澄子ほか『映画に生きる女性たち——東京国際女性映画祭20回の記録1985~2007』パド・ウィメンズ・オフィス、二〇〇七年、九六‐九八頁。

◆6 浜野佐知、前掲『女になれない職業』、七九‐八〇頁。

◆7 吉田真由美「はじめに」、『別冊女性情報 女性映画監督がおもしろい二〇〇四年度版』一号、二〇〇四年、三頁。

◆8 統計的データは『別冊女性情報 女性映画監督がおもしろい』および『別冊女性情報 女性映画がおもしろい』を参照。

◆9 Japanese Film Project『日本映画業界の制作現場におけるジェンダー調査』、二〇二一年、https://survey.jfproject.org/(二〇二三年一〇月三日取得)。

◆10 キム・ボラ「インタビュー」(聞き手=イム・スヨン)「女性のナラティヴ——韓国映画の新しい波」、『Koreana』二〇二一年夏号、一五頁。

西川美和
荻上直子
タナダユキ
河瀬直美
三島有紀子
山田尚子
瀬田なつき
蜷川実花
山戸結希
中川奈月
大九明子
小森はるか
清原惟
風間志織
浜野佐知
田中絹代

第2章

16人の作家が照らす映画の現在地

北村匡平＋児玉美月

西川美和論
虚実、あるいは人間の多面性

西川美和　フィルモグラフィ
[長篇映画] ◎『蛇イチゴ』(03) ◎『ゆれる』(06) ◎『ディア・ドクター』(09) ◎『夢売るふたり』(12) ◎『永い言い訳』(16) ◎『すばらしき世界』(21) **[オムニバス短篇映画]** ◎『女神のかかと／female フィーメイル』(05) ◎『第九夜／ユメ十夜』(06)

1　川島雄三と西川美和

西川美和のデビュー作『蛇イチゴ』(二〇〇三)の序盤にこんなシーンがある。小学校教諭の倫子(つみきみほ)が放課後に生徒たちを前に反省会をしている。飼育係の増田君が絶対に朝来ると約束していつも来ないので、もう一人の係である中谷さんは一人で水槽の掃除をするしかない。増田君はいつも母親が病気だと嘘をついて中谷さんばかり世話をさせられて可哀想だ、そう別の生徒が訴える。その日の昼頃、増田君のお母さんが自転車で走っているのを見かけたことが、彼が嘘をついている根拠のようだ。

この教師は増田君に、嘘をつくといくつも嘘を重ねなければならない、だから嘘なんかいわないで謝れる子になってほしい、と伝える。それを受けて彼は中谷さんに謝る。すると、当事者である中谷

さんがふと問いかける――「先生、増田君のお母さんは本当に病気じゃないんですか？」導入にすぎないように思われるこの短いシーンには、西川映画における重要なモチーフが凝縮されている。先生を含むこの教室のほぼ全員が、増田君が嘘をついていると信じ込んでいる。疑う余地などないかのように、クラスメイトは増田君を責め立て、私たち観客もいつの間にか共犯者にさせられてしまう。誰もが増田君を一面的にしか理解しようとしていない。だが、最後に不意に漏らす中谷さんの言葉が、その場の流れを堰《せ》き止め、状況を反転させ、人間のもつ恐ろしさや危うさを一挙に相対化してみせる。何気ないこのやり取りは、映画の主題と相似形をなす秀逸なシーンだ。

真面目で正義感の強い倫子は、同僚の恋人と結婚を控えている。はじめて彼女の自宅で食事をした帰り道、「素敵なお家」といわれ、平凡な普通の家と答える。このように『蛇イチゴ』で描かれるのは、何不自由のない普通の家庭である。だが、この安定は危うさを孕んだままかろうじて成り立っていることがすぐにわかる。父は会社をクビになって借金まみれになっていることを家族に隠している。認知症が進んだ義父の介護に疲弊している母は、倒れた父を故意に助けず放置して死なせてしまう。

一見、平凡で普通に見えるこの家庭に、父に勘当されて家出していた兄の習治（宮迫博之）が一〇年ぶりに戻ってくることから一気に綻びが露わになる。兄は昔から嘘ばかりいって世渡り上手のため、葬儀場に乗り込んで父の隠し事を暴露した金融業者を嘘でやり過ごし、多額の借金がある父の窮地を救う。彼の帰還は「普通の家族」に亀裂を入れ、それまでの共同体の在り方を根本的に変えてゆく。

＊

西川美和の映画界入りは、映像制作会社のテレビマンユニオンの試験で是枝裕和に出会ったことがきっかけである。採用試験では落ちたものの、審査に加わった是枝自らが、フリーでいいなら自分の作品を手伝わないかと声をかけ、彼の『ワンダフルライフ』（一九九九）に参加し、映画の現場を体験した。[1]西川は助監督時代に撮影や美術、照明に違和感をもつことは少なく、出来が一番気になったシナリオに関心が向いていったという。[2]それから森田芳光や諏訪敦彦、中嶋竹彦、七里圭などの助監督も経験し、あるとき是枝から自分で書いてみたらといわれ、『蛇イチゴ』を書き上げる。抜群に面白いシナリオを書いたため、プロデューサーの安田匡裕に自分で撮ってみるように勧められ、是枝が製作責任者となって二八歳で監督デビューとなった。

『蛇イチゴ』で毎日映画コンクール脚本賞ほか、多くの新人賞を撮り、次の『ゆれる』（二〇〇六）がさらなる評価を獲得、西川美和は広くその才能を知られることになる。一つの作品に膨大なエネルギーを注ぐこの寡作の映画作家は、丁寧な取材を経て、シナリオを何度も練り直し、三年から四年のスパンで一本撮るというスタイルを貫いている。基本的に技巧的な手法や実験的な編集はほとんど使わず、アクションつなぎでダイナミックに映像を見せることも少ない。人物の対話にしてもオーソドックスな手法で撮ってドラマを組み立てていく作家だ。彼女の作家性は、映像のスタイルよりも、人物同士の関係性の変化のダイナミズムによって暴かれてゆく深い人物描写にあるだろう。その意味に

おいて、彼女が傾倒する重要な男性の映画作家が川島雄三である。

西川美和が映画を職業にすることを意識した転機は、大学一年のときに川島雄三の『しとやかな獣《けだもの》』（一九六二）を観たことに起因すると語っている。◆3 彼女が描く人間の醜悪さと滑稽さを考えると、川島映画を継承していることは明らかであり、彼女の創作へと大きな影響を及ぼしているとみて間違いない。なぜなら『しとやかな獣』は、公団住宅のアパートの一室に暮らし、家族ぐるみで詐欺を働いて生計を立てる詐欺一家の物語だからである。映画のほとんどの場面が狭いアパートの一室で展開するこのシュールなブラック・コメディは、中盤に息子と関係をもつ若尾文子がアパートに闖入すると事態は一転、均衡は崩れて破滅へと急降下してゆく。西川映画との類似性は論を俟《ま》たない。

2　反復するモチーフ

西川美和が映画を通して描き続けてきたのは、異分子が入ることで、それまで成り立っていた共同体が崩壊してゆく物語である。そのプロセスの中で嘘や秘密が暴露され、取り繕っていたものが破れ、本音が顔を出す。虚と実、裏と表、本音と建前――これらがスリリングに反転しながら物語は人間の本質に迫っていく。

彼女の作品にはいつも欺瞞と犯罪（あるいは事故）がある。『蛇イチゴ』で宮迫博之が香典泥棒となり、『ゆれる』では、香川照之が吊り橋から女性を転落させた罪を課せられる。前者では家族に打ち明けられない嘘があり、後者では弟が法廷で嘘の証言をし、虚実が反転しながら物語が展開する。『ディ

ア・ドクター』（二〇〇九）では、過疎地にある村の偽医者になった笑福亭鶴瓶が、周囲からは「神様、仏様よりも頼りになる」として英雄に祭り上げられてゆく。胃痛で苦しむ八千草薫は、東京で医者として暮らす娘に心配をかけないよう鶴瓶に「嘘」の共犯者になってもらう。看護師の余貴美子も勘付きながらも村の医療のために共犯関係となる。『夢売るふたり』（二〇一二）では、突然の火事で小料理屋を失い、阿部サダヲと松たか子夫婦が共犯して結婚詐欺を働く。どちらも「嘘」と犯罪が物語の軸になっている。『永い言い訳』（二〇一六）では、本木雅弘が隠れて不倫をしている最中に旅行していた妻の深津絵里が乗ったバスが崖から転落して亡くなってしまう。

『すばらしき世界』（二〇二一）は、刑務所に入っていた役所広司が出所して社会に溶け込もうと奮闘する物語だ。主人公は前科十犯の犯罪者だが、真っ直ぐな性格で自分が正しいと思ったことは貫かなければ気が済まない。怒りに火がつくと自分を抑えられないこの男は、善良な市民がチンピラに絡まれていたら放ってはおけず半殺しにしてしまう。これまで西川美和は嘘をつき、人を欺く男を描いてきたが、本作では構図を逆転させて嘘をつけない男を描いた。刑務所に入る前よりもいっそう生きづらい不寛容な世の中になっていて、自分を偽らなければ彼は一般社会では暮らしていけない。

突然の失踪／収奪というモチーフが繰り返される。『蛇イチゴ』は長い間行方不明となっていた兄が帰還して最後に再び姿を消す。『ディア・ドクター』では僻地医療を一人で担っていた医者が失踪するシーンからはじまる。『ゆれる』と『永い言い訳』では高所から女性が落下して命を落とす。『夢売るふたり』では夫婦の大切な小料理屋が突如、全焼してしまう。『すばらしき世界』の普通の日常が失われた主人公は、最後に自分を偽ることで突如、命を奪われる。

西川映画は詐欺師の宮迫博之、偽医者の笑福亭鶴瓶、結婚詐欺を働く阿部サダヲ、あるいは写真家のオダギリジョー、小説家の本木雅弘、元暴力団の役所広司など、道化師的な主人公やアウトサイダーの男性を好んで描く。例外的にテレビドラマで演出をした、『太宰治短編小説集3／駈込み訴え』（二〇一〇）は、原作の男を女子高生に変えているが、この女性もクラスに溶け込めないアウトサイダーだ。犯罪、秘密、欺瞞、背信、喪失といったものが、こうした人物たちの人間関係を大きく変化させ、人間の心の奥底にある悪意を暴き出す。そのために都市風景はほとんど西川映画のスクリーンからは排され、田舎の土着的な景色の中に登場人物は溶け込む。川島雄三のように遮蔽物がフレーム内で人物を邪魔したり、異様なカメラ・ポジションで人物を捉えたりすることなく、西川演出は古典的な切り返しで人間ドラマを丁寧に描いていく。

3　ポスト震災映画――9・11／3・11

西川美和がこれまで撮った長篇六作品には、先述のとおり共通する作家性が抽出できる。ただし、ちょうど震災を契機に作風が変化しているようにも見受けられる。この節の見出しには、便宜的に世界を震撼させたアメリカ同時多発テロと東日本大震災を併置しているが、前者について西川本人が多くを語っているわけではない。けれども、作り手にとって二〇〇〇年代は、大なり小なり9・11やその後のイラク戦争のことを意識せずにはおれなかっただろう。だからここでは東日本大震災というカタストロフィを分水嶺として、前期の『蛇イチゴ』『ゆれる』『ディア・ドクター』と、後期の『夢売

るふたり』『永い言い訳』『すばらしき世界』の違いを捉えておきたい。

『ゆれる』を書こうと思っていた頃は「世界でもイラク戦争が始まったぐらいの時期で、そのときのアメリカのとっている態度とかを見ると、自分を疑わないということがいかに凶暴なことかというふうにすごく思って、自分を疑わない人を徹底的に罰する映画をつくりたいと思ったんですよ」[4]と西川は語っている。これはまさに『蛇イチゴ』の倫子が増田君にクラスメイトと共に教壇で行使した暴力にほかならない。そしてこの暴力性は兄を嘘つきと認定する自分を疑わないことの危うさを提示したラストシーンにも通底している。『ゆれる』でこれを体現するのは弟のオダギリジョーである。

『蛇イチゴ』と『ゆれる』は西川流のホームドラマであり、人間の虚実や裏表というテーマのみならず、兄妹／兄弟の関係がドラマの軸になっていたことからも共通点は多い。では、家族よりも過疎地の保守的な社会を描いている『ディア・ドクター』とは、いかなる連続性があるのか。『ゆれる』で多くの映画賞をもらい、「普通の人間」が映画監督として祭り上げられた西川は、偽者が勘違いされて評価されたのではないかという思いがあり、「自分をモチーフに偽医者という主人公をつくり、心の葛藤を描いてみました」と語っている。[5]異分子が入ってくることで安定した共同体が崩壊へ向かうという物語構成でいえば、『ディア・ドクター』でそれを担うのは瑛太ではなく、胃痛で苦しむ八千草薫のもとに戻ってくる、東京の病院に医師として勤務する娘の井川遥だろう。

初期の三作と次の『夢売るふたり』は、これまで35ミリで撮っていたのがデジタルに変わるという技術的な条件のみならず、物語の設定からして二つの点でかなり違っている。まず、これまで男女の恋愛をほとんど主題としていなかった西川が、はじめて夫婦の愛憎劇を描いたこと。そして異分子が

入り込むことで家族が崩壊していく過程を描写していたのが、最初から経営している店が焼失し、夫の浮気とともに序盤から家族の崩壊ではじまっているということ。『夢売るふたり』は直接的に震災に触れることはなかったが、震災を受けて物語のラストは大きく変更された。もともとのラストシーンは夫婦が大晦日に車中泊をしていてガスストーブで暖を取っていたら一酸化炭素中毒で死んでしまうという悲劇だったが、震災が起きてから死んでいく物語を今は書けないと感じ、「きれいでなくていいから、生きていく話にしたいと思った」と語っている[6]。

その次の作品『永い言い訳』に関しては、色々な場所で震災の影響が語られている。曰く、「東日本大震災の後、後悔が残るような別れ方をしてしまった夫婦の話を書いてみたいと思ったんです。そして残された者が、事故が起こらなければ触れ合うはずのなかった人種と否応なく交わっていくというストーリーを思いつきました[7]」。より具体的には「人には言えない悔いの残る別れ方もあったはず」で、本作では「よい関係ではないままに死に別れてしまった人」について書きたかったという[8]。

ある日、何の前触れもなく周囲の存在が失われるということ。こうした出来事は誰にでも起こりうることで、この作品では喪失の先にある物語を書きたいと思ったのだ[9]。これも妻を突然の事故で喪失した夫との愛憎劇で、震災を経験してシナリオを変更した前作と連続性がある。いわば前作同様、喪失と再生を描く、ポスト震災映画だと捉えることができるだろう。『すばらしき世界』もはじめから安定した共同体はなく、すでにいつ崩壊してもおかしくない不安定で危うい日常に生きる主人公を描く。そしてラストシーン。理不尽なまでに唐突に、生が奪われる。後半の三作では、もはや日常は綻びだらけで不安定極まりない場所として設定されているのだ。

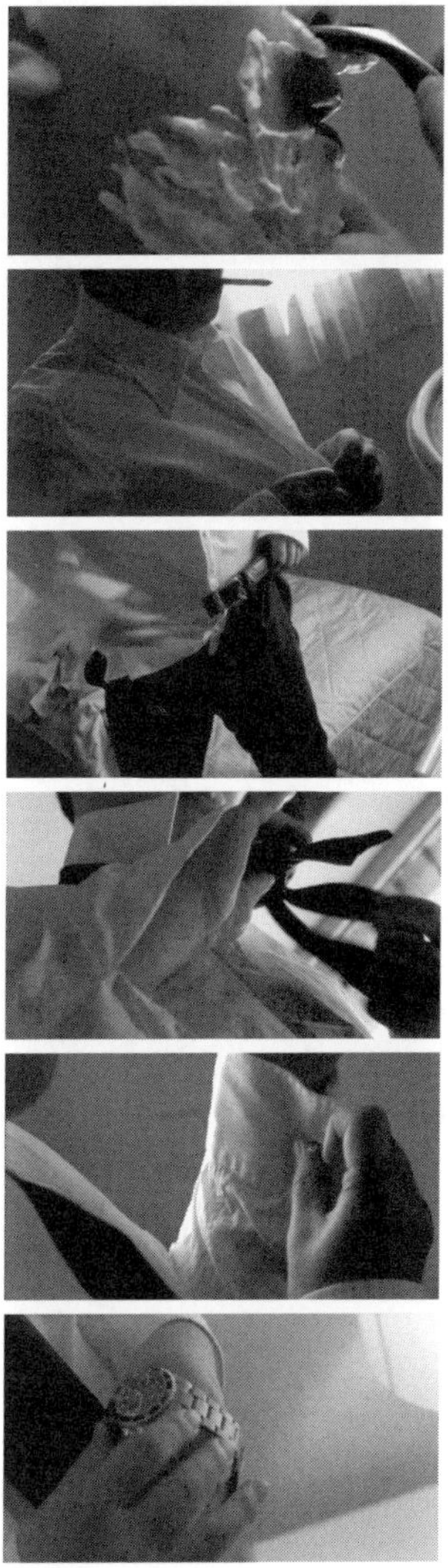

上から［図1-1］－［図1-6］
『蛇イチゴ』（西川美和、2003）

ともあれ、震災を前後にシナリオの構造は変化したものの、この映画作家が一貫して描いてきたのは人間の二面性であり、いかに人間が他者から見ると多面体の顔をもっているかである。それが映像としてもっとも具現化しているのが、キャリアの最初を飾る『蛇イチゴ』のオープニングシーンだ。男が髭を剃り［図1－1］、シャツのボタンをとめ［図1－2］、ズボンを履く［図1－3］。ベルトとネクタイを締め［図1－4］、カフスをとめて［図1－5］、時計を着け［図1－6］、画面はそのままタイトルバックへ（ちなみに、『すばらしき世界』でも役所広司が髭を剃り、ネクタイを締め、上着を羽織るという身振りが断片のショットで提示されるシーンがある）。西川は登場人物が一目でわかるようにフレームにおさめたフルショットでも、風景や建物などを捉えたショットでもなく、身支度する男の所作の断片を切り取って見せた。シナリオでは「口笛を吹きつつ、喪服の正装の身支度をしている男」[◆10]としか書かれていないが、彼女は

物語の映像的な論理において、この男の全体像ではなく、モザイクのように部分を断片として提示するほかはなかったのである。

『ゆれる』や『ディア・ドクター』など別の作品においても、客観的な映像として人物が表象されることはない。『ゆれる』では吊り橋上の香川照之と真木よう子のアクションが繰り返し、主観的な解釈によって異なる映像で映し出され、『ディア・ドクター』でもオーソン・ウェルズの『市民ケーン』（一九四一）のごとく、他者によって偽医者が主観的に語られてゆく。それはこの作家が、人間を決して理解しうる存在としてではなく、「わからなさ」を抱え込んだ多面体の生き物として描き続けたこととも繋がっている。『ディア・ドクター』では「医者とは何か」がわからなくなるし、『すばらしき世界』では「正しさとは何か」がわからなくなる。普通の物語だと、わからなかった人間のことが段々わかっていくが、西川映画ではわかっていたはずの人間がどんどんわからなくなり、観客はその多面性を目の当たりにすることになるのである。

4　生々しい女性像を描く

西川美和はいわゆる「普通」の恋愛映画を撮っていない。女性作家の書き下ろし小説を映画化するオムニバス形式『female フィーメイル』（二〇〇五）で乃南アサの原作を映画化した「女神のかかと」という短篇がある。しかし、これは小学生が同級生の家を訪れて彼女の母親に心を奪われる話である。『夢売るふたり』は確かに夫婦の愛の物語だが、憎しみや復讐といった複雑な感情が織り込まれ、

特定のジャンルに回収できない要素がある。少し関連するものに夏目漱石の短篇小説『夢十夜』を十人の監督がそれぞれ映画化する企画『ユメ十夜』（二〇〇六）で西川が担当した「第九夜」があげられるかもしれない。本作では、家族を残して戦地に行った夫を想ってお百度を踏み、赤紙が届いた夫を妻が手にかけたことが示唆されるが、ここでも凡庸な異性愛ではなく歪んだ愛が描かれている。

死別した妻と夫の関係を描いた『永い言い訳』で、より前面に押し出されているのは、妻が失われてから、普通なら関わることのない人たちと擬似家族のような関係をもって自分と向きあっていく男の物語である。他の作品に関してはいうまでもない。『蛇イチゴ』ではヒロインと婚約相手の成就しない関係性、『ゆれる』では真木よう子とオダギリジョーの恋愛には発展しない関係性、『ディア・ドクター』では八千草薫と笑福亭鶴瓶との「恋愛」とは名指せない関係性などが描かれてはいる。けれども、これらの関係にはサブプロットの要素しか与えられていない。西川映画では、驚くほど異性愛の要素が後景化しているのだ。

男を描く作品が多いため、あまり注目されることはないが、西川映画のジェンダー表象において特筆すべきなのが女性の描き方だろう。西川自身、日本映画で裸になることのハードルの高さに関して、「セックス、排泄《はいせつ》、入浴その他色々、人間の生活には「裸になる」という局面はいまだ存在するのに、日常の地続きにありながら、衣服をまとわない場面だけは描写を避けて通らなければならないのは演出する側から言えば非常に都合が悪い」[◆11]と記す。こうした意識からか、女性の日常の描写が不可欠の『夢売るふたり』の松たか子は、生理用ナプキンをパンツにつけて履き、部屋でマスターベーションをして指を拭いたティッシュで鼻をかむ。ここからもかつて映画史で描かれなかった便所のシーンを

活写し続けた川島雄三の継承が見て取れるかもしれない。

精神科医の斎藤環は西川映画の女性描写を評価し、「〝少女〟か〝母〟か〝娼婦〟以外の女がめったに登場しない邦画の画面に、そのいずれでもない〝女〟」を登場させていると論じている。[12] 多少の誇張はあれども、確かに『蛇イチゴ』のシニカルなつみきみほ、『ゆれる』の陰鬱な真木よう子、『ディア・ドクター』の頼もしい看護師の余貴美子、『すばらしき世界』の強欲な記者の長澤まさみ、そして『夢売るふたり』の松たか子と、女性を聖女／悪女のステレオタイプな二元論から解き放ち、より現実的で多様なイメージを投影しているといえる。西川自身、デビュー当初から『蛇イチゴ』の女性キャラクターについて問われ、次のように応答していた。

女性の欠点を描いたほうが女性が共感できる、と思ったこともありますし、女を描くのは難しいとむかしから言われているけど、映画の中で女神像的な描かれ方をしていると、男性にとっては夢のような存在になるかもしれないけれど、女性の観客はどこか置いてけぼりにされてしまう。自分もそう感じてきたし。その女の人のどうしようもない部分とか、イヤな部分を描いてくれたほうが、女の人は共感できる、っていうか。そのほうがキャラクターがもっと輝いてくるし、キュートな感じになるかな、と思って。[13]

男性にとっての理想的な女性イメージではなく、女性の視点から見て負の側面を描くこと。彼女が女性観客を置き去りにせず、共感してもらえるような女性像を自覚的に描こうとしていることがわか

る。だからか、西川美和に演出される女性たちは妙に生々しく生活感を醸し出す。

映画ではないが、女性を扱った映像表現として見過ごしてはならないのが、先にもあげたテレビドラマ『駈込み訴え』である。太宰治の同名の原作はイエスへのユダの歪んだ愛憎を一人称で語る短篇だが、西川美和はイスラエルではなく千葉の海辺の町を舞台に、イエスと十二使徒を現代の女子高生のボランティア同好会の設定に置き換えて、香川照之の朗読のもと映像化した。[14]『新約聖書』を下敷きに書かれた太宰の原作では、イエスに近づくマリヤに対するユダの憎悪が描かれている。女性嫌悪《ミソジニー》を発露させながら、ユダは師への異様な愛憎、ともすればホモエロティックとも読める男から男への欲望を延々と語る。

一人称でユダの心理を語るこの原作を、西川美和は女同士の愛欲にすり替えて翻案し、視線を巧みに切り返しながら、具象的な女の欲望を映像として立ちあげた。男のナレーションに女たちの映像を組み合わせ、女のユダが男のマリヤを嫌悪しながら、女のイエスを愛し、憎み、裏切る。西川は太宰のテクストをクィアな物語として大胆にアダプテーションしたのである。彼女自身は「あまり女性監督ということに執着したくない[15]」と語ってはいるものの、河瀬直美に続く女性の映画作家としての圧倒的な存在感という意味でも、映像テクストにおけるステレオタイプではない豊かな女性表象の実践という意味においても、西川美和が日本映画史に果たした貢献は限りなく大きい。

（北村匡平）

◆1　西川美和の生い立ちや映画界に入った経緯に関しては、水田静子「時代を創る女たち　西川美和——人間の汚なさも、愛おしさも」、『婦人公論』二〇一六年一一月八日号、一二四―一二九頁。『ワンダフルライフ』では脚本執筆のためのリサーチで、高齢者に人生で一番幸福だった瞬間について聞いてまわる仕事をした。こうした経験から自分で監督になってからも、必ず綿密な取材をしてからシナリオ執筆を書く（梯久美子「現代の肖像　西川美和　映画監督」、『AERA』二〇〇九年七月六日号、五七頁）。

◆2　西川美和「インタビュー」（聞き手＝北川れい子）「『蛇イチゴ』脚本・監督インタビュー　西川美和——28才。物書き志望から、映画監督に——映画館とは〝夢の箱〟のようなもの」、『シナリオ』二〇〇三年一〇月号、一一九―一二〇頁。

◆3　西川美和「インタビュー」（聞き手＝最相葉月）「『ゆれる』はユダの物語」、『Voice』二〇〇七年六月号、三七頁。

◆4　西川美和・小野正嗣・槙改康之［鼎談］「西川美和監督、自作を語る」、『言語文化』二七号、二〇一〇年、一三五頁。

◆5　清水高「あの人を訪ねたい　西川美和」、『石垣』二〇一〇年二月号、八頁。

◆6　西川美和・糸井重里［対談］「夢売るふたり～ややこしいって、すばらしい。」、文藝春秋編『夢売るふたり——西川美和の世界』文藝春秋、二〇一二年、一八頁。

◆7　小泉なつみ「Director's Interview「永い言い訳」監督　西川美和　生きている時間を舐めてはいけない。なぜなら「人生は他者」だから」、『キネマ旬報増刊　大人のシネマ・ライフ』Summer→Autumn、二〇一六年、四九―五〇頁。

◆8　西川美和「インタビュー」、『なごみ』二〇一六年一〇月号、八六頁。

◆9　本作の着想とキャスティングの経緯などについては、西川美和「『永い言い訳』によせて」、『永い言い訳』パンフレット、二〇一六年に詳しい。またこの論考は、西川美和『映画にまつわるxについて』［二〇一七］二〇二〇年、実業之日本社、二二六―二三三頁に収録。

◆10　西川美和「『蛇イチゴ』」、『シナリオ』二〇〇三年一〇月号、二九頁。

◆11　西川美和、前掲『映画にまつわるxについて』、二三頁。
◆12　斎藤環「関係することのエロス」、文藝春秋編、前掲『夢売るふたり』、一〇五頁。
◆13　西川美和（聞き手＝北川れい子）、前掲「『蛇イチゴ』脚本・監督インタビュー　西川美和」、二五－二六頁。
◆14　付け加えるならば、「裏切り」は西川美和の初期作品において非常に重要なモチーフであり、『ゆれる』は「ユダの物語」という認識のもと、主演の香川照之とオダギリジョーに太宰治の『駈込み訴え』を手渡して撮影に臨んだという。西川美和（聞き手＝最相葉月）、前掲「『ゆれる』はユダの物語」、三四－三五頁。
◆15　西川美和「インタビュー」、前掲「『蛇イチゴ』脚本・監督インタビュー　西川美和」、二六頁。

荻上直子論

「癒し系」に「波紋」を起こすまで

荻上直子　フィルモグラフィ
[長篇映画]◎『星ノくん・夢ノくん』(00)◎『バーバー吉野』(03)◎『恋は五・七・五!』(05)◎『かもめ食堂』(06)◎『めがね』(07)◎『トイレット』(10)◎『レンタネコ』(12)◎『彼らが本気で編むときは、』(17)◎『川っぺりムコリッタ』(21)◎『波紋』(23)

1　時代に合わせて変遷する主題

荻上直子の映画監督としてのキャリアは、二〇〇一年九月一一日に起きたアメリカ同時多発テロ事件とほぼ同時期に開始された。代表作である『かもめ食堂』(二〇〇六)公開時、荻上は「今はテレビをつけるたびに悲しいニュースが目に飛び込んでくる時代。だからこそ、自分の映画を見ている時だけでも笑ってほしい」[1]と語っていた。さらに荻上のフィルモグラフィを辿ってみれば、東日本大震災が起きた二〇一一年前後までの作品群は、この作家をつねに取り巻いてきた「癒し系」のカテゴリで括って差し支えないように思われる。テロにせよ震災にせよ、そうした災禍と荻上映画が切り離せないのは最新作『波紋』(二〇二三)でも荻上自身が東日本大震災の風化を脚本の立脚点にしたと明かしている通りである。[2]それから五年以上の時を経て、曰く「荻上直子第二章」として世に送り出された

のが『彼らが本気で編むときは、』（二〇一七）だった。トランスジェンダーの女性を主人公としたこの映画は、とりわけ二〇一五年前後から本格的に日本で活況を呈した「LGBTブーム」の煽りを受けている。それまでの作品群はいずれも現実的な社会問題に真正面から向かい合うよりは、一見そうした社会からの逃避や現実離れしたファンタジー性のほうにこそ土壌があった。たとえば評論家の四方田犬彦などは『かもめ食堂』を、「非社会的」という言葉で評している。[3] 荻上のフィルモグラフィは、つねにその時代の潮流や気分が照射されているといっていいだろう。『波紋』はハリウッドの大物プロデューサーであるハーヴェイ・ワインスタインの性暴力／ハラスメントが告発されて二〇一七年に起こった #MeToo 運動の翌年から脚本が執筆された。荻上には「この国で女であるということが、息苦しくてたまらない。それでも、そんな現状をなんとかしようともがき、映画を作る」[4] という切実な思いがあった。#MeToo 運動が波及し、映画界における女性たちの権利についてここ日本においても急激な認識変化が起きているいま、「女性であること」への問題意識が反映された作品が荻上直子からも生まれてくるのは必然かもしれない。

『彼らが本気で編むときは、』公開時に荻上がしきりに述べていたのは、『かもめ食堂』に端を発する「癒し系」からの脱却だった。方向転換を模索していた荻上映画だが、たえず伏流にあるのは「周縁化された人々」を掬い上げようとする意思だろう。たとえばそれは日本から異国の地であるフィンランドに集う女性たちを描く『かもめ食堂』、性的マイノリティを描く『彼らが本気で編むときは、』、貧困層のコミュニティを描く『川っぺりムコリッタ』（二〇二二）など、ほぼすべてに見出せる。荻上は一九九四年から南カリフォルニア大学大学院映画学科で映画制作を学んだが、そこで得た「英語

が話せないアジア人」というマイノリティとしての経験はその思想と決して無関係ではない。母国ではない場所での異文化経験が影響を及ぼしたのか、『かもめ食堂』のおにぎり、『恋は五・七・五！』（二〇〇五）の俳句、『トイレット』（二〇一〇）のウォシュレット式トイレ、『波紋』の枯山水など日本を象徴するモチーフたちが映画の重要な役割を担うのもまた、荻上映画のひとつの特徴として挙げられるだろう。

荻上がまず自主制作として監督したのは、ＳＦ映画でもありロードムービーでもある『星ノくん・夢ノくん』（二〇〇〇）だった。この映画では恋人と別れた女性と地球に修学旅行で訪れた宇宙人が出逢う。地球の日常に宇宙人という異分子が介入して異なる文化間の衝突が起こる『星ノくん・夢ノくん』には、荻上映画でその後反復されてゆく主題がすでに認められる。当時三〇歳で手がけた長篇劇映画第一作『吉野バーバー』（二〇〇三）は、小学生の男子は全員「吉野ガリ」と呼ばれるマッシュルームのような短髪にしなければならない田舎町に東京からの転校生が来たところから物語が幕を開けてゆく。地方と都市部の文化が邂逅して物語が駆動する構造自体は『星ノくん・夢ノくん』を引き継ぐ。第一作目のこの時点ですでに、「ほのぼの」といった表現が紹介文に使われていた。日常に異分子が闖入し、伝統や慣習が揺るがされる物語の残滓は、その後の青春映画『恋は五・七・五！』でも帰国子女の主人公が「決まりだから仕方ない」という「日本的な考え」に異議を唱える描写などに見出せるだろう。『かもめ食堂』及びそれに続く『めがね』（二〇〇七）や『トイレット』では「異文化の邂逅」という骨子が、日本文化と外国文化の間で変奏されてゆく。

ヘルシンキを舞台にした『かもめ食堂』は、作家の群ようこが書き下ろした作品を荻上が映像化し

た。荻上はフィンランドの名匠アキ・カウリスマキへの私淑を公言しているが、カウリスマキによる映画『過去のない男』（二〇〇二）で主演した俳優マルック・ペルトラを『かもめ食堂』に起用していることも相まって、カウリスマキの影響が顕著に認められる一本でもある。公開当時は「スローライフ」や「ロハス」（LOHAS）といった言葉が流行していた時代でもあり、一九九〇年代後半はメディアで北欧特集がたびたび組まれていた背景も後押しして『かもめ食堂』は二〇代から三〇代の女性を中心に大ヒットを記録した。その後、二〇〇〇年代後半には日本で「北欧ブーム」と呼ばれる現象も起きた。荻上映画では血縁家族よりも別の繋がりによって形成されてゆくコミュニティを重んじる傾向があるが、『かもめ食堂』の序盤には主人公サチエによるこんなモノローグがある。

ななおが死んだ次の年、トラックにはねられて母が死んだ。母のことは大好きだったが、なぜかななおが死んだときよりも涙の量が少なかった。それは武道家の父に「人前では泣くな」といつも言われていたからだけではない気がする。私は太った生き物に弱いのだ。おいしそうにご飯を食べる太った生き物にとても弱いのだ。母は痩せっぽちだった。

「ななお」はサチエが可愛がっていた猫だが、どこか「ほっこり」させながら母と比較して猫のほうにより感情が動かされたとするこの語りもまた、血で繋がった親をあらゆる局面で最上位に置こうとする家族主義を内破させるような宣言にも聞こえる。

「荻上直子第一章」の最後の作品となった『レンタネコ』（二〇一二）は、副業としてレンタル猫事

業を営むサヨコが孤独な人々と出逢ってゆく物語で「猫映画」にもカテゴライズされ、荻上の代名詞であった「癒し系」「ほのぼの」の極北ともいえる作品である。ラッパーでラジオパーソナリティのライムスター宇多丸は二〇一二年六月二日に放送された「アフター6ジャンクション」で『レンタネコ』を取り上げ、これまでの荻上映画ではつねに「リアルさやシビアさのない経済活動」が描かれてきたと評した。荻上映画において現実に即した経済的事情が不問にされている点については、たびたび指摘されてきた。たとえば『かもめ食堂』では主要な登場人物である女性三人が日本からはるばる外国のフィンランドを訪れて長期間滞在できるほどの経済力があるらしいが、詳細な内情にはほとんど踏み込まれない。サチエは飲食店を開業するだけの資金があり、広報を打って積極的に利益を上げようともせず、ミドリはそこで働くにあたって「給料もいらない」とサチエに頼み込む。『めがね』では、もたいまさこが営むかき氷屋はかき氷に値段がつけられておらず、物々交換によって成り立っている。「癒し系」の言葉の裏に隠蔽されていたともいえる経済的階層の問題を顕現させたのが『川っぺりムコリッタ』だとすれば、その意味において自己批判的な作品といえるかもしれない。

また、宇多丸は荻上映画の人物造形についても触れ、「他者のいない世界がよき世界」とされる荻上映画においては同化してこない他者には容赦がないという。これもやはり宇多丸以外にも指摘されており、「ノイズの排除で自分の世界の安定性を保っている」のが荻上映画だとする評もある。[◆5] これは『彼らが本気で編むときは、』にも合流してゆく問題だといえるだろう。

2　議論を深める契機をつくった『彼らが本気で編むときは、』

「荻上直子第二章」の幕開けを飾った『彼らが本気で編むときは、』は、海外では第六七回ベルリン国際映画祭でクィアの主題が含まれる作品に対して贈られるテディ審査員特別賞を日本映画として初受賞する快挙を果たした。審査員の今井祥子によれば「観ているだけでお腹が空きそうな料理の数々や、日本に訪れたくなる美しい桜並木など、荻上監督の独特のディティール」が外国人審査員の心を掴んだという。[◆6] まさに荻上がこれまで自身の映画に取り入れてきた日本の土着的なイメージが、国際舞台の場での受賞に一役買ったことが窺える。さらに日本では文部科学省の選定作品に選出されたほか、渋谷区及び教育委員会が推奨作品とした。全国劇場公開規模（本作は一五四スクリーンでの公開）の長篇劇映画において日本で最も初期にトランスジェンダーの女性を主人公にした作品のひとつとなった『彼らが本気で編むときは、』は国際的にも高く評価された一方で、トランスジェンダーの表象を巡っては議論も起きた。

『彼らが本気で編むときは、』はネグレクトされた一一歳のトモ、その叔父のマキオ、そしてマキオの恋人のリンコを主要登場人物として物語が運ばれてゆく。この映画に対しては、まず作家の鈴木みのりが明晰な批判を展開した。[◆7] 鈴木によれば『彼らが本気で編むときは、』は「これまでメディアで扱われてきた、タレント的な『女より女らしい』トランス女性のイメージが再構築されてしまっている」とし、「トランス女性であるリンコは、現在の日本を生きる、血の通った生々しい生活を営んで

いるトランス女性には到底見えない」と評した。また、「本作ではトランス女性をメインに扱い、同性愛（後述）にもふれながら、トランスジェンダーとシスジェンダー（身体や社会的性別に対して性同一性に違和がない状態を指す）、同性愛と異性愛の、それぞれのあいだの差異や他者性をあまりにも軽視していると言わざるを得ない」とし、これらの指摘はそれぞれ前述した「現実感の欠如」と「他者性の欠如」に該当するものであるといえる。

リンコは性別適合手術を受けているにもかかわらず戸籍は女性へと変更しておらず、ペニスを模した編み物を煩悩の数だけ完成させたあとにするのだという。また、編み物はリンコにとって怒りを鎮めるための行為として描かれている。こういった挿話について鈴木は「「怒るより編み物を」という美徳のメッセージが込められているとしか受け取れなかった。ネガティブな話よりポジティブな話をしたほうが気持ちいいに決まっているけれど、そうできない状況に対して、不満を述べることなしに、改善などできない」と評する。鈴木の批評とレビューサイトに投稿された観客のレビューを合わせて『彼らが本気で編むときは、』の批判点を精緻に検証した研究者の堀あきこは、映画における編み物について、リンコがマキオの母と編み物を介した秘密を共有したり、トモに編み物を教えてあげたりすることからも「女性同士のつながりのツール」として機能していると分析する◆8［図2-1］。『めがね』でも物語を通して主人公であるタエコの海辺で編んでいた編み物が、毎年春に宿を訪れる不思議な中年女性へと渡されてゆく描写があり、確かに「女性同士のつながり」を示すものとして荻上は編み物を扱っているようである［図2-2］［図2-3］。

『彼らが本気で編むときは、』以降、日本ではトランスジェンダーの女性を描く次なる作品として

二〇二〇年には『ミッドナイトスワン』（内田英治監督）が公開された。この映画でもやはり既存のメディアにおけるトランスジェンダー女性表象を踏襲し、ニューハーフショークラブの場面から幕が開ける。荻上が「リンコは介護士としてつつましく生きています。つまり、芸能界や夜の仕事の世界にいるキラキラした存在ではなく、日常の中に生きている人として描きたいと思った」[9]と語ったように、現在に至ってもなお『彼らが本気で編むときは、』のその側面に関しては意義深い。Aセクシュアルとトランスジェンダーの男性であることを公表した俳優の中山咲月は『彼らが本気で編むときは、』を観て「これは自分だ」と気づき、「蓋をしていた自分の気持ちは爆発」したとしてこの映画がアイデンティティの気づきとカムアウトのひとつのきっかけとなったと話す。[10]中山によるこの事例の通り、メディア上であらゆる声が可視化されていなかったとしても『彼らが本気で編むときは、』から救いを得た当事者性をもつ観客の存在もまた見過ごせない。

上から［図2-1］–［図2-3］
『彼らが本気で編むときは、』（荻上直子、2017）

3　ひとつの到達点としての『川っぺりムコリッタ』

貧困の問題に初めて真正面から向かい合った『川っぺりムコリッタ』は、荻上映画にとってひとつの到達点といっても過言ではない。映画の着想は、二〇一六年九月二一日に放送されたNHKの番組「クローズアップ現代」で取り上げられた無縁仏の特集「あなたの遺骨はどこへ～広がる〝ゼロ葬〟の衝撃～」から得たという。「ムコリッタ」(牟呼栗多)について、「仏典に記載の時間の単位のひとつ1/30日＝2880秒＝48「刹那」は、その最小単位」と冒頭の字幕で説明されている。『知らない町』(二〇一七)で第三回インディペンデント映画大賞撮影賞を受賞した安藤広樹が撮影監督を務めたが、荻上映画はこれまで固定カメラによるミディアムショットやロングショットを多用し、静的な画面の印象が強かったのに対し、この映画では登場人物に手持ちカメラが寄り、情動的な画面を紡いでいるのに新鮮さがある。

主人公の前科持ちの青年である山田は、刑務所から出所して格安アパート「ハイツムコリッタ」に入居した。孤独に甘んじていたはずの山田はそこで大家の南、無遠慮で厚かましい隣人の島田、子供と墓石を売り歩く溝口といった一風変わった住民たちと交流してゆく。ハイツムコリッタに入居して間もなく、山田は父の孤独死を役所から知らされる。訃報を聞いた山田は心を落ち着かせるために九九を唱えながら蒸し暑い部屋のなかでひとり横たわっていたが、そこに隣人の島田が熱中症で死にかねない山田のために庭先で獲れた野菜を室内へと投げ込む。飢えていた山田は転がっていた胡瓜

を一思いに齧《かじ》る。映画の序盤にあるこの「食」が人間を「死」から救う場面は、この映画の主題を忠実になぞった導入として正しい。『川っぺりムコリッタ』は「食」と「生死」を渾然一体な事象としてきわめて巧妙に描いてゆく。それは「死」した先祖を迎え入れるために、「食べ物」である茄子と胡瓜で「動物」を形作った精霊馬のショットにも端的に形象化されている［図2-4］。

『川っぺりムコリッタ』の食卓の上には炊いた白飯が主役として登場する。日本映画における「食べること」は、米のご飯を食べることが基本になっており、それは「和解や調和などのポジティヴな象徴」として描かれてきた。[11] 白飯を主食とした「食」で構築されてゆく共同体を描く『川っぺりムコリッタ』は、ある部分では代表作『かもめ食堂』への回帰かもしれない。携帯電話も繋がらない僻地を舞台にした『めがね』同様、『川っぺりムコリッタ』でも山田たちは経済的に困窮しているために携帯電話をもたない。人と人を強制的に繋げてしまう携帯電話をあえて排除しているのも、いかにも荻上映画らしい。

これまで題材として「食」を取り扱いながら、そこに前景化してこなかったものがほかならぬ「死」だった。大方の人間は生存するために生命を奪われた動物や植物を摂取するしかない。どれだけ「癒し」や「ほのぼの」といった穏やかな言葉で装飾されようとも、「食」の前提には「殺生」があったのだった。しかしそうした痕跡が過去作に見出せないわけではない。たとえば『めがね』ではハルナが魚を捌こうとするサクラに、死んだ人間はどうなるのかと聞く。『めがね』では宿「ハマダ」に訪

［図2-4］『川っぺりムコリッタ』（荻上直子、2021）

れたばかりのタエコが冷蔵庫を不意に開けると、黒黒とした目を見開いた魚のクロースアップショットが差し込まれ［図2－5］、驚いてとっさに扉を閉める描写があった［図2－6］。無防備なさなかで忽然と生き物の「死」と対峙させられ、一瞬たじろいでしまう。過去作においては、そうしてわずかに「食」に付随した「殺生」が顔を覗かせていた。

『川っぺりムコリッタ』で勤務先の塩辛工場にいた山田が気分を悪くしてしまう場面があるが［図2－7］、そこでは切断された烏賊の夥しい数の目玉が生々しく器のなかで蠢く［図2－8］。完全に加工された塩辛になる前の、まだ生き物としての原型を留めた烏賊たち。そのとき描出される部位が目玉なのは、一方的に食らう側＝まなざす側であったはずの人間と生き物の権力関係が、まなざしが搗《か》ち合うことによって転覆するからだろう。この前の場面は山田が島田から前科者になった理由を聞かれて人からお金を騙し取ったのだと家先で答える場面であり、その後に工場の雇い主に山田が「ろくでもないのって遺伝するんですか」と聞く場面へと移行してゆく。山田の前科に対する罪悪感、それが親からの遺伝に起因するのではないかという嫌悪感、自分たちは日頃から生き物を殺して食べているのだという忌避感が三つの場面の変遷によって結びつく。一方、南は妊婦の大きな腹を見ると蹴りたくなるのだと山田に話す。人間の

［図2-5］（上）、［図2-6］（下）
『めがね』（荻上直子、2007）

体内にもうひとり別の人間がいる状態は「動物的」であり、「ああ　人間って動物だったんだぁ」と改めて思わされるのがその暴力的衝動の理由だという。だから妊婦を見ると「気持ち悪くなる」と南は明け透けに話す。南のこの生理的反応と工場で吐き気を催した山田の反応が同根であるように思われるのは、理知的な存在として普段秘匿されているはずの人間の動物性を自覚せねばならない瞬間を共有しているからかもしれない。火葬場で死した人間が焼却されるのと同時に、劇中では息絶えた金魚の土葬も執り行われる。人間の火葬と動物の土葬がそこで正対され、『川っぺりムコリッタ』には人間／動物の同質性と差異についての探究も綴られている。

　この映画でこれまでの荻上映画から異質な輝きを放つのは、南が人知れず亡き夫の遺骨を口に含む場面ではないだろうか。『恋は五・七・五！』における男子高校生の無邪気な自慰や『吉野バーバー』における小学生男子とポルノ雑誌の戯れ、『彼らが本気で編むときは、』の異性間のささやかな口づけといった描写はあるものの、荻上映画では性行為がほとんど明示的には描かれてきていない。『川っぺりムコリッタ』はこれまでの荻上映画のなかでおそらく最も生々しく官能的な性描写が含まれた作品であるように思われる。南は遺骨をおもむろに甘噛みして愛しい人の味を堪能したあと［図2-9］、

［図2-7］（上）、［図2-8］（下）
『川っぺりムコリッタ』（荻上直子、2021）

その遺骨に愛撫されるように自らの身体をなぞりながらワンピースの裾を捲り上げて脚の付け根へと運んでゆく［図2－10］。するとそこでそのショットは唐突に切れてしまう。南は「死」してしまった夫の骨を「食べる」行為によって自らの身体に取り込もうとしているようでもあり、膣に挿入されたと夢想させられるその骨はまさに穴を埋め、夫を失った南の欠如を満たしたかもしれない。ここでは「食」が「生」とのみならず、「性」とまで結び付けられている。

終盤、山田が涙を流しながら弱音を吐くと南が抱擁する。山田は南に好意を寄せているようにも見えるが、映画が幕を下ろすまでにふたりの関係性ははっきりと恋愛へは移行したりしない。恋愛関係は強い感情と密接な距離感が下地にされやすい営為だが、荻上映画にとってより重視されるのはゆるやかな紐帯によって結びつく人と人の関係性なのではないだろうか。荻上映画は二者間の閉じた世界に傾倒せず、つねに外の世界へと広く開かれている。山田がたまたま隣に住んでいただけの島田に命を救われたように、『川っぺりムコリッタ』は家族や恋人といった緊密な紐帯に対して、地域社会における地縁的な関係こそが社会において重要なのではないかというメッセージを内包しているといえるだろう。映画のなかの食卓は、たとえば母がいて父がいてそこに子がいる近代的な核家族像によって支えられてきた。しかし多くの荻

［図2-9］（上）、［図2-10］（下）
『川っぺりムコリッタ』（荻上直子、2021）

上映画は「食」の舞台となる食卓を重要な場として描きつつ、そうした典型的な家族ではない擬似家族やゆるやかな紐帯によってそこに集う人々こそがその食卓を囲んできたのだった。性的マイノリティを含む血縁に依らない非規範的な家族が食卓を形成する『彼らが本気で編むときは、』もまた、まさにその系譜上にある。そうして荻上映画は日本映画史の食卓イメージをも、たえず刷新してきたのだった。

4 荻上映画において通奏低音を奏でる女性の自立

『波紋』の食卓は女にとって監獄化された場でもあった。長年主婦として「良き妻・母」を演じてきた依子は義父の介護を一手に担い、夫は無責任に行方をくらましていた。宗教団体「緑命会」を心の拠り所にしていた依子のもとにある日突然戻ってきた夫は、癌を患っているという。『波紋』のなかでもやはり重点を置かれているのは幻想化された家族の絆などではなく、仕事先の同僚や宗教繋がりの仲間などのゆるやかな紐帯のほうだろう。闘病の末亡くなった夫の棺を見送る瞬間、依子が顔に浮かべるのは「涙」ではなく「笑い」だった。そこでは、『かもめ食堂』の猫より母が死んだときのほうが泣けなかったというサチエのモノローグがより先鋭化されてリフレインしてくる。

依子は夫の失踪後、ガーデニングされていた庭を枯山水へと変貌させた［図2-11］。しかし映画の最後には、依子は自らの足で綺麗に整えていたその枯山水の模様を破壊しながらフラメンコを踊り狂う。それは家という場において築かれていた妻／母としての役割を無効化させる行為に等しいが、東日本

大震災後の水道水汚染の危惧、宗教団体の崇める「緑命水」、そして不可視の水によって表現された庭園に連なる〈水〉のモチーフが主題と絡み合いながら鏤《ちりば》められた脚本は、それが〈食〉であった『川っぺりムコリッタ』に続いて緻密に計算されている。

『波紋』に至っても、荻上に対し「癒し系」についての言及はなおやまない。しかしながら荻上自身は、本来的に自分が描こうとしてきたのは「女性の自立」なのだとたびたび口にしている。実際、『波紋』は与えられてきた性別役割分業や重い桎梏から解放され、自身の足で人生を歩み出す女性をスクリーンに立ち上げている。「癒し」や「ほのぼの」といった形容詞からは一見かけ離れたブラックユーモアに溢れた『波紋』は、これまでで最もストレートにひとりの女性の自立が主題として捉えられる作品であり、荻上の本望が結実したといえる。『波紋』を経たいま、遡及的に『かもめ食堂』や『めがね』を捉え返すなら、そこには「中年女性の自立」というシビアな輪郭がより浮き彫りになってくるはずだろう。戦後日本では資本主義社会が〈公的領域〉を担う男性と〈私的領域〉を担う女性からなる「近代家族」を形成し、それによって「主婦」を生み出した。とりわけ結婚や子育ての関係者として想定されやすい中年女性をそうでない姿で描こうとしたとき、荻上映画におけるカネを取り巻く様態は、ゆえにそうした資本主義が基盤とする経済体制から距離を置こうとした身振りであったのかもしれない。

『かもめ食堂』でも『めがね』でも回想場面は一切用いられず、それ

［図2-11］『波紋』（荻上直子、2023）

ぞれ遠くの土地に訪れた女性の過去については触れられない。『めがね』のタエコは何者なのかを問われ、「何者でもない」と返す。しかしそのささやかな言葉が重い響きさえも纏《まと》うのは、「母」でも「妻」でもなく「何者」でもない中年世代の女性が「家」から離れ、ひとりで自由に生きようとすることがこの社会ではいかに困難であるかがそこに逆照射されるからではないか。

荻上は「癒し系」や「ほっこり」と「言われることへの反抗心が、その後の作品作りへの意欲になっています◆12」と語ったこともあった。代表作によって固定化されたペルソナを自ら映画を撮り続けることによって切り崩してゆくこと。それは荻上の映画人生に不可分に抱え込まれた闘争と化している。いかに「癒さない」か——その闘争に分断線が引かれるのはまだ少し先かもしれない。

（児玉美月）

◆1 荻上直子［インタビュー］「「癒される映画作りたい」荻上直子監督」、「wow Korea」二〇〇七年一一月二七日、https://www.wowkorea.jp/news/enter/2007/1127/10036414.html（二〇二三年八月一〇日取得）。

◆2 荻上直子［インタビュー］「依子のことはどうしても共感できないけれど、ただただ無心に踊っている姿はすごく好きでした。」、『波紋』劇場用パンフレット、二〇二三年。

◆3 四方田犬彦『日本映画史110年』集英社新書、二〇一四年、二四五頁。

◆4 「荻上直子が新興宗教描く新作「波紋」公開決定！筒井真理子、光石研、磯村勇斗が家族に」、「映画ナタリー」二〇二二年一一月二九日、https://natalie.mu/eiga/news/503081（二〇二三年八月一〇日取得）。

◆5 川口敦子・児玉美月・坪井里緒・岩槻歩［座談会］「映画たちよ！私たちのディスクール」、『映画芸術』

四八三号、二〇二三年、一三〇-一三一頁。

◆6 「生田斗真主演『彼らが本気で編むときは、』ベルリンで快挙！最高峰のLGBT賞を受賞」、「シネマカフェ」二〇一七年二月一八日、https://www.cinemacafe.net/article/2017/02/18/47184.html（二〇二三年八月一〇日取得）。

◆7 鈴木みのり「女装に見えてしまう生田斗真演じる「女より女らしい」トランス女性、『彼らが本気で編むときは、』は教育推奨作品にふさわしい？」、「wezzy」二〇一七年三月一七日、https://wezz-y.com/archives/42770（二〇二三年八月一〇日取得）。

◆8 堀あきこ「『彼らが本気で編むときは、』におけるトランス女性の身体表象と〈母性〉」、『人権問題研究』一六号、二〇一九年、四七-六七頁

◆9 荻上直子「インタビュー」「「偏見をなくそう」という映画じゃない／『彼らが本気で編むときは、』荻上直子監督インタビュー」、「FILMAGA」二〇二二年五月三〇日、https://filmaga.filmarks.com/articles/1073/（二〇二三年八月一〇日取得）。

◆10 中山咲月「〝二重〟で演じていた頃も…中山咲月が俳優として迎える転換期」、「COSMOPOLITAN」二〇二三年三月三一日、https://www.cosmopolitan.com/jp/entertainment/movies/a43344816/interview-with-satsuki-nakayama/（二〇二三年八月一〇日取得）。

◆11 今泉容子「食事する日本映画」、『文藝言語研究 文藝篇』三六号、一九九九年、四〇頁。

◆12 荻上直子「インタビュー」「『かもめ食堂』のイメージを払拭したい！荻上直子監督が〝宗教〟にのめり込む主婦を描く衝撃作『波紋』」、「ALL ABOUT」二〇二三年五月二四日、https://allabout.co.jp/gm/gc/497652/（二〇二三年八月一〇日取得）。

タナダユキ論
重力に抗う軽やかさ

タナダユキ　フィルモグラフィ
[長篇映画] ◎『モル』(01)◎『月とチェリー』(04)◎『赤い文化住宅の初子』(07)◎『百万円と苦虫女』(08)◎『俺たちに明日はないッス』(08)◎『ふがいない僕は空を見た』(12)◎『四十九日のレシピ』(13)◎『ロマンス』(15)◎『お父さんと伊藤さん』(16)『ロマンスドール』(20)『浜の朝日の嘘つきどもと』(21)『マイ・ブロークン・マリコ』(22)　**[長篇ドキュメンタリー映画]** ◎『タカダワタル的』(04)

1　突飛な設定と豪快なヒロイン

月経の最中に必ず自殺者と目が合って高熱を出す。前科持ちになったあと百万円貯めるたびに街を転々とする。癌を患う妻そっくりのラブドールを製造して流通させる。自死した親友の遺骨を家族から奪って逃走する……。タナダユキが手がけてきた映画は、あらすじだけをこうしてなぞると、どれもが意表を突くような刺激的なフックをもっている。とはいえタナダ映画は決してそうした取っ掛かりほどに過激なだけではなく、その実やわらかな優しさに満ち溢れている。深刻な題材であったとしてもユーモアは決して置き去りにされず、軽やかな風が終始吹き抜けてゆくような質感がタナダ映画にはある。

タナダ映画について論じられるとき、物語のユニークさに加えて頻繁に言及されるのはなんといっ

てもその魅力的なキャラクターたちだろう。たとえば「『モル』から一貫してタナダユキは、それまで邦画に登場しなかった〝豪快な女子〟の姿を描く」[1]と評されてもいる。『モル』（二〇〇一）は映画の開巻から自殺しようとしている男に対して月経の苦しみを絶叫する「豪快な女子」たりうるヒロインの物語だったが、それはやはり現状の最新作である『マイ・ブロークン・マリコ』（二〇二二）の主人公シイノまで途絶えていない。シイノは最愛の人であるマリコの遺骨を奪還し、旅に出る。大股を開いて座りながら煙草を吹かし、上司に楯突くことも他人に包丁を突きつけることも厭わないマリコの「豪快」な人物造形はまさしくタナダ的なヒロインといえる。

『モル』は第一作目にして、そのヒロイン像のみならずタナダ映画の原型ともなる要素が詰め込まれている。映画評論家の森直人は「タナダユキに内在する主題」とは、「生き難き者vs社会」だという。[2]映画プロデューサーの越川道夫も同じく「生き難さ」という言葉を使って、『モル』は「ひとりの女性をめぐる「生き難さ」の物語なのだ」と論じた。[3]これらの批評の通り、タナダは『モル』で最初に描いた「生き難き者」の物語をそのあと幾度も反復していくことになる。

『モル』は自殺しようと屋上の端に立つ男と階段を全速力で駆け上がる女がカットバックで繋がれるシークエンスから幕を開ける。開口一番、タナダ自身が演じる西原ゆかりが月経のつらさについて激昂する。ゆかりは月経がはじまると、必ず自殺者と目が合ったのちに発熱してしまうようになったという。ゆかりがそうした特異体質になってからの日々を彼に話す形式で映画は進んでゆく。ゆかりが月経中にふいに目が合ってしまう、建物の上から飛び降りをしようとしている男たちの顔がクロースアップで次々と映し出されてゆく場面では、彼らは一様に下にいるゆかりを見下ろす格好になって

いる。自殺者は全員が男である。屋上で対話するその男とゆかりのあいだを柵が隔てているのも、月経という多くの場合に女性ジェンダーを割り振られる身体が被らなければならない苦痛が俎上に載せられているのも、男性と女性の分断を示す［図3－1］。ゆかりは月経によってのみならず、恋人の男性からも暴力を振るわれて血を流す。身体的な性差によって被る痛みを二重に描きながら、『モル』は分断から和解へと向かってゆく。上から見下ろす男のショットと下から見上げる女のショットの対比はそのまま性の権力関係を視覚的に炙り出していたが、終盤に至って自殺しようとしていた男とゆかりの立ち位置はそうした上下の構造を切り崩す。そして男とゆかりのあいだに聳えていた柵を、ふたりはついに乗り越える［図3－2］。序盤でゆかりの口から発されていた「あんた」と「あたし」の代名詞は、最後には「うちら」へと変わっている。

しかし映画のなかでなかなかリアリティをもって明示的に描かれてこなかった「月経」という主題を初期作品のなかで扱い、その後も「女性であること」に根差した「生き難さ」に立脚したタナダ映画が論じられるにあたっては、作家のジェンダーがつねにつきまとった。タナダはそれに関し、以下のように心情を綴っている。

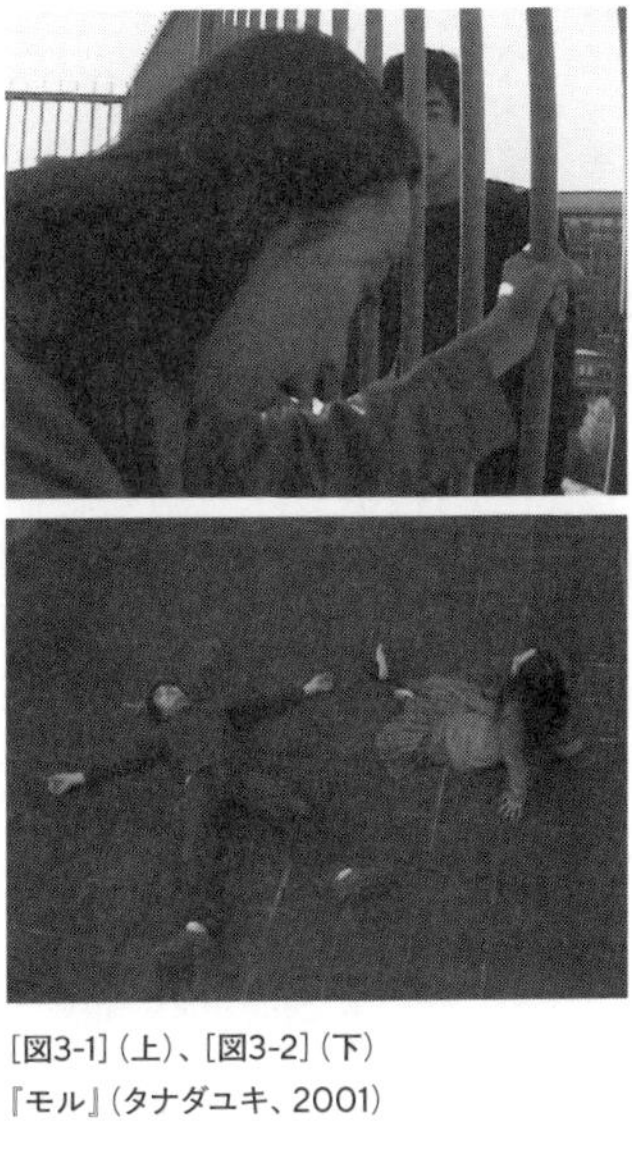

［図3-1］（上）、［図3-2］（下）
『モル』（タナダユキ、2001）

私は女として生まれ育ち、それに対してなんら不自由を感じたことはなかったわけですが、映画を撮って作品を発表するようになった途端、どんな種類の作品を作っても「女性監督ならではの」という、窮屈な冠をつけられてしまうようになりました。ここ数年でやっと、その言葉が消えつつあって嬉しい限りですが。「『ならでは』って何なのさ」と当時思いましたが、結局「ならでは」について説得力を持って書いた人は皆無でした。女性か男性かで分けるのもそもそも無理があるわけで、何より、個として見てもらえない悔しさ。◆4

たとえば不妊治療を行う主婦と高校生男子の情事を描く群像劇『ふがいない僕は空を見た』（二〇一二）の公式販促物においても、確かに「女性作家ならではの視点」という文言とともに映画が紹介されている。とりわけ女性主人公や女性にまつわる主題に対して用いられる「女性監督ならでは」という定型句には「女性監督だからこそ描けた」という含意があるが、では描かれる対象のジェンダーが作者と同じジェンダーでなかった場合にその「評価」はどうなるのだろうか。作者とジェンダーを巡る問題提起が『ロマンスドール』の文庫版あとがきに添えられたように、この映画ではまさにそうして作品の内容と作り手のジェンダーを安易に結びつけてしまう語りに反発するかのごとく、「男性目線」から立ち上がる物語が描かれている。それまでにもタナダは『月とチェリー』（二〇〇四）で官能小説家の女性に片想いする性経験のない男子大学生を、『俺たちに明日はないッス』（二〇〇八）では教師と交際している同級生に性行為を迫る男子高校生を描いてきてもいた。

2　ジェンダーを反転させる――『ロマンスドール』

『ロマンスドール』（二〇二〇）は女の「腹上死」からはじまる［図3-3］。映画は男が女を下で看取るまでの主人公である哲雄の回想形式によって進められてゆく。「腹上死」はもともと「男のロマン」文脈で語られてきたのであり、タナダは意識的にジェンダーを反転させた。終盤で時制が現在へと戻り、「腹上死」が反復されるのはそこに重要な意味が賭けられているからだろう。

大学卒業後、うだつのあがらない生活に甘んじていた哲雄は、ラブドールを製造する工場で働き出す。人形の身体をより人間の質感へと近づけるため、人間の乳房の型取りを思いつくと、そこに園子が訪れる。ラブドールの開発ではなく医療開発の利用用途だと聞かされていた園子は何も知らないまま哲雄とすぐに恋人同士になり、やがてふたりは結婚する。しかし共に過ごす時間を重ねるにつれ、関係性の変化を感じ取ったふたりの仲はぎこちなくなってゆく……。

これまでのよく知られたラブドール映画には、たとえば『ラースと、その彼女』（クレイグ・ガレスピー監督、二〇〇七）や『空気人形』（是枝裕和監督、二〇〇九）などがある。いずれにしてもこれらの映画においては、ラブドールは前提として人間の恋人のいない男性たちにあてがわれて何らかの役目を

［図3-3］『ロマンスドール』（タナダユキ、2020）

果たしていたが、『ロマンスドール』のラブドールは主人公にとって喪失した存在を弔う機能があるという点でまったく異なるモチーフと化す。園子の死後、彼女と瓜二つのラブドールを完成させた哲雄はそれらを一斉に売りに出す。ラブドールを購入したその先の用途を重々承知していながらも、自らの愛した女性の分身かのような人形を世界にばら撒く様はどこか滑稽で可笑しい。

『ロマンスドール』は不治の病にかかった妻の死に向き合うひとりの男の物語を描いていながら、最後まで軽やかな空気感に貫かれている。ラストシーンでは海の浜辺をひとり歩く哲雄が砂塗れになったラブドールを見つける。それは哲雄が園子に似せて作った精巧な製品［図3-4］にはほど遠い、ビニール製の空気の抜けたラブドールで手を離せば海風に乗ってどこか遠くまで飛んで行ってしまいそうなものである［図3-5］。哲雄が周囲から見ればよくできた妻だった園子が実は自分だけが「すけべだった」と知っているのだというモノローグとあわせて、病に蝕まれながら体重を失っていった園子の身体を彷彿とさせる萎んだ姿のラブドールは、この映画の「軽さ」の質感を一層助長している。

［図3-4］（上）、［図3-5］（下）
『ロマンスドール』（タナダユキ、2020）

3 女性同士の絆のなかで――『マイ・ブロークン・マリコ』

同じく主人公が亡き者の喪失に向かい合う映画が『マイ・ブロークン・マリコ』である。シイノもやはり、最後には風に乗って吹き飛ばされてしまうほど「軽く」なってしまったマリコを直視しなければならない。原作は平庫ワカによる同名漫画だが、平庫から唯一伝えられたのは、「マキオとシイノを恋愛関係にだけはしてほしくない」であり、タナダ自身もそうするつもりは微塵もなかったという。◆5 そうした認識が一致して映像化されたこの映画は、あまりに強固な恋愛至上主義への内省が促される現代の時流のなかで生まれるべくして生まれた。そこではヒロインは旅の道程に手を差し伸べてくれる若い男性と恋仲にならないどころか、むしろ親しい同性とのあわいにある感情がより強く発露される。父親と恋人からの（性）暴力を受け続けていたマリコと彼女を救えなかったことを悔やむシイノを描いた『マイ・ブロークン・マリコ』は、犠牲者となった親密な女性のために生き残った主人公が復讐に乗り出す『プロミシング・ヤング・ウーマン』などの家父長制下で女性たちが連帯するシスターフッドを描く #MeToo 以降の映画群にも連なるだろう。

終盤近く、シイノが男性に襲われる少女を助けるために彼女の抱えていた骨壺におさめられていたマリコの遺骨が宙に散り散りになる。マリコは光に反射されて輝きながら、風に吹き飛ばされてゆく。シイノはモノローグのなかで「重力に逆らえない」とマリコに対して言う。世界の重さは彼女たちの身体に否応なしにのしかかるが、シイノがマリコの両親のいる部屋のベランダから飛び降りる瞬間も、

マリコの骨壷が投げ出された瞬間も、映画は同様にスローモーションを施す。映画の詐術によるその一瞬だけは流れが止まったかのように時間が遅延され、タナダはふたりの「身体」を重力から解放してみせる。そうして性暴力と自死なる深刻な主題を扱いながらも、映画的な意匠によってタナダは彼女たちに世界の重さに抗う「軽さ」を与えたのだった。

『マイ・ブロークン・マリコ』の序盤、マリコは不動産屋の前で「おばあちゃんになっても、シイちゃんとずっと一緒にいる」とシイノに話す。日本における現行の法制度が同居を前提とした異性間による婚姻を優遇しているこの社会では、老いた先も永続的に女同士が共に暮らしてゆく人生設計は行うどころか想像することすら難しい。『マイ・ブロークン・マリコ』と同年に公開されたAセクシュアル／Aロマンティックを描いた映画『そばかす』（玉田真也監督、二〇二二）でも、女性同士の同居が社会的に保障された異性間の婚姻の介入によって挫折してしまう展開がある。

4　運命を決定する視線の交差——『百万円と苦虫女』

『百万円と苦虫女』（二〇〇八）もまた、女同士が同居しようとして物語が転がりはじめる物語である。女同士の同居は失敗が約束づけられているのであって、ここでもやはり男の存在が不可避になっている。鈴子はリコからルームシェアをもちかけられて了承したものの、そこには事前に知らされていなかったリコの恋人の男性がついてきた。挙句、リコはその直後に恋人と別れ、鈴子は思いもがけない相手とふたり暮らしを余儀なくされてしまう。リコの恋人と馬が合わず、揉めて彼の荷物をすべて捨

てたところ刑事告訴によって鈴子は前科持ちとなる。映画において罪を犯した人間が草臥れた姿で出所するといえばしばしば男性だったが、ここでは二〇歳そこそこの若い女性となっており、『ロマンスドール』の「腹上死」と同様にジェンダーが反転しているといえるかもしれない。住んでいた街にもいづらくなってしまった鈴子は、百万円を貯める毎に街を転々と引っ越そうと決意する。

　映画タイトルに「百万円」という金額が含まれているが、タナダ映画では監督第一作目である『モル』から具体的なカネとそれに紐づく形で貧困描写が随所に鏤《ちりば》められている。『モル』ではヌードモデルの仕事で暮らす主人公が特異体質を発症したために、八万円を失ったのだと強調する場面もあった。『赤い文化住宅の初子』（二〇〇七）ではそれがより露骨に現れ、主人公である両親のいない貧しい高校生のヒロインがアルバイトからの帰途で「カネ、カネ、カネ、カネ……」と何度も呟く。テーブルの上に置かれた小銭とお札［図3－6］、店先の洋服につけられた値札、書店の床に落ちている十円玉、夜の繁華街で客引きのお姉さんが掲げる看板に書かれた金額など、カネにまつわる具体的な数字を映画は大量に提示してゆく。『浜の朝日の嘘つきどもと』（二〇二一）も、東日本大震災とコロナ禍を経て経営困難になった福島の映画館「朝日座」を再建するために主人公のヒロインがクラウドファンディングで協力を集う物語が描かれ、近年の作品においてもカネは重要なモチーフとして抱え込まれている。『ロマンス』（二〇一五）においては他の作品群で認められるようなカネや貧困の問題

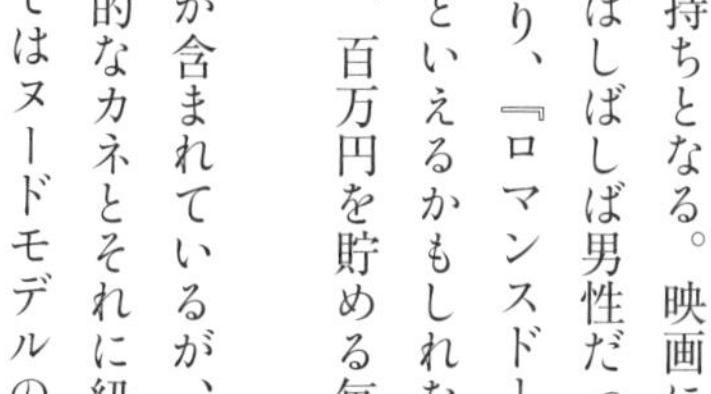
［図3-6］『赤い文化住宅の初子』（タナダユキ、2007）

が一見して前景化されないものの、そもそもヒロインに両親が「おひつ」「めしびつ」の意味を含みこむ「鉢」の漢字を使って「食いっぱぐれないように」と願いを込めた「鉢子」の名が授けられている。

おそらく『百万円と苦虫女』を観た多くの観客にとって記憶に残るのは、鈴子が「自分探し」ではなくむしろ自分というものから逃れたがっているところだろう。こうした自己認識はタナダの執筆した小説『復讐』(二〇一三)にも通じる。語り手である学校の教師の同世代には「自分らしくいられない」ために離職してゆく者も多いなか、教師は「自分でいなくてもよい」仕事だからこそ続けられるのだという。鈴子もその教師も、むしろどんな状況であってもつきまとう、むせかえるほどの「自分」を唾棄している。タナダ作品は不安定なアイデンティティを探求するのではなく、アイデンティティが揺るぎないがゆえの苦悩をなぞってゆく。『復讐』はふたりの語り手によって編まれているが、それはもうひとりの「僕」にもいえる。「僕」はある日テレビに映った自分と同世代ほどの若者たちが「本当の自分がわからない」と嘆く姿を見て、「あぁ、こいつらは幸せなんだなぁ」と思う。「僕」は幼い頃に双子の片割れが惨殺されてしまい、周囲が彼を殺された片割れのほうと誤解したために、片割れになりきって生きることを強いられてしまう。「僕」は別人として振る舞わなければいけず、逆説的にその内に秘められた「自分」を嫌というほどに認識させられ続ける。むしろ「自分」を忘れてしまったほうが楽かもしれない境遇へと「僕」は立たされてしまう。『復讐』はタナダの小説のなかで最もシリアスな作品といえるが、単行本三冊の内、この作品だけが未だ映像化されていない。

『百万円と苦虫女』で鈴子はアルバイト先の同僚である中島と交際を開始するが、百万円を貯めてしまうと次の街へ引っ越してしまうと危惧した中島は鈴子にカネを貯めさせないように阻止する。鈴

子は中島が浮気しながらカネを無心してくると誤解してしまったまま、その街を出て行くことを決心する。終幕、中島が鈴子を追いかけるすれ違いのシークエンスでは、重そうなキャリーケースを引き連れて歩道橋の階段を登る鈴子と少し離れた場所で階段を下る中島のショットがカットバックされてゆく。こうした上下の空間を巧妙に利用した演出は、『モル』にも見られたものである。タナダの原作小説でこの場面は「お互いが振り返ったタイミングが一緒で、二人の視線がズレていなければ、再び会うことができたはずだ」と記述されているが、少なくとも映像上では彼らの視線の不一致は撹乱されているように思われる。そのとき鈴子は仰角気味、中島は俯瞰気味でそれぞれ撮影され、階段上で後ろを振り返る鈴子と階段下で上方を見上げる中島のショットは、観者にお互いを見ているかのような錯視を引き起こす［図3－7］［図3－8］［図3－9］［図3－10］。鈴子は「来るわけないか」と諦めて独りごちるが、音声も原作も排して映像文法だけを素直に読めば、ふたりの視線が交差した可能性を呼び寄せる。この結末は視線の問題という映画的な主題になぞらえて、視線の一致／不一致というわずかな誤差が人と人の運命

上から［図3-7］－［図3-10］
『百万円と苦虫女』（タナダユキ、2008）

を決定的に左右してしまう残酷を伝える。

5　人生の暗部を明るく照らす――『浜の朝日の嘘つきどもと』

タナダユキは『百万円と苦虫女』までは若い女性のヒロインを中心に置いてきたが、『ふがいない僕は空を見た』と続く『四十九日のレシピ』（二〇一三）の二作品は年齢を引き上げて中年女性の結婚と妊娠の問題へと着手した。それ以降はまた若い女性中心のヒロイン像を描いてゆくため、この時期はタナダのフィルモグラフィにおいては異質といえるかもしれない。タナダにとって代表作となった『百万円と苦虫女』は変化球のロードムービーだったが、このシリアスな二作品の後には、力を抜いて楽しめるロードームービー『ロマンス』が撮られた。タナダ自身が執筆した『ロマンス』小説版では主人公が「盗ってないなら、逃げるなんておかしいでしょ！」と怒号とともに登場し、威勢の良いタナダユキ的なヒロインが立ち上がる。万引きした映画プロデューサーの桜庭を捕まえようとした箱根ロマンスカーの販売員である鉢子は、成り行きで桜庭と自らの母を探す旅に出ることになる。

自分の姿を見るようだった。似たくない、似てなんかいないと思っていた母に、鉢子はよく似ていた。ダメな男に引っかかるところも、相手を通して自分ばかり見てしまうところも。そしてその自覚があったから、母を避けた。

小説版で綴られたこの鉢子の心情からも伺えるように、『ロマンス』は表層的には母探しの旅でありながらその実、自分と写し鏡である母を避け続けてきた自らの人生に気づく物語にもなっている。つまりここには『百万円と苦虫女』『復讐』とタナダが手がけてきた多くの物語が共有する、「自分からの逃避」という主題が内包されている。

また、母がかつて幸福な家族旅行をした記憶のある箱根で自殺しようとしているのではないかと捜索に乗り出す作品にあって、映画が終始コミカルなトーンを保っているのは俳優の大倉孝二の演技に拠るところも大きいかもしれない。のちの『浜の朝日の嘘つきどもと』でも、主要登場人物に芸人の大久保佳代子がキャスティングされた。大倉にせよ大久保にせよ、映画に笑いを動員する彼らの役柄にはそれぞれに重い背景を与えられている。でありながらも、彼らは映画にある種の軽やかさをもたらす。タナダ映画の伏流にあるシリアスになりすぎない信念は、こうした人物配置にも反映されている。テレビ放送されたドラマ版で朝日座に訪れる映画監督と桜庭の口にする映画のタイトルがともに『シェフになろう、君のために』とされており、『ロマンス』と『浜の朝日と嘘つきどもと』は作品を超えて地続きの世界にある。大久保は主人公である朝日の学生時代の恩師を演じた。朝日は乳癌で亡くなった先生の意思を引き継ぎ、寂れた映画館の立て直しを目論んだのだった。外国人労働者と結婚した先生は彼の策略による偽装結婚だと思い込んでいたが、実際には彼もまた先生を本心で愛していたのだと最期にようやく知ることになる。彼らは身

[図3-11]『浜の朝日の嘘つきどもと』(タナダユキ、2021)

体を重ねなかった。そして今まさに息を引き取ろうとしている先生は最後に、「やっときゃよかった」と言い残す。付き添っていたふたりは先生の人生最後の言葉がそれだったことに、思わず破顔してしまう。観客の涙を間違いなく誘う局面においても、やはりタナダは軽やかなユーモアをそこに吹き込む。

画面に手書きの図が表示されながら、先生は高校生の朝日に、映写機でフィルムを使ってスクリーンに投影された映画を観る観客はその仕組み上、半分は暗闇を観ているに等しいのだと教える［図3-11］。映画館の観客は先生によれば、「半分暗闇を観ながら、感動したり笑ったりしている」人間なのだという。『浜の朝日の嘘つきどもと』の画面はその上映時間のほとんどにおいて、映画上映の空間の暗がり以外では陽光が差し続けている。観終えた誰もが、この映画の向白性を瞳に焼き付けているに違いないほどに。人の人生もまたその半分は暗闇なのかもしれないが、映画が観客の視覚のメカニズムを利用して暗闇を秘匿しながら「感動したり笑ったり」させるように、『浜の朝日の嘘つきどもと』は暗部を観客に意識させずに光のほうにこそ目を向けさせようとする。タナダ映画においてどれだけ深刻な問題が描かれていたとしてもそこに必ず軽やかさが吹き込まれるのは、スクリーンに生きる彼らを、そして彼らを見つめる観客を、少しだけ重力から解放して、映画が終わったその先の人生を後押ししようとするからにほかならない。

（児玉美月）

◆1 タナダユキ「インタビュー」「女の子たちが感じる思いを投影して生まれる〝豪快な女子〟」、『キネマ旬報』二〇〇七年三月上旬号、三七頁。
◆2 森直人「タナダに内在する主題」、『キネマ旬報』二〇〇八年七月下旬、一四八頁。
◆3 越川道夫「監督系女子ファイル06」、『ユリイカ』〈特集＝監督系女子ファイル〉二〇〇六年一二月号、一八五頁。
◆4 タナダユキ『ロマンスドール』角川文庫、二〇一九年、二一五頁。
◆5 タナダユキ「インタビュー」「原作の一番のファンでありたい――映画監督タナダユキの最新作「マイ・ブロークン・マリコ」が公開」、「FASHIONSNAP」二〇二二年九月二七日、https://www.fashionsnap.com/article/2022-09-27/yuki-tanada（二〇二三年八月六日取得）。

河瀬直美論

喪失と再生を描く私映画

河瀬直美　フィルモグラフィ
【長篇映画】◎『萌の朱雀』（97）◎『火垂』（00）◎『沙羅双樹』（03）◎『殯の森』（07）◎『七夜待』（08）◎『朱花の月』（11）◎『2つ目の窓』（14）◎『あん』（15）◎『光』（17）◎『Vision』（18）◎『朝が来る』（20）【長篇ドキュメンタリー映画】◎『杣人物語』（97）◎『万華鏡』（99）◎『追憶のダンス』（02）『玄牝－げんぴん－』（10）◎『東京2020オリンピック SIDE:A/SIDE:B』（22）【短篇・中篇ドキュメンタリー映画】◎『につつまれて』（92）◎『かたつもり』（94）◎『天、見たけ』（95）◎『陽は傾ぶき』（96）◎『きゃからばあ』（01）◎『垂乳女 Tarachime』（06）

1　私映画

河瀬直美は日本の女性としてはじめて世界的な知名度を獲得した映画作家である。きわめて私的な自主制作のフィルムを撮ることからキャリアを開始し、奈良というローカルな舞台を描き続けた彼女が突如としてグローバルな舞台へと躍り出た一九九七年、映画について次のように語っている。

まず思ったのは〝自分を残したい〟ということ。私には子供の頃から自分がいなくなること、つまり死の恐怖がずっと心にあったんです。だから自分の思いや存在を形に残したいという気持ちが誰よりも強かった。〔……〕そこで出会ったのが八ミリフィルムです。初めて〝映画〟というもので、自分の世界を作りあげることを知りました。街に出て好きなものを撮ってこいといわれ、

初めてレンズをのぞくと、これまで通り過ぎていた日常の風景が新鮮に見える。それをフィルムに撮ることで、自分のものとなって残り続けることにたまらなく魅力を感じたんです。[1]

ここで彼女が映画を通して「他者の世界」ではなく「自分の世界」を作りたいと述べていることには注目しておいたほうがよい。一九六九年に奈良市に生まれた河瀬直美は、生まれる前にすでに両親が別居状態で、一歳半で離婚、大伯母のもとで育てられた。大阪写真専門学校（現ビジュアルアーツ専門学校）で学び、8ミリフィルムを手渡されて街をルポタージュするという課題がきっかけとなりドキュメンタリー映画を撮りはじめる。こうして実父を探す自分を描いた自主制作のセルフ・ドキュメンタリー『につつまれて』（一九九二）、養母の他愛もない日常を捉えた『かたつもり』（一九九四）が山形国際ドキュメンタリー映画祭で審査員特別賞を受賞、初の長篇映画『萌の朱雀』（一九九七）でカンヌ国際映画祭カメラ・ドール（新人監督賞）を史上最年少で受賞するという快挙を成し遂げた。

先の引用における「自分の世界」の構築は、ドキュメンタリー映画に限った話ではない。ストリッパーの女性と陶芸家の男性との愛の物語を描いた劇映画『火垂』（二〇〇〇）に関して、河瀬は「『火垂』の場合だと私があやこになってしまっている。〔……〕撮らされるのではなく、やはり大切なのは、そこに投影された自分を撮るということだと思うんです[2]」とはっきりと述べている。『萌の朱雀』を評した中西愛子は「離散する家族の物語を描きつつ、老若男女の登場人物たちは河瀬監督自身に凝縮されてゆく、やはりどこまでも自己の内面を追いかけた私映画だと思う[3]」と的確な言葉を与えた。ドキュメンタリーであれフィクションであれ、河瀬映画はどこまでも「私映画」なのであり、欠落

した家族や登場人物の突然の失踪、女性の妊娠や出産という主題は、彼女の人生と無縁であるはずがなく、作品に頻繁にインサートされる花や木、水や草などのショットや、被写体に異様に接近した人物の肌理を捉えるショットは、登場人物の視点や物語の次元とは別の、河瀬直美の眼によってフレーミングされた美にほかならない。河瀬映画にあっては、彼女が現実世界で経験した出来事や彼女の心情が濃密にフィルムに投影される。だから作品を超えて反復されるモチーフ――繰り返される木や花の風景描写、欠落した家族を意味づける失踪、物語を展開させる妊娠／出産等々――が他の映画作家以上に散見されるのだ。

河瀬直美の映画群を理解するには、こうしたモチーフがいかに映画に組み込まれ、どのように表象されているかを捉えることからはじめなければならない。演出家と被写体も独特な関係性を築く。河瀬は異様なほどリアリティを重視する作家だが、それは被写体に接触することなく生の現実をカメラにおさめようとするダイレクト・シネマとは真逆のベクトルを志向するだろう。

初期のドキュメンタリー作品『かたつもり』では、モノとしてのカメラや作り手はアクターとして被写体の世界に介入して反応を引き出す。彼女の手は窓の向こうに映る養母に触れ［図4－1］、被写体に接近して直接手を触れる［図4－2］。人間だけでなく、光源へも手を伸ばし、その美しさを確認する［図4－3］。さらに被写体にカメラを渡して作家自身が撮られることも厭わない［図4－4］。彼女の心情を注釈するカメラは、異様なほど被写体に接近して皺を映し出す［図4－5］。被写体への接近や接触、撮る者／撮られる者の反転は『陽は傾ぶき』（一九九六）や『きゃからばあ』（二〇〇一）でも実践され、後者では河瀬直美が彫り師のもとを訪れ、自らの肉体に刺青を入れる。『垂乳女 Tarachime』

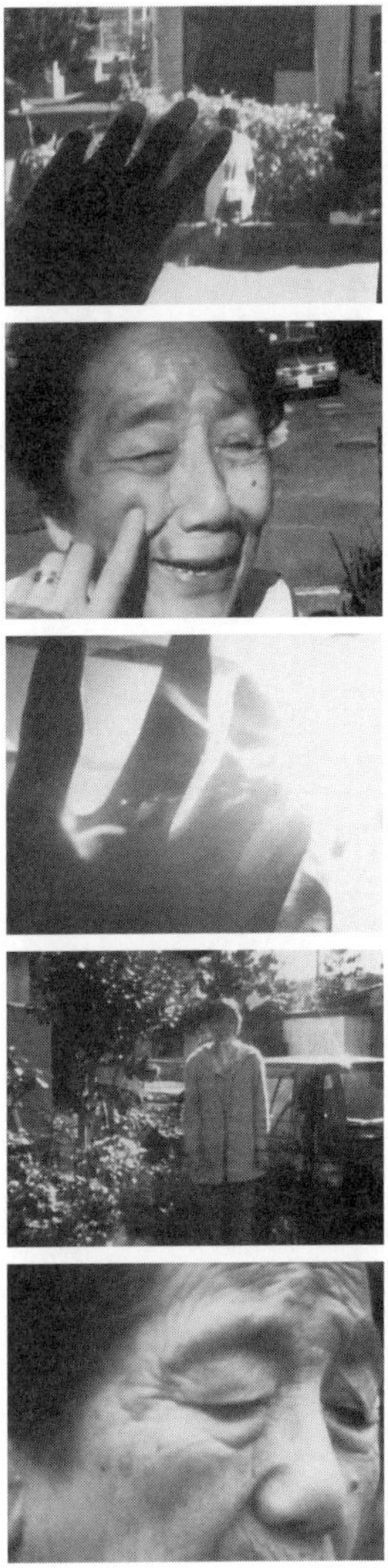

上から［図4-1］－［図4-5］
『かたつもり』（河瀬直美、1994）

（二〇〇六）にいたっては自らの出産シーンを生々しく映し出し、身体の物質性がフィルムに崇高な美と痛みを刻印する。

初期のドキュメンタリーのアプローチに関して四方田犬彦は、強い触覚的な衝動に動かされて対象へとできる限り接近し、愛情と親密さを確認しようとする試みだと述べ、その反復される極度のアップを「触覚的なコミュニケーションの欲求」と称した。[4] この作品世界への介入はドキュメンタリーのみならず、フィクションにおいても遂行されることがあり、河瀬直美の映画をドキュメンタリー／フィクションで分類するのは得策ではない。後から論じていくように、カメラの前の世界への介入は、河瀬映画のリアリティの問題とも密接に関わっているだろう。彼女のドキュメンタリーはいたって作為的に構築され、劇映画のほうは偶然性を呼び込む瞬間のリアリティの追求という意味においてきわめてドキュメンタリー的である。この逆説を理解するために、まずは彼女が劇映画をいかに作ってい

るのかを確認したうえで、河瀬映画における二重のリアリティについて見ていきたい。

2 瞬間のリアリティ

大阪の専門学校を卒業し、そこで講師をしながら組画という自身のプロダクションを作り、8ミリをまわして短篇を撮っていた河瀬直美が、今までと違う劇映画を撮ろうと『萌の朱雀』の脚本を書いた。舞台となった奈良県西吉野村に何度も通って話を聞き、シナリオを書き換え、小川プロダクションのカメラマンだった田村正毅に見せ、一緒にやることになった。『萌の朱雀』は、林業を営んでいた一家が過疎化によって崩壊していく物語だが、河瀬は撮影場所を探し求めて最後の半年は住み込み、住人の生活を体験し、畑仕事にも関わったという。[5] 配役は父親の國村隼以外は素人で、そのほとんどは地元の人を口説いて起用した。説明台詞を削ぎ落とし、人物をその風景に溶け込ませるように長回しとロングショットを駆使して作品世界を立ち上げた。

行商に群がる村人たちのやり取り、村の子供たちの遊びの煌めき、村の住人が集まって雑談している光景は、この村のありのままの日常を写し取ったかのような感動を呼び起こす。あるいはカメラ目線で微笑んだりお辞儀したりする住人たちは村落に同化したリアルな記録である。突如、失踪して死を選んだ父が残した8ミリのフィルムにも、本物の村人たちを捉えるドキュメンタリーの輝きが息づく。この映画では、もはやフィクションとドキュメンタリーの境界は曖昧化している。

こうした「劇映画のドキュメンタリー化」は、子供のできない夫婦が養子縁組をする物語を描いた

『朝が来る』（二〇二〇）でも採用されている。特別養子縁組斡旋団体「ベビーバトン」の説明会のシーンでは、特別養子縁組の知識を叩き込んだ代表役の浅田美代子が、役者ではない人たちから台本にない質問に答え続ける。[6] 実際の養親の家族が登場して参加者の前で実体験を語るシーンもあり、もはやフィクションとは言い切れない構成になっている。後半、望まない妊娠をしてしまった片倉ひかり（蒔田彩珠）たち実親たちがインタビュー形式でカメラに向かって答えるシーンが挿入される。フェイクドキュメンタリーと本物のドキュメンタリーが混在することで、現実と虚構の境界線はつねに攪乱されるのだ。

カンヌ国際映画祭グランプリを受賞し、再び世界の舞台で賞賛された『殯の森』（二〇〇七）も奈良の奥深い森を描いた作品である。山里の田原地区にあるグループホームが舞台の本作においても、田原に暮らす人々から出演者を選び、撮影に入る前から毎日決まった時間にホームに集まって話をし、食事をして夕方になると帰っていく生活を送ったという。[7] 弱視の男性を描いた『光』（二〇一七）では、永瀬正敏が二週間前から奈良にあるアパートに移り住み、カメラをまわす前から弱視キットをつけて生活した。『朝が来る』でも同様に、都内のタワーマンションと奈良市内の一戸建てに出演する家族が分かれて生活をはじめた。その場所においては役者の名前ではなく、役名で呼びあって共同生活をする。逆にフランス人女性が日本の森を訪れる『Vision』（二〇一八）では、本当にはじめての出会いを撮るためにジュリエット・ビノシュを日本人俳優たちと撮影日まで会わせず、永瀬正敏と岩田剛典も映画の中で初対面させた。ちなみに、河瀬組での撮影はリアリティの追求のため基本的に「順撮り」で進んでいく。

河瀬組の演者は「役を演じる」のではなく、「役を生きる」ことを条件づけられ、そのプロセスは「役積み」と呼ばれている。演者は「チームの一体感を出すため」に「最低でも現場に入る一週間ぐらい前から役積みのためにそこで暮らす時間を確保」する。その現場では本当に生活できるように美術スタッフが作り、照明などの機材は一切いれないようにしているという。なぜなら、日常に存在しないものを入れると、役を積むことができなくなるからだ。[8] セットは使わず、実際にある場所や建物で撮影する。しかしながら、河瀬映画のリアリティを作り出しているのは、現地の住人を出演させたり、役を生きるプロセスを重視したりするからだけではない。

『殯の森』は妻を亡くした認知症のしげき（うだしげき）と、若い女性介護士の真千子（尾野真千子）が、お互いに心を通わせていく物語だ。主演のうだしげきは演技経験もない素人で、本作が映画初出演である。後半、真千子の運転する車から降りて、しげきが森の中に入っていくシークェンスがある。真千子も彼を追いかけて深い森へと入るのだが、撮影監督の中野英世によると、このシーンは本当にはじめて森へ入っていく姿をカメラで撮った。すなわち演者にとってもはじめての「新鮮な体験」をそのまま記録したのである。二人の森の中のシーンは、彼らについていかなければならないため、すべて手持ちカメラ、道筋は決められているわけではなく、しげきは突然蜘蛛の巣にかかった蝶に手を伸ばして解き放ち、いきなり木の枝を手に取って墓を掘りはじめたという。中野は思いがけず起こる細部にカメラで食いついていかねばならず、突然起こる出来事に「瞬間の戰慄」を覚え、河瀬の手法を「ドキュメンタリーとしてのリアリティを積極的に取り込もうとする方法論」と表現している。[9]

即興的演出／演技をする現場の環境が用意され、蜘蛛の巣や蝶、木の枝や土、役者の身体、手持ち

カメラなど複数のアクターのネットワークが、想定していなかった偶然性を呼び込み、「瞬間のリアリティ」を形づくる。映画作りにおける河瀬にとってのリアリティの重要性は「そこで初めて見るものに心から感動する感じをとらえたいと思っている」という言葉に端的に表れているだろう。河瀬によれば、カメラがまわっていても突然何かを話して俳優を驚かせたり、スタッフさえも騙したりすることで、「俳優が初めて物事に触れられる」ように現場を作っておく。◆10 環境への同化を事前に押し進める一方で、撮影では予定調和ではない偶然性の煌めきをカメラにおさめるために、劇映画であっても積極的に現場に介入する。それが河瀬映画にしかないリアリティを生み出すのだ。

3 光と森と風

河瀬映画では、時に人間が後景に押しやられ、自然が主役といえるほど優位になることがある。人間が自然を制御するのではなく、自然に人間が生かされているような感覚を彼女のスクリーンは湛えている。森や花に代表される風景が頻繁にインサートされることは改めていうまでもない。だが、これらは時に人間を凌駕する、超越した視点で描かれることがある。『萌の朱雀』からしてすでに、朱雀という神の視点が織り込まれていた。客観性とは異なる、超越的なまなざしが宿っているといえばいいだろうか。その神の視点の正体は、ほかならぬ河瀬直美その人であろう。

ドキュメンタリー／フィクションにかかわらず、河瀬映画で繰り返し描かれるのは、後景から人間に降り注ぐ強い光である。それはしばしば人物よりも優位になり、画面を占有する。『光』で認知

症が悪化して忽然と姿を消してしまった母をヒロインが見つけ出すときの再会のショット［図4－6］、『Vison』でヒロインがかつての恋人に子供ができたことを告げる場面のショット［図4－7］、あげればきりがないほど、表情を消失させる強い逆光のショットは頻出する。

それ以上に河瀬映画で欠かすことのできないイメージは、森の中に乱立する樹々と木漏れ日を逆光のなかで仰ぎ見るショットだろう。木を代表とするこうした風景ショットは物語の重要な展開のシーンで現れる。たとえば自ら撮影を担当してカメラをまわした『火垂』は、奈良を舞台に男女の愛と人間の生死を描いた劇映画だが、ヒロインのあやこが一〇年ぶりにおばあちゃんに会いに実家に行くと、前日に死んでいたことがわかる場面がある。徐々にその死を受け入れる過程で住職と夕日を見ながら西方浄土の話を聞く。このシーンは樹々を下から見上げるショットではじまり、次に恋人の大司が、死んだじいちゃんが残した窯に火を入れて空焚きするシーンになる。ここでカメラは被写体から上方へと移動して、樹々の木漏れ日を捉える［図4－8］。河瀬映画において森や木は生者と死者、彼岸と此岸が混淆する特権的な場所なのだ。

『萌の朱雀』の死にゆく父は家族を残して深い森へと旅立つ。『殯の森』の子供を喪失した介護士の真千子と妻を亡くした認知症のしげきは森に迷い込んでいく。こ

［図4-6］『光』（河瀬直美、2017）

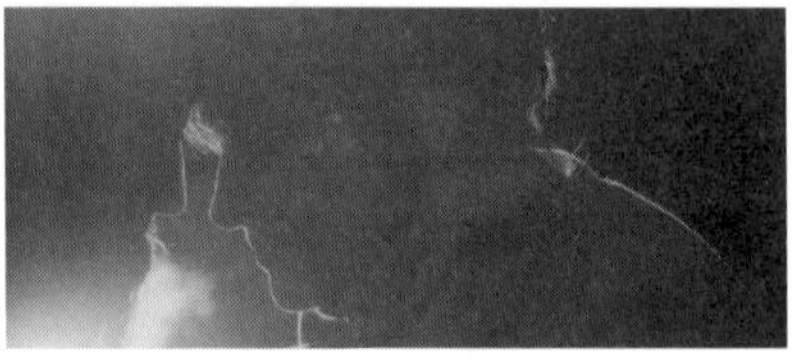

［図4-7］『Vision』（河瀬直美、2018）

の物語が大きく転回していく後半のシークェンスの冒頭に森の樹々を見上げる逆光のショットが挿入されている［図4-9］。しげきは亡き妻のいる黄泉の国へと接近して生き生きと歩行する一方、真千子は子供を失ったときのトラウマのせいで川の前で泣き崩れて動けなくなる。彼は嗚咽する真千子を抱きしめる。彼岸と此岸の境界が曖昧化した河瀬的空間では、ケアする主体と客体の関係が成り立たない。死者の喪失を共有した二人は、森に入ることで逆説的に力強い生を画面に刻む。

どら焼き屋の雇われ店長で前科者の中年男性と、ハンセン病患者の老女の関わりを描く『あん』（二〇一五）では、彼女が亡くなった後に残された音声をラジカセで主人公が聴くシーンがあり、ここ

［図4-8］『火垂』（河瀬直美、2000）

［図4-9］『殯の森』（河瀬直美、2007）

［図4-10］『あん』（河瀬直美、2015）

［図4-11］『Vision』（河瀬直美、2018）

でも強い逆光がカメラレンズにフレア／ゴーストの効果をもたらす樹々の美しいショットが挿入される［図4-10］。奈良・吉野の森の奥で撮影され、樹々の蠢きが幾度となく映し出される『Vision』では、深い森の呼吸が人間と等価で描かれ、ラストシーンでも繊細な光を取り込んだこの上ない美しい樹々が描写される［図4-11］。森が主役といっても過言ではないほど、その崇高な美と恐怖、生命力がスクリーンに横溢しているのだ。だが、重要なのは森が静止した状態で映し出されることはほとんどないということである。

強い光と深い森、そして風――。これらのアンサンブルの予測不可能で不規則な運動と多様な自然の表情がスクリーンを活気づけているのは間違いない。人間のコントロールを超えた光と森と風の偶発的なネットワークが河瀬映画に超越的な力をもたらしているのだ。『萌の朱雀』の縁側で風鈴が鳴るシーンで河瀬直美は、扇風機で意図的に風を吹かせるのではなく、吹くまで待ち続け、ようやく鳴っても納得いく風が吹くまで繰り返したという◆11。会話が限りなく少なく表情も乏しい河瀬映画の登場人物の心情を代理表象するのが、光と風を湛える森なのである。

4　崇高な女性身体

しばしば森の中でカメラをまわす河瀬映画にはアニミズムへの親和性の高さが感じられる。草木や花は、風や水を受けて生き生きと揺れ動き、映画は自然界の生命力を描き出す。古都である奈良を舞台に、キャカラバア（空、風、火、水、土を意味する）、沙羅双樹、西方浄土といった仏教的モチーフも

頻出する河瀬映画では、死は必ずしも否定的なものとして扱われない。死と隣りあわせの森では、生／死の両義性を描出し、その境界が消滅するような感覚を与える。自然界の森が死に近いトポスとして繰り返し登場するのと同じ意味において、人間界で生／死の両義性が描かれるのが「妊娠／出産」というモチーフである。

河瀬映画における妊娠や分娩の主題は、物語の展開においても、身体的な描写においても、避けることはできない。『朱花の月』（二〇一一）は、ヒロインが同棲相手とは別の男性との子供を妊娠して悲劇的な結末へ向かう。『朝が来る』（二〇二〇）は中学生で妊娠した少女が周囲の圧力で子供を手放し、子供ができない家族のもとへと届けられる。こうした作品で妊娠は、物語が大きく展開していく重要な契機として埋め込まれているが、分娩のシーンが直接出てくるわけではない。彼女のフィルモグラフィにおける出産の主題で重要なのが、自身の出産を題材にしたセルフ・ドキュメンタリー『垂乳女 Tarachime』である。

日本におけるセルフ・ドキュメンタリーの嚆矢とされる原一男の『極私的エロス・恋歌1974』（一九七四）は、元恋人と現在の恋人の二人の緊迫した出産シーンにカメラを向けた作品だ。父探しをする自身の家族を掘り下げる『につつまれて』以降の河瀬映画は、日本におけるセルフ・ドキュメンタリーの系譜にあるといえるが、男性作家としての原一男が恋人の出産を撮るのに対して、本作では映画作家自身が自分の分娩を記録するという内容になっている。そもそも初期の『かたつもり』や『天、見たけ』（一九九五）などでは、河瀬自身がドキュメンタリー作品に被写体として登場し、『きゃからばあ』では最後に自身の肉体に刺青を彫り、全裸で草原を駆けてゆく。

『垂乳女 Tarachime』では養母の皺だらけの肉体や乳房を至近距離から捉え、自らの乳房へとショットを繋ぎ、終盤には河瀬自身の出産の瞬間を克明に映し出す。三世の女の連帯が乳や子宮という女性の身体によって結び付けられるのだ。「出産する身体」に着目する中根若恵は、本作における河瀬と養母の身体の結びつきから血縁関係を超えた親密な繋がりをパフォーマティヴに提示していると論じている。[12] 出産は秘匿の領域とされる、ごく個人的な営みだが、河瀬は自らの女性の身体を、ドキュメンタリー作品として公共圏へと接続し、生と死の循環やせめぎあいを刻印したのである。驚くべきことに胎児が羊水とともに河瀬の子宮から出てくる瞬間も鮮明にカメラにおさめられ、出産で出てきた自らの真っ赤な胎盤を口に入れて味わう。

こうした分娩の主題は本作に限らず、複数の作品に通底している。その前の劇映画『沙羅双樹』（二〇〇三）に河瀬は母親役として出演し、自宅での分娩シーンを演じている。森の中にある吉村医院で自然分娩での出産を推進する吉村院長と妊婦たちを16ミリフィルムで追ったドキュメンタリー映画『玄牝－げんぴん－』（二〇一〇）では、出産する女性が「気持ちいい」と分娩にともなう女性器の快楽を露わにする。こんな場面をカメラにおさめた作家はいないだろう。再び劇映画『Vision』ではジャンヌが森の中にあるモロンジョの木の下で自力出産する。

河瀬直美の描く出産は、安全な医療施設で行われることはない。出産は女性身体が痛みを引き受け、命を循環させる崇高な営みとしてフィルムに刻まれるのである。その一方、男性の身体が痛みを覚えることはあまりない。それは彼女の映画における「父性の不在」ということにも関連しているだろう。日本映画において、女性の身体をこれほど生々しく具象化させてフィルムに漂着させた映画作家は河

瀬直美以外にいない。彼女のフィルムはドキュメンタリー／フィクションにかかわらず、女性身体と自然崇拝が重なりあい、生命の崇高な力を画面にみなぎらせるのである。

5　奈良と世界を結ぶ

幼い頃に両親が離婚して祖父の姉に育てられた彼女にとって、家族とは何かというテーマはつねに作品の根底にある。作中で人物が突然失踪したり、親に捨てられたり、行方不明になったりすることが多いのも彼女の人生と切り離すことはできない。奈良の生活を手放すことのない彼女の作品では、執拗に人間が深い森の中に配置される。これまで見てきたように崇高な人間／自然の生命力を、女性身体／森が体現し、人間が都市の中で描かれることはほとんどないに等しい。

人間と自然――。彼女が捉えようとする人間は距離感を喪失した異様なクロースアップで捉えられ、頭や耳がフレームアウトすることすら厭わない。河瀬にとって皺はある種のフェティシズムなのだろう。[13] 被写体が老齢であればあるほど、カメラを近づけて、目尻や口元の皺を殊更にフィルムに定着させる。その一方、森林や田園といった圧倒的な自然の風景が何度もロングショットで捉えられる。極端な寄りと引きのダイナミズムで映画は進行し、その中間であるミディアムショットが少ないのが河瀬映画の特徴といえるだろう。人間の表情による皺の運動と風が起こす自然の運動は、彼女のスクリーンでは等価の運動の相だといえるかもしれない。

さらに地方の下層社会に生きる人々や虐げられてきたマイノリティを描き続けてきたことも見過ご

してはならない。彼女は老いた養母をフィルムにおさめることからキャリアを開始し、『火垂』のストリッパー、『追憶のダンス』（二〇〇二）の末期癌患者、『殯の森』の認知症の老人と若い女性の介護士、『七夜待』（二〇〇八）の外国籍のゲイ男性、『狛 – Koma』（二〇〇九）の在日韓国人、『あん』の前科者とハンセン病患者、『光』や『Vision』の視覚障害者などを描いた。こうした視点で見れば、河瀬直美が総監督を務めた東京五輪の記録映画『東京2020オリンピック SIDE:A』（二〇二二）では、日本のオリンピックでありながらマイノリティの選手たちにスポットライトが当てられていることも不自然なことではない。多くの女性選手をフォーカスし、そのうち約半数はアフリカ系の選手、その一方で男性選手は内戦が続く母国シリアを去って難民になりながら出場する競泳選手や、母国イランではなくモンゴル代表として出場する柔道選手をカメラは追う。

ここでも出産は重要な主題として作品を構成する。カナダ代表の女子バスケットボール選手は母乳育児をしながら出場を果たす。それとは対照的に出産を機に日本代表を引退した日本の女子バスケットボール選手が描かれる。終盤、再びこの二人が赤子を連れて空港で会って母でありアスリートであることについて話す。この記録映画も逆光の風景ショットや至近距離の顔のクロースアップなど、これまで論じてきたような河瀬の刻印が端々に見られる。しかしながら運営の舞台裏を描いた『SIDE:B』は当然、森喜朗やトーマス・バッハなど権力をもったキーパーソンが主軸とならざるを得ない。河瀬が初期のドキュメンタリー以来、追い求めていたクロースアップを通じて醸し出される老いの色気も、距離感のない被写体への愛着も感受できない。その結果、『SIDE:B』は彼女のフィルモグラフィでもきわめて異質な作品となり、自身が育んできた作家性を発揮することはできなかった。

デビューからほどなくしてカンヌで脚光を浴び、その後も国際映画祭で高い評価を獲得した河瀬直美は「世界のカワセ」と称され、二〇一三年にはカンヌ国際映画祭コンペティション部門の審査員を日本人ではじめて務め、二〇一五年にはフランス芸術文化勲章シュヴァリエを日本の女性監督としてはじめて受章している。四方田犬彦がいうように、社会的・歴史的要素をいっさい排除した彼女のドキュメンタリーは、一九六〇年代以降の日本のドキュメンタリー映画が進んできた方向とは、ほとんど接点をもっていない[14]。映画館が身近ではなく映画をほとんど知らなかったと公言している彼女の映画からは、先行する映画作家の影響はほとんど感じられない。このことは彼女の個性的なフィルムにおいてプラスに働いたと思う。

強烈な自我を初期作品から投影し続けた河瀬直美は、他の追随を許さないほど個性豊かなフィルムを撮ることができ、ヨーロッパでは日本を代表する映画作家として認知されることになった。だが、河瀬直美ほどのキャリアがありながら、日本国内と海外での評価が著しく異なる映画作家も珍しいだろう。それほど彼女は日本の批評言説において特殊な位置に立たされてきたように思われる。

＊

彼女がキャリアを確立した一九九〇年代末から二〇〇〇年代にかけて、日本はフェミニズムからのバックラッシュの時期にあり、保守化の力学が強く形成されていた。その最中の二〇〇一年、インタビュアーに、女性の監督が増えつつあるが、これから監督を目指す人たちへのアドバイスはあるかと

尋ねられた河瀬直美は次のように答えている。

正直言って、女性の職業としては、まだまだ厳しいと思います。そんな中でもチャンスがないわけではないので、そのチャンスを摑むには、自分をしっかりと持つこと以外はないと思います。そこで、どれだけ踏んばれるか、摑みとっていくかだと思うんで……それは恐らく、例えば同じシナリオを書いていても、監督としては、見た目、この現場を乗り切れるかどうかっていうところでは、男性のほうが選ばれることが多いと思うんですよ。だけど、いったんそこを乗り切れたら女性のほうが強いと思う。それは確かだと思うんです。[15]

男性のヘゲモニーがきわめて根強い映画界で、彼女がどれほどミソジニーによる苦痛を受けたかは想像に難くない。しばしば彼女は男性から「撮影を始めると、直美は女じゃなくなる」[16]といわれたという。家庭においても職場においても「女らしさ」の規範が求められるなかで、河瀬直美は世界に認められることによって日本での地位を築いてきたといっていい。さらに地元奈良の文化を活気づけるため、国際映画祭の開催を提唱し、二〇一〇年から継続的に実施されているなら国際映画祭を支えている。彼女の強い自我が投影された作品に賛否両論あるにせよ、世界を舞台に活躍するこの奈良の映画作家が、日本の女性監督の道を切り拓き、後続の作家たちに与えた影響は計り知れない。

（北村匡平）

◆1　河瀬直美「インタビュー」「〝育ての祖父母〟の愛が映画と私を結んだ」、『婦人公論』一九九七年一一月号、二〇四頁［傍点引用者］。

◆2　河瀬直美「インタビュー」「カメラの前と後ろに二人の〝私〟がいる――映画「火垂」をめぐって」、『広告批評』二〇〇一年四月号、一三二頁［傍点引用者］。

◆3　中西愛子「劇場公開映画批評」、『キネマ旬報』一九九八年一月上旬号、一八一頁［傍点引用者］。

◆4　四方田犬彦「日本映画の新鋭たち9　河瀬直美 森の時間」、『世界』一九九八年二月号、三一八－三一九頁。

◆5　河瀬直美「インタビュー」（聞き手＝吉武美知子）「奈良の大仏のようなものを残したい！」、『キネマ旬報』一九九七年八月上旬号、一三九頁。

◆6　「河瀬直美監督作品ならではの〝役を積む〟瞬間…『朝が来る』メイキング写真」、「シネマカフェ」二〇二〇年一〇月一八日、https://www.cinemacafe.net/article/2020/10/18/69495.html（二〇二三年八月六日取得）。映画の内部でも使われるテレビ番組は「劇中ベビーバトンドキュメンタリー番組完全版」としてDVD／ブルーレイに収録された。

◆7　中野英世「撮影報告 殯の森」、『映画撮影』一七四号、二〇〇七年、一四頁。

◆8　有働由美子・河瀬直美［対談］「五輪映画でコロナを描きたい」、『文藝春秋』二〇二〇年一一月号、三三一頁。

◆9　中野英世、前掲「撮影報告 殯の森」、一五－一七頁。

◆10　河瀬直美「インタビュー」「現実の出来事に対してどうカメラを向けるか」、『放送文化』一六号、二〇〇七年、一一二－一一六頁。

◆11　山本克哉「シンデレラ監督 河瀬直美の「映画は根性」」、『週刊朝日』一九九七年六月六日号、一七一頁。

◆12　中根若恵「身体による親密圏の構築――女性のセルフドキュメンタリーとしての河瀬直美映画」、『映像学』九七号、二〇一七年、一五－一九頁。

◆13　河瀬はエッセイでお風呂に一緒に入るのが好きだった「おじいちゃん」の身体について、「私はそのふくよかさよりも、むしろ痩せて骨と皮だけの、おじいちゃんの肩から首の部分のほうが好きだったのを覚えている。

お風呂でその部分を見ているのが好きだった。水が太陽と同じようにおじいちゃんの皮膚にしみ入って、また深くシワを刻むような気がしていた」と綴っている。河瀬直美「深くシワは刻みこまれた」、『ユリイカ』〈特集＝ソクーロフ〉一九九六年八月臨時増刊号、一八八頁。

◆14 四方田犬彦、前掲「日本映画の新鋭たち9 河瀬直美 森の時間」、三二四頁。

◆15 河瀬直美［インタビュー］「河瀬直美の映画世界 私にとっての映画、シナリオとは」、『シナリオ』二〇〇一年三月号、二七頁。

◆16 河瀬直美［インタビュー］「また新しい私がいて、何かが始まる」、『婦人公論』二〇〇一年四月二二日号、三九頁。

三島有紀子論
閉塞空間と陰翳のスクリーン

1　女性映画としての三島映画

三島有紀子という映画作家は捉えどころがない。
谷崎潤一郎の原作を翻案した『刺青 匂ひ月のごとく』（二〇〇八）で映画監督としてデビューし、池辺葵の漫画が原作の『繕い裁つ人』（二〇一五）、湊かなえ原作の『少女』（二〇一六）、重松清原作の『幼な子われらに生まれ』（二〇一七）、三上延原作の『ビブリア古書堂の事件手帖』（二〇一八）、島本理生原作の『Red』（二〇二〇）と、フィルモグラフィのほとんどを小説や漫画を原作とするアダプテーション作品が占める。したがってテーマやジャンルによる一貫した作家性が見出せない。三島有紀子によるオリジナル脚本の長篇映画『しあわせのパン』（二〇一二）と『ぶどうのなみだ』（二〇一四）もあるが、これらを加えても、やはり主題的な関心は多岐に渡っているように思われる。

三島有紀子　フィルモグラフィ
［長篇映画］◎『刺青 匂ひ月のごとく』（08）◎『しあわせのパン』（11）◎『ぶどうのなみだ』（14）◎『繕い裁つ人』（15）◎『少女』（16）◎『幼な子われらに生まれ』（17）◎『ビブリア古書堂の事件手帖』（18）◎『Red』（20）**［長篇ドキュメンタリー映画］**◎『東京組曲２０２０』（23）**［オムニバス短篇映画］**◎『オヤジファイト／破れたハートを売り物に』（15）◎『よろこびのうた Ode to Joy／DIVOC-12』（21）◎『インペリアル大阪堂島出入橋／MIRRORLIAR FILMS Season2』（22）◎『一月の声に歓びを刻め』（23）

また、先の二作以外の映画では、短篇を除けば他者がシナリオを書いているか、三島有紀子と共作で脚本を担当している。『刺青 匂ひ月のごとく』は国井桂、『少女』や『ビブリア古書堂の事件手帖』では松井香奈を加え、『Red』においては池田千尋と組み、男性のみの脚本は『繕い裁つ人』の林民夫と『幼な子われらに生まれ』の荒井晴彦くらいだ。原作者も『繕い裁つ人』の池辺葵、『少女』の湊かなえ、『Red』の島本理生など女性の作り手との協働が多い。主演も『刺青 匂ひ月のごとく』の井村空美、『しあわせのパン』の原田知世、『繕い裁つ人』の中谷美紀、『少女』の本田翼と山本美月、『ビブリア古書堂の事件手帖』の黒木華、『Red』の夏帆と女優が占めている。作り手の主要スタッフ、物語の中心人物、加えて彼女の作品には女性観客が多いことを踏まえると、三島映画は「女性映画」の要素を多分にもっているといえるだろう。

一八歳でインディーズ映画を撮りはじめた三島有紀子は、大学卒業後にＮＨＫに入局、多くの番組の企画・監督を経験して二〇〇二年に退局した。劇映画を撮ろうと独立し、二〇〇九年に谷崎潤一郎原作の『刺青 匂ひ月のごとく』で監督デビューしてからは、自らが企画したオリジナル脚本の長篇映画も数本はあるものの、どちらかといえば人気小説や漫画を映画化する監督のイメージが強く、原作・脚本に他者が多く介在しているため、映画作家としての個性を見出しにくい。だが、だからこそ画面を凝視すれば、文字がいかにして具現化されているかが見えてくる。そのようにして彼女のスタイルに接近すれば、作品同士の共鳴から彼女の作家的特徴が抽出できるだろう。

たとえば、三島映画における都会の風景の少なさ。作品を超えてクロースアップされる手。美しく厳密にフレームにおさめられる料理の拘り。あるいは、いかなる状況に置かれた人物たちも、食卓を

［図5-1］『しあわせのパン』（三島有紀子、2011）

［図5-2］『繕い裁つ人』（三島有紀子、2015）

［図5-3］『ビブリア古書堂の事件手帖』（三島有紀子、2018）

［図5-4］『Red』（三島有紀子、2020）

囲んで重大な話をしたり一挙に親密になったりするときは、真横からシンメトリーの構図で姿勢よく向かいあうこと——。『しあわせのパン』の終盤で重要な台詞が交わされる食卓の場面〔図5－1〕、『繕い裁つ人』のヒロインがいつも一人でチーズケーキを食べに行くカフェではじめて藤井と席を共にするテーブルの場面〔図5－2〕、『ビブリア古書堂の事件手帖』で主人公の古書店で働きはじめた五浦とはじめて家で食卓を囲む場面〔図5－3〕、『Red』で専業主婦だった主人公が夫に働きたいと切り出す料亭の場面〔図5－4〕。どれも物語の転換や人間関係の変化を担う重要なシーンだ。映画作家はどのような文字情報でも、いかなる題材でも、このようにして自らの視覚的世界へと移し替えるのである。

2　陰翳の空間

夫と子供のいる夏帆が妻夫木聡と不倫する『Red』では頻繁に車のシーンが登場する。アヴァンタイトルで雪の降る夜、トンネルを滑走する車の中は薄暗く、赤色のライトが差し込み、二人の頬がかすかに光を浴びる［図5-5］。車窓から外の景色はほとんど見えない。ただ閉塞感のある密室空間にラジオの音楽だけが鳴り響く。陰鬱なトンネルを走りながら女が「怖い」とこぼす――「このままずっと外に出られない気がする」。終盤に新潟から東京へ帰る車のシーンが再び描かれる。死が差し迫った男と、彼を労わる女が対話するこの空間は、外部の現実世界から切り離されたかのように息苦しい。この近作とデビュー作を切り結ぶのが谷崎潤一郎の「陰翳」の世界である。

『Red』で妻夫木が愛する女に手渡そうとするのは、ずっと大事に繰り返し読んでいたという谷崎の随筆『陰翳礼讃』だ。最初の映画『刺青 匂ひ月のごとく』はいうまでもなく、谷崎の『刺青』を原作とし、現代風に大幅に改変して映画化された。ダンススタジオを経営する姉とパートナーの踊りを見ているだけの存在

［図5-5］『Red』（三島有紀子、2020）

［図5-6］『刺青 匂ひ月のごとく』（三島有紀子、2008）

だった妹の関係を描く。妹は姉の彼と急接近し、彫師に刺青を入れてもらうと別人のごとく豹変する。本作のクライマックスが彫師による刺青を入れるシーンだ。真っ暗な畳の部屋の障子を月明かりが微かに照らし、設られた蝋燭の灯火の光が室内に揺らめく［図5－6］。天井から吊るされた赤い紐を握りしめ、ヒロインは痛みに喘ぐ。

『Red』の二人だけの車内同様、観る者を息苦しくさせるほどの外部から遮断された薄暗い空間が、ここでも作り上げられている。『Red』の二人は、トンネルを抜け、息も絶え絶えに車を停めて抱きあい、生を強く欲すると、そのままホテルでのベッドシーンへと切り替わる。どちらの作品も、臨界点に達した二人の人間が吐息を漏らし、あるいは快感に浸り、激しく求めあう。それは必ず静謐で窮屈な空間で、密やかに遂行される。谷崎潤一郎は『陰翳礼讃』で日本建築における薄暗い陰翳に日本的美意識を見出した。これらの作品に限らず、三島映画には、薄暗い部屋が頻繁に登場する。

北海道の空知を舞台にワイン作りに励む兄弟を描く『ぶどうのなみだ』でも、樽の貯蔵庫のセットは間接照明や蝋燭で薄暗い雰囲気の映像に仕立て上げられている［図5－7］。何度も登場するこの場面も、ピノ・ノワールの醸造がうまくいかず、重苦しく、閉塞感が漂い、むき出しの感情を露わにする

［図5-7］『ぶどうのなみだ』（三島有紀子、2014）

［図5-8］『繕い裁つ人』（三島有紀子、2015）

三島的空間である。仕立屋の職人を描いた『繕い裁つ人』における洋裁店の雑然とした作業場は、仄暗い暖色に包まれ、この場所でヒロインはオリジナルのデザインに向きあっていく［図5－8］。陰湿ないじめが横行する『少女』の教室も教会も、あるいは真っ暗な自室も、窒息しそうな陰鬱な空間として視覚化されている。複雑な家族を題材にした『幼な子われらに生まれ』における幸せの象徴の場であるはずのリビングはどうだろう。ここは家族が次第に破綻していく独特な密室性が絶妙に表現されている。主人公が息抜きに行くカラオケも、関係が拗れる長女の部屋も、息苦しくなるようなフレームで切り取られる。

『ビブリア古書堂の事件手帖』で古い本が積み上げられた古本屋の密度の高さは、わずかに差し込む光による影の演出によって相乗効果を生み出し、谷崎の陰翳な美を構成する［図5－9］。ここに短篇映画制作プロジェクト『MIRRORLIAR FILMS Season2』（二〇二二）で三島が撮った『インペリアル大阪堂島出入橋』も加えられるだろう。彼女の作家性がもっとも凝縮されたこのフィルムでは、佐藤浩市演じるシェフが店をたたむにあたって、最後の客にハンバーグステーキをふるまって送り出した後、ハンバーグを手にもって路上を

［図5-9］『ビブリア古書堂の事件手帖』（三島有紀子、2018）

［図5-10］『インペリアル大阪堂島出入橋』
（三島有紀子、2022）

延々と人生を振り返りながら歩いてゆく。この後半は11分40秒にも及ぶ圧巻の長回しだ。例に漏れず、この作品におけるレストランも、蝋燭のわずかな灯火が最後の晩餐を閉塞感のある暗闇の中で演出する［図5－10］。三島作品では終盤に奥に突き抜けるような風景が立ち現れることで、ささやかな救済が訪れるのだが、陰翳が覆い尽くす三島的空間を通過することで、物語の決定的な展開が起こり、あるいは潜んでいた自己がむき出しとなり、〈変身〉という主題に導かれることになるだろう。

3　自己の変容、あるいは露呈

三島映画の主人公は、物語における陰翳のある空間を経て、自己の変容へと辿り着く。あるいは、元からあった真実の姿が露呈する。そういう意味で通過儀礼の空間を経た人物の変化を〈変身〉と名づけておこう。最初の長篇映画『刺青　匂ひ月のごとく』ではヒロインが彫師と交わって刺青を体に彫る密室空間での出来事を経て、別人のごとく妖艶な女に生まれ変わり、姉のパートナーを奪って情動溢れるダンスをする。『ぶどうのなみだ』の主人公は、葡萄のことばかり考え、うまくいかずに苛立ち、独りよがりに生きていたが、エリカとの交流を通して空知の住民に耳を傾け、大地に触れ、音楽を奏でる。薄暗い貯蔵庫での苦悩の時間を通過した主人公は、生まれ変わったような人間として愛する女性と向きあう。

『繕い裁つ人』の仕立屋「南洋裁店」の二代目・市江（中谷美紀）は千代の祖母が作った洋服を年齢や体型の変化に応じて仕立て直す職人。百貨店の営業である藤井（三浦貴大）はブランド化すること

を提案するが、彼女は首を縦に振らない。顔の見えない人の服は作れないという頑固な市江は、祖母から受け継いだ店で、二代目の仕事は一代目の仕事を全うすることだと断言する。「単に挑戦することが怖いだけじゃないですか？」「変化を恐れているだけじゃないですか？」と藤井に問い詰められた市江は、ブランド化の話をきっぱりと断る。だが、彼女の仕事に惚れ込む藤井との交流を通して、先代の服と共に生きてきたヒロインが、先代を超えるオリジナルデザインの服を作ることに挑戦する人物へと変貌する。この想いは徐々に芽生えたというより、封じ込められていたものが顕在化したのだと思われる。そして秘められていた本当の気持ちが開示されるのは、やはり閉塞的な作業場であり、市江がデザインした数々の服が描かれたスケッチブックは、この暗い作業場で広げられる。

『幼な子われらに生まれ』は16ミリフィルムで撮られている。浅野忠信演じる柔和な田中信は前妻（寺島しのぶ）との間に娘が一人いてお互い再婚した。再婚相手の奈苗（田中麗奈）には暴力を振るわれて別れた沢田（宮藤官九郎）との間に二人の娘がいて、彼女が引き取って一緒に生活している。信は真面目で優しい父であろうとするが、下の娘は懐いている一方、年ごろの姉の薫（南沙良）との仲はぎくしゃくし、娘たちとの生活はうまくいかない。妻との間に新たな命が宿っていることを知ってから薫はいっそう悪化し、薫は本当の父親に会いたいと訴える。長女は信を父親とは認めないと宣言し、妻との仲も険悪になり、妊娠中絶や離婚の話にまで発展してしまう。家族の絆は一気に破綻していく。一見、幸福に満ち溢れたホームドラマだが、すぐにドロドロとした陰鬱な世界へと変質する。

序盤から前の妻との娘に定期的に会い、現在の娘たちも愛そうとする優しい父親のイメージをまとってフィルムに登場する信の、覆い隠していたグロテスクな内面がリビングや長女の狭い部屋の言い

争いによって次第に露呈していく。この映画でもっとも変化を印象づけられるのは、娘の薫ではなく、信である。しかしながら、彼が変容したというより、表面的に繕っていたものが削ぎ落とされ、本心が露呈していく変化だといったほうが正確だろう。本作もまた隠されていた本当の姿が、次第に開示されていく物語であり、浅野忠信という役者の凄みがフィルムに見事に結実している。

この作品の父親像と表裏の関係にあるのが、『Red』の母親としての夏帆だろう。彼女は周囲から見れば理想的な家族をもつ恵まれた女性で、夫と子供を大事に思う、よい母であろうとした。しかしながら、愛する男との車の閉鎖空間における交流を経て、本当の姿が顔を見せる。終盤、愛する男が亡くなり、夫と娘が火葬場に迎えにくる。娘が「ママ、一緒に帰ろう」と泣くが、彼女は毅然として表情で首を横に振る。この夏帆の「顔」の残酷なまでの意志の強さには息を呑まずにはおれない。浅野忠信の父親と同じように、子供を前にして突如、別人のような自己が露呈するのだ。

こうした作品群におさまらないのが『しあわせのパン』である。作品の構造は、ヘルシンキで小さな食堂を営む人々の交流を描いた荻上直子の『かもめ食堂』(二〇〇六)に近いが、本質的には違う。『かもめ食堂』が食堂を経営する三人の女性たちの交流と変容を描いたのに対して、『しあわせのパン』は北海道の月浦に移り住み、洞爺湖を眺める場所にカフェ「マーニ」を開いた大泉洋と原田知世の物語で、彼らはほとんど変化しない。むしろこの空間を訪れるさまざまな人々が交流を通じて変容していく物語である。原田知世は東京で暮らしていたが、たくさんの「大変」が溜まっていく閉塞的な場所で心と体が壊れかけてしまい、大泉洋が月浦で暮らそうと誘って移住してからの物語、すなわち変化した後の世界が描かれてゆく。したがって彼らはあくまでも見守り役であり、本作で変容が印象づ

けられるのは、店を訪れ、それぞれの幸せのあり方を見出していく人々の側なのである。

4　女性性のアクチュアリティ

三島有紀子のフィルモグラフィをジェンダーの視点から眺めたとき、他者に依存しない「個」として自律した女性が多く描かれていることに気づかされる。『刺青 匂ひ月のごとく』の姉はダンススタジオを経営する自信に満ちた強い女性であり、妹も姉からパートナーを奪う意志の強い女性へと変貌を遂げる。『しあわせのパン』のヒロインはパートナーに頼るわけではなく、対等にカフェを営み、しなやかに生きる術を身につけている。

『繕い裁つ人』の主人公も自身の技術で二代目として仕立屋を経営し、『ビブリア古書堂の事件手帖』の主人公もずば抜けた文学への知識をもつ女性が一人で古本屋を経営している。『Red』の主人公は夫の仕事を優先し、専業主婦として子供を育てているが、かつて不倫関係にあった男と再会して関係を再開し、夫に反対されても外で働きたいと訴えて建築の仕事に就く。彼女は仕事も恋愛も自らの意志で選び取ってゆく。この映画のヒロインは、女性が子供を育てるものという古い考え方をもつ夫とその家族を捨て去り、そこから解放される現代的な女性像を担う。

『幼な子われらに生まれ』の主人公の再婚相手を演じる専業主婦の田中麗奈は、夫に寄りかかっている節があり、三島作品ではかなり古風な女性像をまとって登場する。重松清の原作は一九九六年に刊行されており、二一年もの時を経て映画化されたことも関係しているだろう。原作の刊行直後に、

脚本家の荒井晴彦が称賛して映画化の約束を交わしたため、何度かテレビドラマ化のオファーがあったが重松はその都度断ったという。[1] 当時と比べて映画が製作された頃はすでに専業主婦率が低くなっているが、日本の女性をめぐる環境に対して三島は意識的だったようだ。彼女は、日本は「シングルマザーが非常に生きにくい国」で、映画で主人公からプロポーズされたときに「嬉しい」ではなく「ありがとうございます」と返す点について、「私を救ってくれてありがとう」という気持ちがあると述べ、「男性を立てる女性のほうが結婚でも社会でも生きやすいという傾向もあって。働きながら子育てしにくい」と続けた。[2] 三島によれば、映画を観て、このヒロインのような女性にリアリティがあると受け止めてくれた女性がたくさんいたという。本作では主人公の最初の妻を演じた寺島しのぶが大学准教授であり、自らの意思でキャリアを選択する対極の女性として描かれている。

『少女』は、「キラキラ青春映画」が多く製作されるなか、暗く愚かな女子高校生たちの日常を描いた異色の青春映画である。原作小説では共学の学校の設定だが、規律正しいクリスチャンの女子校に改変し、闇を抱えた暗いシスターフッドを映像化した。映画全体に流れる重苦しい空気感は、三島映画に特有の暗い閉塞空間を肥大化させたような印象を受ける。死にとり憑かれ、健全な恋愛に無関心な彼女たちには、通常のラブロマンスはそぐわない。そして近代的な異性愛結婚というロマンティッククラブ・イデオロギーからもっともかけ離れているのが『繕い裁つ人』の主人公である。

仕事一筋で「頑固じじい」と呼ばれ、恋愛に関心がないように見えるヒロインは、藤井（三浦貴大）に腕を惚れ込まれ、お互いに接近していくが、まったく恋愛関係に発展していかない。二人がAセクシュアルやAロマンティックと明確に解釈できるわけではないが、どちらも異性に関心を示したり、

恋愛感情や性的欲求をほのめかしたりする描写もない。池辺葵の原作漫画を論じた富山由紀子は、市江が「仕事ひと筋で恋愛に興味がない女」で、家事のほとんどを母親が取り仕切っていることや生活に対する丁寧さを欠いていることから「女らしさの欠如を強く印象づける」と論じている。そして藤井との関係を「これ以上ないほど惹かれあいながらも恋愛には向かわず、仕事を通じて刺激を与え、協力しあう関係の構築に終始する」とし、彼女たちの「同志的な繋がり」を指摘した。◆3

映画では二人の距離感が近づいていくなかで、車で女性と楽しそうに笑う藤井を道端で一方的に発見する市江のシーンがある。後になってこの女性は藤井の妹だということがわかるのだが、この場面での市江は、動揺したり嫉妬したり、通常の恋愛映画のクリシェはいっさいなく、ただ遠くから見ているだけの演出が施されている。また、原作では市江には過去、結婚寸前までいきながら仕事を捨ててほしいと求められ、破談となって別れた来栖という婚約者がいる設定になっていたが、映画ではこのエピソードは含まれていない。だからこそ、よりいっそう恋愛・結婚に関心がないような人物として造形されているのだ。三島有紀子による漫画からの翻案は、どこまで意図しているかはわからないが、Ａセクシュアル／Ａロマンティック、あるいはクワロマンティックなど多様なセクシュアリティが理解されつつある現代のアクチュアリティを持ちえているといえるだろう。

5 職人と定住

こうして三島有紀子の映画を見渡してみると、職人的な存在に強い関心を寄せ続けてきたことが

わかる。『しあわせのパン』のパン作り、『ぶどうのなみだ』のワイン作り、『繕い裁つ人』の服作り、『インペリアル大阪堂島出入橋』のハンバーグ作り、『Red』の家作りに加えて、『ビブリア古書堂の事件手帖』の古書への偏愛。三島映画の人物たちは、手に職がある者が多く、他のことには見向きもせず、長年かけて一つのことをまっとうしようとしている。拘りが強い人物が多く、不変の価値を信じているといってもいい。

それと関連するかはわからないが、三島映画にはあてもなく旅をするような遊歩者《フラヌール》がいない。むろん彼女のフィルモグラフィにいまのところロードムービーはなく、極端に「移動」が少ない◆4。これはすでに論じてきたような三島映画につきまとう閉塞感とも響きあっているだろう。ある場所から遠くへ移動したり、別の場所へ移り住んだりすることなく、決まった場所に定住すること。三島映画にあって、幸福を求めて別の場所に移動することは禁じられているのだ。とはいえ、三島映画のヒロインたちは、保守的な空間に囚われているのではない。彼女たちは時に他者と寄り添い、時に独りきりで、きちんと自分の居場所をもっている。

田中絹代がはじめて自分が作りたい映画を撮ったのは一九五五年のことだった。『乳房よ永遠なれ』のヒロインは不倫する夫に自らの意志で離婚を突きつけ、死の寸前まで詩を読み、愛に生きた。それから半世紀以上を経た『Red』のヒロインは、夫と子供がいながら不倫に走り、その相手が死んでもなお、家族のもとへは帰らず、一人で生きる決断をする。ラストシーンで彼女は家族を捨て、複雑な

[図5-11]『Red』(三島有紀子、2020)

感情を抱えながらも毅然とした態度で立ち去ってゆく。画面に取り残され、涙を流しながら子供を抱きしめる夫と子供は、二〇世紀の日本映画史に幾度となく描かれてきた母と子の亡霊のように見えてくる［図5－11］。

三島はジェンダーに関してあまり多くは語っていないが、『幼な子われらに生まれ』の原作を読んで「男だけがものすごく悩んでいる」というふうに読めたとしてこう述べた――「だから、自分がやる限りは、嫁も然り、元嫁も然り、娘たちも然り、みんなぐるぐる迷いながら、やっているという感じを出したかったんです[◆5]」。

歴史の隔たりは半世紀以上になるが、田中絹代と三島有紀子ら現代の女性監督たちは、多かれ少なかれ、自らの意志で人生を選び取っていく女性たちの力強い姿をスクリーンに投影していることは明白である。こうした女性像の演出は圧倒的なジェンダー非対称の権力社会で、幾多の男性監督に一方的に描かれてきた客体としての女性を、意志的で具体的なイメージとして描き直す実践であったともいえるかもしれない。

（北村匡平）

◆1　平田真人「重松清と映画」、『キネマ旬報』二〇一七年九月上旬号、三七頁。
◆2　シルヴィア・チャン＋三島有紀子［対談］（文＝新田理恵）「妻の愛、娘の時」、『キネマ旬報』二〇一八年九月上旬号、四四頁。

◆3 富山由紀子「「女マンガ」の周縁を目指す――池辺葵『繕い裁つ人』論」、『早稲田現代文芸研究』七号、二〇〇七年、一一三−一一七頁。

◆4 例外として車での移動場面が多い『Red』があげられるが、外の風景がかなり捨象されており、終盤の新潟からの帰路のシーンも雪景色やトンネルは抽象化されている。

◆5 三島有紀子・青山真治［対談］（司会＝上野昂志）「地べたを這いつくばっている宇宙人の浅野さんを目指した」、『キネマ旬報』二〇一七年九月上旬号、三二頁。

山田尚子論
彼女たちの空気感と日常性

1　脚のアンサンブル

アニメーション作家としての山田尚子の独創性としてまずあげられるのは、キャラクターの身体同士のきめ細かい動きの相互作用からエモーショナルな空間を立ち上げる、その冴えわたる感性である。しばしば彼女の作品に登場する人物は、物語を進めてゆくはずの上半身がフレームアウトされ、脚が心理を代理し、もっともスクリーンを豊かに活気づける。

ただし、画面を息づかせるその方法は、細田守や湯浅政明などのように、スクリーン上でキャラクターを躍動させるのとは真逆のアプローチであって、山田アニメにおける人物の心の機微は、きわめて繊細な運動を通して表現される。とりわけ脚によるコミュニケーションは卓越している。けれども、それはこれまでの映画史で何度も繰り返されてきた、男性観客のまなざしを想定したエロティックな

山田尚子　フィルモグラフィ
［長篇映画］◎『たまこラブストーリー』（14）◎『映画 けいおん！』（11）◎『映画 聲の形』（16）◎『リズと青い鳥』（18）◎『きみの色』（24）**［短篇アニメーション］**◎『彼が奏でるふたりの調べ／モダンラブ・東京〜さまざまな愛の形〜』（22）◎『Garden of Remembrance』（23）

イメージでは決してない。女性の身体を見世物にすることなく、豊かなキャラクター同士の関係を形づくる存在として脚は描かれるのだ。山田尚子のアニメーションを観る者にとって、彼女の脚への偏執的な拘りは、いささか常軌を逸しているとすら感じられるかもしれない。けれども、それは山田尚子にとって必然的な表現手法だといえる。彼女のアニメーションにおける脚の運動は、人物の心情を、表情や台詞とはまったく異なる仕方で注釈し、雄弁に物語るからである。

山田尚子がはじめて長篇アニメーション映画の監督を務めた『映画 けいおん！』（二〇一一）のラストシーン。望遠レンズで橋の上を歩く唯たち四人の脚がフォーカスされ、彼女たちがただ歩くその運動を延々と横移動のカメラで追っていく。絵コンテも演出も山田尚子が担当したDパートの最後[1]、映画のラストを飾るこの重要なシーンのほとんどは時間にして約五〇秒にもおよぶ。脚のみがフレームにおさめられたこの長回しのカットは、それぞれの下半身の微細な運動の相互コミュニケーションによって構成されているのである。

卒業して軽音楽部を去る唯、律、澪、紬が、後輩の梓に向けて作った曲を部室で演奏するシーンが終わると、路上の場面へと切り替わる。通常ならば四人の位置関係がわかる引いたカットから入るところを、山田尚子は四人の脚のカットでシーンを開始する［図6－1］。「あずにゃん、喜んでくれてたよね」と嬉しそうな唯がくるりと弾むように反転し、後ろを歩く律たちを振り返る［図6－2］。すると二番目を歩く律が「あれ、秋山さん泣いてんの？」と澪を冷やかしながら横歩きになり、それを受けた澪は鼻が詰まっただけだと誤魔化し、片足をやや振り上げて反応する［図6－3］。さらに紬が彼女を励まし、軽快なステップで横向きになって歩く［図6－4］。言葉の掛けあいで気分が高揚した唯が足を

上げる高さは、先ほどと比べて機微とともに変化していることが見て取れる［図6－5］。

これまで築き上げてきたキャラクター性を一挙に脚の動きが引き受け、豊かな脚の表情で交感する見事な場面だ。街の騒音、路面を輝かせる強い光、望遠レンズによる脚の焦点化、そして四人の脚のアンサンブル——上半身のいっさいをフレームアウトさせることで、フレームによって不可視化された彼女たちの歓喜する表情、高揚する身振りを観客の想像力に訴えかけるのである。この長回しのカットにおける脚の演技に関して、山田尚子は絵コンテの時点で非常に細かい演出をつけている。[◆2] 日本のアニメーション映画の歴史のなかで、脚がこれほどまでに美しく繊細なリズムをスクリーンに刻みつけながらコミュニケーションを交わしている作品はない。この作家が脚の演技にどれほど賭けてい

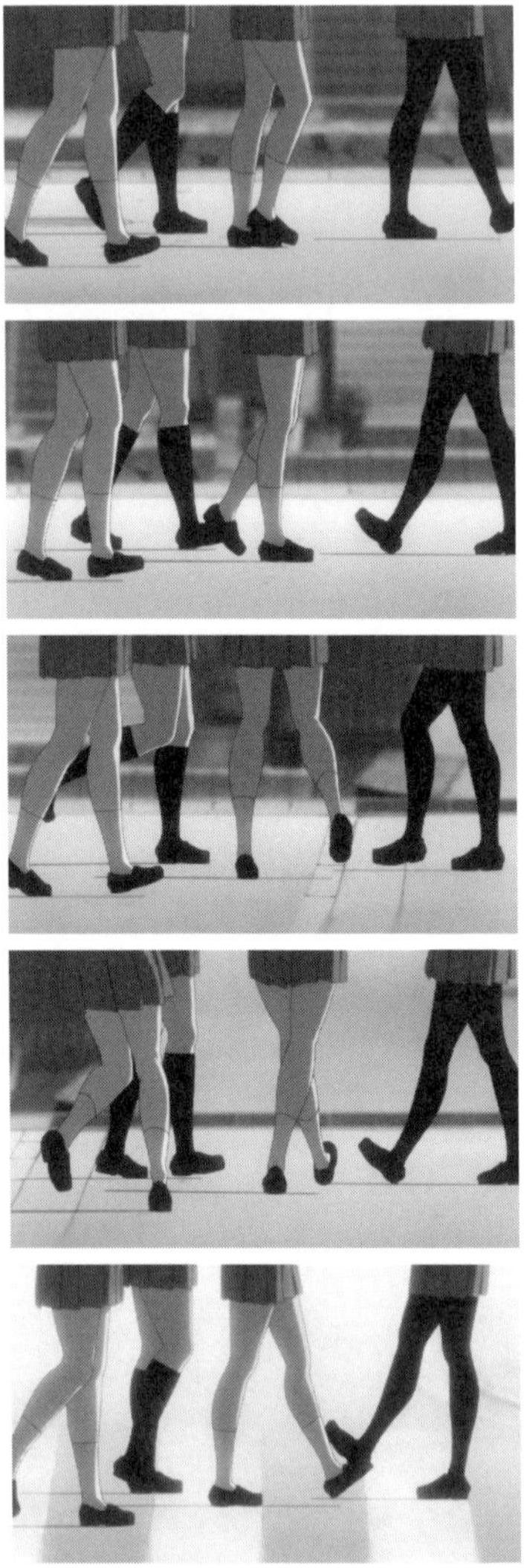

上から［図6-1］－［図6-5］
『映画 けいおん!』（山田尚子、2011）

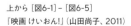

るかは、その後の他の作品を見ても明らかである。

テレビアニメ『たまこまーけっと』を映画化した『たまこラブストーリー』（二〇一四）においても山田尚子は重要なシーンで脚に演技を託している。たとえば、たまこと同級生の女子高校生四人が進路について話す場面も、やはり橋の上が舞台として選ばれている。手すりに肘をついて将来について語る彼女たちを背後から捉えたカットに続いて、留学を考えていると切り出す史織と、彼女に英語で話しかけるかんなの膝下のカットに切り替わる。ここでかんなの脚が史織に近寄り、史織の脚がそれに反応するという演出が施されている［図6-6］。序盤の登場シーンで顔よりも脚のほうが大きくクロースアップされるもち蔵は、密かにたまこに思いを寄せているが、それに気づくみどりがトイレの前でたまこから荷物を受け取るシーン、そして男子トイレから出てきたもち蔵とみどりがたまこの話題でやり取りをするシーンでも、三人の足元のカットになって脚によるコミュニケーションが描き出される。

大今良時の漫画をアニメ映画化した『映画 聲の形』（二〇一六）の序盤、転校してきた聾者の西宮硝子が植野たちの輪に入れないシーンがある。その関係性を示す空間配置が脚とピントによって表現される［図6-7］。ほとんど台詞はない。このシーンで校庭に取り残された硝子が、落ち込んだ様子で遊具の手前を歩いていく横移動のカットが挿入される［図6-8］。望遠レンズの効果を帯びてフォーカスされた脚は、寄るべない足取りで移動し、立ち止まると遊具をのぼってフレームアウトする［図6-9］。

［図6-6］『たまこラブストーリー』（山田尚子、2014）

すると突然、ジャンプした彼女の脚が地面へと着地［図6-10］、そのまま傍目で見ていた、小石を拾って投げつけようとする将也の足元へとカットが切り替わる［図6-11］。終盤に翔也が眠りから意識を取り戻して硝子と再会するクライマックスのシーンでも、彼の覚束ない足取りのカットが何度か印象的に挿入される。[◆3] 舞台は例に漏れず、橋の上だ。このようにして山田尚子のドラマは、脚が心情をこれ以上ないほどに表現するのである。

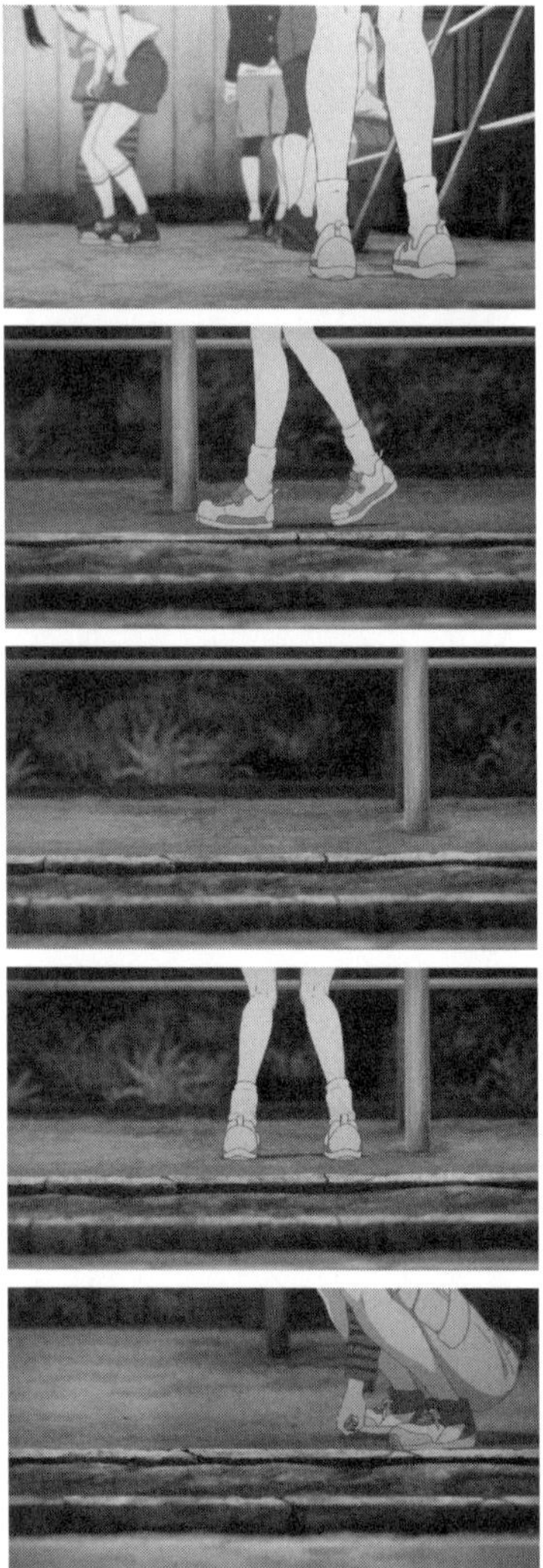

上から［図6-7］–［図6-11］
『映画 聲の形』（山田尚子、2016）

2 クィア・アニメーション

『リズと青い鳥』（二〇一八）はテレビアニメ『響け！ユーフォニアム』のスピンオフ映画で、吹奏楽部に所属し、コンクールを控えたオーボエの鎧塚みぞれとフルートの傘木希美の関係を描く。かねて繊細な表現では群を抜いていた山田尚子のアニメーションだが、本作はその極致だといっていい。山田自身「瞬きをする音も撮り逃したくない」◆4というくらい瞬きや息継ぎ、髪のかすかな揺れまで神経を尖らせて作り込まれていることが感受できる。むろん脚の演技も随所で顕在化している。

「リズと青い鳥」の絵本の導入から路面のカットになり、すぐにフレームインしてくるのはヒロインの歩く脚のアップである。高校の門をくぐって階段の前で立ち止まると、みぞれはくるりと後ろを振り返る。この突如として振り返るアクションの反復が、山田尚子のアニメーションの画面をこの上なく息づかせていることには注目しておいたほうがいい。たとえば『たまこラブストーリー』で想いを告げられないもち蔵へと教室の外から目線を送り、ただちに反転して歩き去ってゆくみどりのカット。あるいは『映画 けいおん！』のラストシーンで後ろ歩きしていた唯がくるっと前を向いて夕日の光のなかを駆けてゆくカット。『リズと青い鳥』のヒロインが振り返る身振りは格別である。

朝の静謐でゆっくりと流れる時間のなか、通学路を歩くみぞれの靴音が微かに響く。だが、誰かの気配を感じたのか、足を止めた彼女は、はたと後ろを振り返る。この一連のアクションは立ち止まるみぞれをロングショットで捉え［図6-12］、振り向く顔のクロースアップ［図6-13］、振り返る脚のアッ

プ［図6－14］、風に靡くスカートのカット［図6－15］、再び振り返った後の引きのカットと［図6－16］、靴音の響きと一緒にリズミカルにカットが繋がれている。希美への恋する気持ちが身体を通して先走って表現される、素晴らしい瞬間である。

階段に腰を下ろすみぞれは、希美を待つ。後ろからやってくる生徒の脚のカットが挿入される。みぞれは見向きもしない。靴音でそれが待っている相手ではないことがわかるからだ。続いて別の生徒が正門を通って歩いてくる脚のカット。みぞれの感情が高揚したことを示すかのように劇伴は軽快なピアノの音を刻む。風が吹く音。小鳥の囀《さえず》り。逆光のなか木々がザワザワと揺れるカット。みぞれの瞬きが早くなるのを捉える目元の超クロースアップ。黄色い小さな花のカット。靴音に即座に反応

上から［図6-12］－［図6-16］
『リズと青い鳥』（山田尚子、2018）

上から［図6-17］－［図6-21］
『リズと青い鳥』（山田尚子、2018）

するみぞれが［図6-17］、音の鳴るほうを振り向くとカメラは彼女の情動を伴うかのごとく素早く揺動する［図6-18］。みぞれが視線を送るカットを映すと［図6-19］、そのまま視線の先に勢いよくパンして［図6-20］、希美の顔を正面から捉える［図6-21］。彼女の想いをカメラが体現し、技法が適切に処理する。カットを割らず、パンによってこの一連のシーンから感得されるのは、みぞれが想いを視線に乗せて一方的に注ぐのに対して、希美の視線はまったく一致していないという事実だ。少女たちの視線をめぐるこのカットの繋がりが、残酷なまでに物語の結末を予告する（終盤に想いを伝える場面で、みぞれが希美の全部が好きというのに対し、希美はみぞれのオーボエが好きと返す）。

二人は一緒に校舎に入って廊下を通り、階段を登って吹奏楽部の部室へと辿り着く。およそ四分

もの時間をかけて、学校の空間を歩く二人の姿をカメラは捉え続ける。その間、台詞はほとんどなく、先を行く希美と後を追うみぞれの歩く動きを細やかに描き分け、ローポジションから脚を狙うカットが多用される。しつこいくらいに挿入される二人の脚の運動と二つの靴の音が、彼女たちのキャラクターを見事に造形してゆく。颯爽と歩く希美は、階段の踊り場で軽やかにターン、部室の鍵をあけるとくるっと一回転して部屋に入る。どちらも膝下がフレーミングされる脚の演技だ。学校からの帰り道を二人で歩くラストシーンでは、序盤ほど彼女たちの距離は離れていない。やはりここでも二人の歩く脚だけが映し出され、そのまま希美の脚がくるりとみぞれを振り返り、そのアクションの途中で向かいあう二人のクロースアップで終幕となる。このようにして同性愛を描く本作は、山田尚子の作家性が凝縮されたクィア・アニメーションである。

生物学室でのクライマックスのシーンで、みぞれは希美に思いの丈を打ち明ける。「大好きのハグ」を自ら求めると、やや戸惑いを見せる希美を抱きしめる。この重要なプロセスを山田尚子はやはり脚にカメラを向けて表現させる。フレームの端に位置づけられた脚。みぞれの脚がもう一方に向かって駆け寄ってゆく。みぞれは希美がかつて自分に声をかけ、優しくしてくれて嬉しかったことを抱擁したまま伝える。再び脚のカットに切り替わり、背伸びするみぞれの足元と、「ごめん、それよく覚えてないんだよ」と返してわずかに引く希美の右足の表現が施されている。彼女たちの感情と関係を代弁する秀逸な脚の演出である。

『リズと青い鳥』はどの作品よりも脚が幾度となく映し出される。私たちは普段あまり意識しないが、山田アニメを観ると、人間の足元の動きが、これほどまでに豊かな情報量をそなえているという

ことに驚かされる。本作における物語空間は、特段ドラマティックな出来事はなく、メロドラマ的な展開にもならない。男性キャラクターと異性愛はフレームから排除され、静かに淡々と女子高生たちの日常と愛のかたちが身体と音を通じて具現化される。山田尚子が描こうとするのは、大きな物語的展開ではなく、脚や手の細かい動き、あるいは髪や服の揺れを介して人と人との間に瞬間的に立ち上がる、微かな空気感なのである。[5]

3 レンズの演出

山田尚子の創り出す画面は、実写映画のような佇まいをしている。その印象が強い理由は、彼女がレンズを強く意識しているからだ。『映画 けいおん!』を撮ってテレビシリーズ『たまこまーけっと』を制作しているとき、すなわち、『たまこラブストーリー』を監督する前に、彼女は次のようにインタビューで述べている。

> カメラで撮る感覚っていうのがすごく好きなんです。カメラがあって、被写体があって、その間に空気があるという画面作りをいつも意識していたいと思っています。そういった画面作りの中に、キャラクターの実在感を求めていることになっているんだろうと思います。キャラクターを「画である存在」だと考えたくない、というのがずっとあるんですよ。[6]

「頭の中でイメージしているのが、常に実写だということかもしれません」という山田尚子が作る映像は、実際のところカメラレンズの効果のみならず、実写映画の技法がふんだんに使われ、山田アニメに特有の空気感が醸成されている。

絵コンテの時点で、「望遠」や「フレア」といったレンズ効果を狙った指示、「パン」や「フォロー」などカメラワークを指定するもの、あるいは「AC」（アクションカット＝アクションつなぎ）や「OL」（オーバーラップ）など編集を意図する書き込みが多く、すでに実写的なイメージができあがっていることが見て取れる。

カメラレンズの効果を狙った現代の作家として新海誠があげられるが、山田尚子のそれはかなり趣向が違う。新海アニメのように風景や背景、あるいは上空に彼女の関心はそれほど示されていない[7]。山田アニメは登場人物の周辺一メートルの小さな空間を繊細に演出することに賭けているからだ。新海誠は背景を含む全体を志向するが、山田尚子は全体より局所的な空気を掴む。その意味において、両者とも実写とアニメのあわいに屹立する作家だが、アプローチは根本的に異なっている。

全体的にカットの割り方が細かく、カメラがブレる実写的な演出やスローモーションが挿入され、実写でも使用すると目立つジャンプカットやコマ落としまで使われる。引きと寄りのカットが、リズミカルかつダイナミックに組み合わされ、カメラが寄ったときには手や足、髪、背中など身体のパーツが細かく切り取られる。それでも映像世界が成立するのは、フレーム外で継続する音がアニメーションの空間を成立させているからだろう。実際、山田尚子のアニメーションでは話す人がずっと捉えれるのではなく、その間にカットが聞き手や身体の細部へとスライドする。すでに述べたように、フ

レーム外に不可視化された情報は、やはり観客の想像力に委ねられるのである。

地面にカメラを置くローポジションから被写体を捉えるローアングルのカットがしばしば挿入されるが、その代表的な巨匠である小津安二郎とはまったく異なる。ハイアングルのカットも多用され、小津のように対話を真正面から捉えることはほとんどないからである。むしろ山田アニメの女性たちは、横顔や斜めから捉えられることが多い。『映画 聲の形』や『リズと青い鳥』では主人公が俯き、下の世界に視線を向け、低い空間がフレーミングされる。

実写との親和性の高さは、先に述べたように遠近感を圧縮する望遠レンズを多用し、被写界深度の浅い単焦点レンズ、時に遠近感を強調する広角レンズや魚眼レンズを織り混ぜ、レンズフレアやゴーストの効果を狙う、多彩なレンズを駆使した空間設計の画作りに拠るところが大きいだろう。そうすることによって山田が求める「空気感」が醸し出される。とはいえ、実写映画的ではあるものの、実際に同じコンテで実写化すると成り立たない。アニメにしかできないやり方で、山田尚子は実写映画を自身のアニメーションに取り込んでいるのだ。

4　キャラクターを生きる

山田尚子は京都造形芸術大学美術工芸学科洋画コースを卒業後、二〇〇四年に京都アニメーションに入社、アニメーターとしてのキャリアをスタートさせた。テレビアニメ『AIR』（二〇〇四）や『Kanon』（二〇〇六）などで原画を担当し、『CLANNAD－クラナド－』（二〇〇七）では原画に加えて

絵コンテ、演出を手掛けるようになる。テレビアニメ『けいおん！』（二〇〇九）で監督デビューを果たし、同シリーズの映画版『映画 けいおん！』ではじめて映画監督を務めた。同作で日本アカデミー賞優秀アニメーション作品賞を受賞、『たまこラブストーリー』で文化庁メディア芸術祭アニメーション部門新人賞を受賞し、興行的にも大成功した『映画 聲の形』は、先の日本アカデミー賞や文化庁メディア芸術祭、日本映画批評家大賞アニメーション部門作品賞をはじめ、数々の賞を受賞して大絶賛された。

『リズと青い鳥』は、興行的には振るわなかったが、その繊細な表現力は類を見ない域に達し、異性愛ではなく同性間の明確に区別しがたい友愛／恋愛を圧倒的な緊張感をもって表現したアニメーションとして重要な作品となった。女子高校生たちの日常を描写する本作は、山田尚子のキャリアのなかでは、二〇〇九年に監督として参加した『けいおん！』の系譜だといえるだろう。

当時は「萌え」系の4コマ漫画がブームとなり、京都アニメーションでアニメ化された『らき☆すた』や『けいおん！』などの二〇〇〇年代後半の作品群が「日常系」（空気系）と称されて人気を博していた。[8]「日常系」とは、恋愛の成就を目的とせず、同性のコミュニティのコミュニケーション自体が目的化するため、異性の存在が希薄で同性間の日常の風景が延々と描かれる作品群である。[9]『けいおん！』の「日常系」アニメのエッセンスを引き継ぎ、異性愛を徹底して排除した『リズと青い鳥』は、二〇一〇年代後半のＬＧＢＴＱブームやクィア映画の盛り上がり、第四波フェミニズムとも呼応する社会性の強い作品として評価されるべきだろう。

なぜなら、『けいおん！』は第一期のテレビシリーズからシナリオに吉田玲子、キャラクターデザ

インと総作画監督に堀口悠紀子など、女性スタッフが制作の中心を占め、吉田玲子とはその後も名コンビを組んで映画を作り続けているからである。ちなみにサイエンスSARUで制作したテレビアニメ『平家物語』（二〇二二）でも吉田に脚本を依頼し、キャラクター原案に漫画家の高野文子、音響監督に木村絵理子と、京都アニメーションを離れても女性の作り手たちと協働している。あるいはアメリカで制作されたオムニバスドラマ『モダンラブ』（二〇一九）の日本版『モダンラブ・東京〜さまざまな愛の形〜』（二〇二二）で『彼が奏でるふたりの調べ』というエピソードを監督した山田尚子は、脚本に荻上直子を迎えた。ここでも、二人の距離が近づくときには、脚の表現が物語を引っぱってゆく。男性が人数においても役職においても権力を行使してきた映画業界にあって、女性スタッフが制作の中心で女性たちの日常を丁寧に描き続けてきたことの意義はあまりにも大きい。

　山田尚子のことを側で見てきた京都アニメーションのアニメーターで、アドバイザーとして関わった石原立也は『けいおん！』のテレビシリーズのときの演出方針について、山田尚子はキャラクターを都合のいい人形にしたくないという思いが強く、お風呂などの視聴者へのサービスシーンがあまり好きではなかったという。第一期の六話「学園祭！」は、原作漫画では、澪がステージで転倒し、聴衆にパンツが丸見えになってしまう場面だが、特に石原が演出を担当したこの回で山田と衝突したと語っている[10]。アニメ版では漫画を改変し、パンツをフレームアウトさせて、代わりに茶碗に盛られたホカホカのご飯のカットを繋ぐ処理が施された。発案者は監督の山田尚子である[11]。

　山田自身も石原立也との演出上の違いに関して、「自分は女の子を映すときに、カメラを下に振っちゃったりする」が、石原は「キャラクターが恥ずかしがっていても、真正面から撮り続ける」のだ

という。そして石原の「観せよう」とする感覚に対して、「わたしは、キャラクターが観てほしくないときには観せないでおこう。周りの空気で観せようと思うんです」と興味深い発言をしている。[12]自分がどう観たいかという人間中心の発想ではなく、フィクションに生きるキャラクターに寄り添い、彼女たちの視点から世界を見ようとしているのだ。ここに認められるのは、女性から女性へと注がれるまなざしである。

山田尚子ははじめて演出したときから「実は女の子っぽい感じとか、女性的なところをひた隠しに隠して演出していきたいと思っていた」と語り、「女性の作品」といわれたり、性別論になったりすることに戸惑いを覚えたという。とはいえ、「気がつけば周りのスタッフも女性ばかりになっていて、それが観ている人にどう映るのかなあとは思いました」と述べたうえで、女性的な部分は「抑制しきれてないかもしれない」と話す。[13]実際、『けいおん!』でいえば、かきふらいの原作漫画における男性読者を想定したエロティックな女性身体の性的対象化は、女性スタッフが多く関わるアニメ版では縮減している。『映画 けいおん!』にはじまり『リズと青い鳥』で到達した女性キャラクターたちは、山田尚子のもとに集まる女性たちの協働によって、男性観客の性的な視線に回収されないよう、これまでにない表現のリアリティを伴い、アニメーション史に新たな一面を刻んだのである。

（北村匡平）

◆1　本作ではロンドンを舞台にしたCパートの絵コンテを石原立也、演出を内海紘子が担当している。

◆2　他にも、Aパートの絵コンテで「DEATH DEVIL」の曲を演奏する序盤の唯の下半身のみのカットでは、「ヒヨコみたいな唯の足」、「舟をこぐようなステップ」と脚のアクションが細かく指示され、絵コンテ内に「だきいけどクセになる動きです」と注釈がある。『映画 けいおん！絵コンテ集』芳文社、二〇一二年。

◆3　手話による手の表現が重要な作品だが、西宮は手のみならず、脚でも感情を豊かに表現している。たとえば、翔也に好きと伝えた硝子が、まったく伝わらずに帰宅し、ベッドに倒れて足をバタバタさせ、遊びに誘われた後もベッドにうつ伏せになったまま、足をバタつかせるシーンが挙げられる。

◆4　山田尚子「インタビュー」『リズと青い鳥』（Blu-ray）京都アニメーション、二〇一八年、映像特典。

◆5　本稿では「脚の演技」に着目しているが、手の微細な動きが形づくる空気感も特筆すべき点である。京都アニメーションの石原立也は、山田尚子は「手の表情もしきりにいう」と彼女の演出の特徴について語っている。石原立也「プロデューサー・オーディオコメンタリー」、『映画 けいおん！』（Blu-ray）京都アニメーション、二〇一二年。

◆6　山田尚子「インタビュー」「たまこまーけっと――山田尚子監督の演出家としてのこだわりはここだ！」、『アニメスタイル』〇〇3、二〇一三年、一九頁［傍点引用者］。

◆7　山田尚子における「風景の不在」という点に関しては別稿に譲る。もちろんここでいう「不在」とは、風景がまったく描かれないということではない。たとえば『リズと青い鳥』は「リズと青い鳥」の絵本と並行して物語が進み、みぞれはリズで青い鳥は希美に重ねられている。ところが中盤、リズの気持ちがわからないというみぞれは、もし「鎧塚さんが青い鳥だったら？」と先生に尋ねられ、絵本のなかの青い鳥が突然リズに別れを告げられる場面になる。リズは少女を羽ばたかせようと「あなたはどこまでも広がる大きな空があるの」といってドアを開け放つ。だが、光が差し込む扉の向こうに広がるはずの美しい空にいっさい関心は示されない。むしろその直後にクロースアップされるのは、唐突にリズに解放を告げられて戸惑う少女の足元である。

◆8　日常系ないし空気系に関する批評に関しては、宇野常寛『ゼロ年代の想像力』早川書房、二〇〇八年。

◆9　宇野常寛『リトル・ピープルの時代』幻冬舎、二〇一一年、三九〇―三九一頁。
◆10　石原立也［インタビュー］『映画けいおん！公式ガイドブック』芳文社、二〇一三年、九九頁。
◆11　山田尚子はインタビューで、演出の石原に転倒シーンの演出を聞かれたとき、陶器の茶碗にホカホカご飯が入っていたら艶かしいと思って提案したと語っている。山田尚子［インタビュー］『アニメディア』二〇〇九年八月号、別冊第1付録「『けいおん！』あんこーるふぁんBOOK」。
◆12　山田尚子［インタビュー］、前掲「たまこまーけっと」、一二三―一二四頁。
◆13　同前、二〇頁。

瀬田なつき論
どこにもない「時間」を生きる

1　時間が多層化された空間——『彼方からの手紙』

『彼方からの手紙』(二〇〇八)は少女ユキがバスのなかで一通の手紙を取り出す場面から開始される。焦点の合っていないぼけた映像から次第に鮮明になってゆくフォーカス・インや窓外を合成映像によって表現するスクリーン・プロセスが、ユキのいる場所と時間を曖昧化している〔図7-1〕。スタジオ内のスクリーンへあらかじめ撮影しておいた風景を映写して合成する特殊効果の技術であるスクリーン・プロセスは、とくにハリウッド黄金期によく使用されたのち徐々に姿を消していったため、現代の観客にとってはどこかノスタルジックな心象をもたらす。『彼方からの手紙』は東京藝術大学大学院映像研究科の修了制作として撮られた作品だが、たとえば現代の映画作家では、同大学に名を連ねる黒沢清がこのスクリーン・プロセスを自動車の場面で多用している。瀬田映画にとってこのスク

瀬田なつき　フィルモグラフィ
〔長篇映画〕◎『彼方からの手紙』(08)◎『嘘つきみーくんと壊れたまーちゃん』(10)◎『5 windows』(11)◎『PARKS パークス』(17)◎『ジオラマボーイ・パノラマガール』(20)◎『HOMESTAY』(22)◎『違国日記』(23)**〔短篇・中篇映画〕**◎『とどまるかなくなるか』(02)◎『5 windows mountain mouth』(13)**〔オムニバス短篇映画〕**◎『シャボン玉／にほんのうたフィルム』(10)◎『Humming／3.11明日』(11)◎『むすめごころ／夕映え少女』(08)◎『あとのまつり／桃まつり presents kiss!』(09)

リーン・プロセスが重要な意味を担うのは、ひとつのフレーム内の空間及び時間を重層化させるところにおいてであるように思われる。スクリーン・プロセスでない場合には車窓から見える風景と登場人物の生きている時制が一致していることは自明だが、対してスクリーン・プロセスの場合は車窓の外の風景を別の時間軸に擬することも可能であり、いつの時制に属しているのかはそれを特定できる記号が写り込んでいない限りは判断がつかない。登場人物が揺られる自動車の外に広がる空間は「現在」ではなく「過去」かもしれず、あるいは「未来」かもしれない。こうした時制の不確定性は、瀬田映画を瀬田映画たらしめる要素のひとつといえる。

ユキがバスで手紙を読むプロローグに続き、映画は不動産屋に勤める吉永が客に物件案内をしている場面へと入る。この場面のファーストショットではキャッチボールするふたりの見知らぬ男たちに物件の説明をする吉永の声がオフで被さっており［図7－2］、次のショットでその声の主である吉永と客が映し出される［図7－3］。そのときキャッチボールに使われていたボールが、勢いよく吉永のすぐ隣を

上から［図7-1］–［図7-3］
『彼方からの手紙』（瀬田なつき、2008）

弾みながら過ぎ去ってゆく。これらの連続したショットではキャッチボールするふたりと吉永は同一フレームに収まらないため、吉永のいるショットに飛んできたボールは実際には距離的に近かったとしてもどこか異なる別の場所、「彼方」から飛んできたかのような印象をもたらす。この高く弾むボールの運動はのちに『彼方からの手紙』で起こる決定的な時間的、空間的飛躍を予示させるイメージとしてまずスクリーンに現前する。

吉永の働く不動産屋を訪ねてきたユキは、かつて父親が住んでいた部屋を内覧したいと頼む。しかし大家の都合でその話は流れてしまう。別の日、吉永はいつも通り家を出発したものの急な鼻血や咳き込みなどに見舞われ、体調不良で会社を休む。街中をぶらついていると偶然ユキと出くわし、ふたりは彼女の行きたがっていた父の住んでいた部屋へと向かう。借りた車を走らせる吉永と助手席に乗るユキは夜の街並みの明るさについて語り合い、吉永は目を閉じれば真っ暗だと言いながら本当に目を閉じて車が左右に大きく蛇行する。ユキと鉢合わせたまさにそのとき、吉永は橋から飛び降りる動作をしていたようにも見えた。吉永の立つ足場はどうやら不安定に揺らぎはじめている。ふたりの乗っていた車が動かなくなってしまい、またもスクリーン・プロセスで撮られたバスの場面を経てようやく部屋までたどり着く。ふたりはエレベーターに乗り込むが、表示階は1、2、3、2、1、8、9、5、1、2、8……とまったく順をなしていない。そうして場所を撹乱されたままふたりが扉を開けると部屋は鮮やかなオレンジや黄で配色された内装をしており、一層異質な空間のように広がる。評論家の佐々木敦が「見事なまでに成立しないタイム・パラドックスについて」と題した瀬田なつき論でいみじくも分析してみせたように、「「なにげない日常を淡々と描いた」系の、ごく普通の映画」

だったはずの『彼方からの手紙』は、この部屋から「因果律の崩壊とも思われるような不思議な出来事」を次々と起こしてゆく[◆1]。

部屋にいるユキと吉永のショットに、人間の身体の一部をクロースアップで映し出した一見なにか判別できないショットが続く。すると超音波検査の機械と吉永の恋人の顔が映り、その一部とは妊娠で膨らんだ腹だったと明らかにされる。また画面は部屋へと戻り、ユキが眠りについてしまうと手持ち無沙汰になった吉永はそこで見つけたビデオテープをおもむろに再生してみる。そこには驚くべきことに、吉永と彼の恋人と赤子の姿が映し出される［図7-4］。いくつかの仄めかしによって、その赤子が実はユキであることが示唆される。やがて部屋の照明が消え、ユキと吉永が公園で聞いた弾き語りの女性の歌が流れ出す。いつの間にか目覚めていたユキに「なにを見たの？」と聞かれた吉永はこう答える――「懐かしい未来。憧れた過去」。この撞着語法こそ、『彼方からの手紙』、ひいては瀬田映画を貫く作家性を象徴しているだろう。まだ見ぬとうの先にあるにもかかわらず、なぜかすでに通り過ぎてしまったかのようにある未来の時間。すでに経ているはずにもかかわらず、なぜかまだ掴めていないかのようにある過去の時間……。私たちは瀬田がスクリーンに投錨する世界を通じて、「過去」から「現在」、そして「未来」に向かって一直線上に歩いてゆくのではない人生の旅を追体験してゆく。

「未来」の映像を映し出していたテレビ画面は、奇怪な状況のなかで「と

[図7-4]『彼方からの手紙』（瀬田なつき、2008）

りあえず小躍り」しはじめた「現在」のユキと吉永の姿へと切り替わるが、完全にテレビの前にいるふたりが同期されているわけではなくそこには時差がある。このわずかな時間的なズレは、瀬田映画でこれ以降も繰り返されてゆく。さらに部屋の窓枠には水槽のなかのような映像が嵌め込まれており、巨大な魚が泳ぎながら時折横切る。ユキと吉永のいる空間ではそうして「未来」や「現在」の映像を行き来するテレビや水中の映像を埋め込まれた窓などいくつかの映像＝時間が多層化されており、吉永の口から発せられた「現在はどこだ」という言葉の通り、ふたりは時間軸の隘路に惑う。ふたりがその部屋を出て別れると、吉永はユキを出産した恋人の入院している病院へと駆けつけ、一方ユキは「山下さん」という名の新しく父親になる男性を迎え入れようとしている。つまりユキにとって生みの父親である吉永はもうユキのいる「現在」にはおらず、だから吉永は部屋からの帰途で「たまには、僕がいたこと、僕がいないこと、思い出してください」と綴った、おそらくいつかの未来の自分自身が書いた手紙を読んでいたのだろう。ユキが「過去」へとタイムスリップして生きていた頃の父親に会いに行ったのか、はたまた吉永が「未来」へとタイムスリップして成長した我が子に会いに行ったのか――そうしてこの映画における時制の問題に思索を張り巡らせようとすると迷宮に陥ってしまう。件の評において佐々木はそうした「時空間と因果律の混乱と失調」こそが「或る「時間」の把握の仕方に定位するごとに、過去と現在と未来が順番を入れ替えてそれぞれに質感の異なる繊細なエモーションを携えた、いずれも魅力的なストーリーを生産するように出来ている」とこの映画を高く評価した。[2] 瀬田自身、「時間や空間など「こういうものを撮りたい」という抽象的なことはあるんですが、「このストーリーを語りたい！」というようなものが無い」[3]と語っているように、物語自体に矛盾が生じ

ていようと、整合性が取れていなかろうと、「時間」や「空間」の確固たるイメージによって成立する瀬田映画にとってそれは些事に過ぎない。物語のために映画があるのではなく、映画のために物語がある。佐々木が瀬田映画における「因果律の崩壊」を称揚したように、東京藝術大学大学院映像研究科同期の映画作家である濱口竜介は『嘘つきみーくんと壊れたまーちゃん』(二〇一〇)公開に際した寄稿文のなかで、同じく「因果律」という単語を引きながら瀬田を次のように評した。

こんなにシンプルなのに、誰もこのように映画を作ることができないのは、誰しもが物語とか因果律とか「現実」的な重力の制限から逃れられず(時には単なる自己愛から)、「最良ではない始まりと終わり」を選択してしまうからです。この重力から軽々と逃れてしまう方法を知っているのは僕の知る限り、ゴダールとスコリモフスキー、そして瀬田さんだけだと思っています。[4]

「物語」からも「因果律」からも解放された瀬田映画のエッセンスが凝縮された『彼方からの手紙』は非商業映画ながら、類稀《たぐいまれ》な作家性が十全に発揮された傑作として映画史にその名を刻む。この映画はまた、その後の瀬田映画のすべての原型としても重要な意味をもつ。

2 時間がもたらす変化と忘却――『あとのまつり』

映画上映団体「桃まつり」による女性作家たちの短篇映画企画「桃まつりpresents kiss!」で撮られ

たわずか一八分の『あとのまつり』(二〇〇九)は短尺ながら、『彼方からの手紙』と並んで瀬田映画の本質が窺える一本に仕上がっている。舞台は記憶を突如すべて失ってしまう現象が蔓延したとある街。まず「Prologue」として「2009年」「AM11」と日時が表示される。そこでノリコは鏡の前でまだ記憶があるかを確かめている。「はじめまして」とノリコが鏡のなかの自分に挨拶するが、その街では「忘れることも忘れられることも恐れないように、挨拶は「はじめまして」にすること」になっているらしい。ノリコは記憶を失ってしまうかもしれない未来を想定し、鏡に向かって予行練習に励んでいる。瀬田映画ではたびたび〈鏡〉が印象的なモチーフとして登場するが、それはやはり時間と関わるものとして立ち上がる。そこで鏡はたんに自分自身の鏡像を映す機能を果たすのみならず、未来へと繋がる「扉」として差し出されているのは続く場面で明らかにされるだろう。

「Prologue」が幕を閉じた直後のショットでは本編がないまま唐突に「Epilogue」と表示され、時は「2095」へと飛ぶ[図7-5]。「Prologue」の鏡に向かっていたノリコの姿が真っ暗ななか浮び上がるモニター画面に映し出されると、そこではノリコと瓜二つの少女がその画面を見つめている。そばに立つ男の語りによれば、その少女にとってノリコは「ひいおばあちゃん」らしく、少女はノリコの行末が気にかかっているようである。ともに同じ役者である中山絵梨奈が演じる、ふたりの少女。ノリコの見つめていた鏡の向こう側に少女がいたかのようであり、「Prologue」における鏡は、「未来」

[図7-5]『あとのまつり』(瀬田なつき、2009)

の他者へと続く「扉」でもあった。
街へ繰り出したノリコは写真を撮っていたトモオの携帯電話を奪い、駆け抜けてゆく。映像を注視すると、ジャンプカットが随所で使用されていることに気づく。瀬田はジャン＝リュック・ゴダールへのオマージュを作品の至る箇所に鏤める作家であり、ここで『勝手にしやがれ』（一九六〇）などを想起するのはいかにもたやすいが、瀬田映画にあってジャンプカットは過去、現在、未来とリニアに流れる時間をより意識的に遮断しようとする身振りのようにも思えてくる。さらに瀬田は、編集段階において映像を次のように切断している。

切迫感はつねに出そうと思っています。台詞に関していえば、口にしてもらった台詞と台詞の間も抜いて、さらに息継ぎの部分も切ってしまっているので、たぶん息をせずに喋っているように聴こえると思います。[◆5]

少年少女時代という人生におけるごく短い季節であるだけでなく、いつすべてを忘れてしまうかわからないというさらなる有限性にも苛まれている彼らが纏う「切迫感」の演出もまた、瀬田が得意とする時間に関する操作によって醸成されているものである。ノリコとトモオが壁に沿って指で矩形のフレームを形作ると、そこに空洞が穿たれカメラが壁の向こう側へ

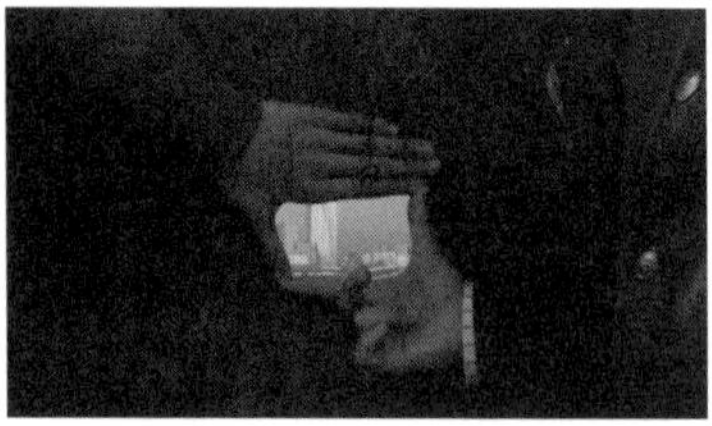

［図7-6］『あとのまつり』（瀬田なつき、2009）

と潜り抜けてふたりもいつの間にかモノレールの車内へと移動している[図7-6]。会話はアフレコで被されて少し前か後の会話なのか映像とは若干のズレが生じており、ここでも瀬田映画的にひとつの画面内に映像と音声がそれぞれの次元に乖離している。のちの『嘘つきみーくんと壊れたまーちゃん』ではみーくんとまーちゃんが序盤で再会する場面でまーちゃんが発する「みーくん」の音声が、ラストで反復される再会で記憶を失ったまーちゃんが再び口にする「みーくん」に被されている。[◆6] そこには映画の時間軸において「過去」の声を「現在」の映像に援用し、同じ声を聞いた観客が物語を経ていかに違う響きを看取しうるかという賭け金が忍ばされている。まったく同質な音を時間が進んだはずの「現在」に潜ませ、聴覚において最初の再会の地点に立ち返らせる。そうした円環的な宿命を繰り返し辿るしかない人間の性《さが》を傍証する映像と音声の属す時制がずらされた仕掛けもまた、それでも「現在」を生きるしかない切迫性を招き込む。

ふたりが空へと放った風船の先に、飛行機が飛ぶ。瀬田の描く人物たちの傍らにはそうしてさまざまな乗り物が動員され、いま・ここではないどこか別の場所への空間的想像力は羽を広げてゆく。『彼方からの手紙』でも自動車、飛行機、船、自転車とショットが変わるたびに新たな乗り物が姿を現すが、そうした速度の異なるモチーフもまた観客の身体的な時間感覚に影響を及ぼすものにほかならない。夕焼けの橙色に染まるノリコとトモオが草原の上で口づけをそっと交わすと、次のショットでふ

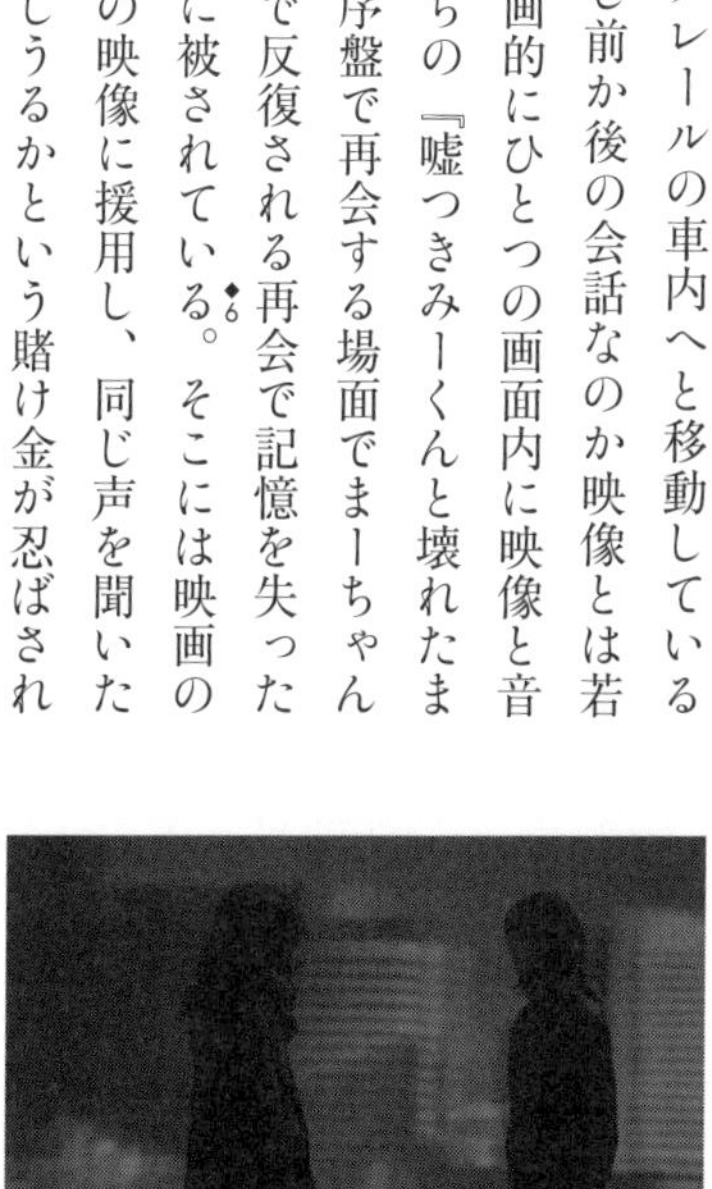

[図7-7]『あとのまつり』（瀬田なつき、2009）

たりは「はじめまして」と互いに挨拶しながらスクリーン・プロセスによる背景の前に立つ［図7-7］。その背景は高層ビルが並ぶ遠景から水面の接写へとみるみるうちに変容し、やがてさらに抽象的な模様になってゆく。もうそこではノリコとトモオが、いつ、どこにいるのかまったくわからない。既存の時間や空間の概念は消失してしまったようである。素手で触れられないほどの缶コーヒーの熱はすぐに冷め、瓶の破片で傷つけた指から出た血もすぐに乾く。ひとたび凍てつく冬になってしまえば夏の暑さなどすっかり忘れてしまう季節の移り変わりのように、現実では時間は留まることなく、私たちのなにもかもをただひたすら押し流してゆく。しかし『あとのまつり』で少年と少女が交わす「はじめまして」に滲んだ聞き慣れているはずで新しくもある響きは、時間の経過による「変化」と「忘却」が必ずしも哀しみだけではないことを伝えてくる。

3 異なる時空間の交差――『5 windows』

横浜の黄金町を舞台に四人の若者たちの一時《いっとき》を切り取った『5 windows』（二〇一一）は、一般社団法人「ドリフターズ・インターナショナル」が企画したアートプロジェクト「漂流する映画館」で屋外上映のインスタレーション作品として制作された。観客は映画の舞台でもある黄金町に設置された四つの仮設スクリーンにそれぞれ断片化されて流された映像を歩いて移動しながら鑑賞し、もうひとつの上映場所となった映画館「シネマ・ジャック&ベティ」に辿り着く。映画批評家の渡邉大輔は『5 windows』のこうした実験的な鑑賞形態に関して、「登場人物たちのいる作品世界と、それを観る観

客たちのいる、いま・ここの現実の世界とが陰画のごとく曖昧に重なりあいながら多層的に戯れる独特の印象を作り出している」[7]と分析した。映画に登場する若者のうち、ひとりの少女はすでにこの世に存在していないかもしれず、同じ街で別の時間を生きる者同士がすれ違う『5 windows』の劇中における人と人の関係の在り方は、黄金町で映画を観る観客と映画『5 windows』の関係の在り方とそのまま重なり合う。瀬田はその映画世界で多層的な時間性を描いてきたが、黄金町の「過去」を記録しているといって等しい映画と、それを観る黄金町にいる「現在」の観客とで成り立つ鑑賞形態をもつ『5 windows』はメタ的に映画外にまでそれを拡大してみせた。

『5 windows』では開巻でまず、画面右下に「2011.8.26 14:35」と表示される。瀬田は「311仙台短篇映画祭制作プロジェクト」として河瀬直美など四一人の映画作家が東日本大震災の経験をもとに三分一一秒の制約で短篇映画を撮ったオムニバス『明日』（二〇一一）に、『Humming』と題した作品を寄せた。震災が発生した時刻は、二〇一一年三月一一日午後二時四六分だった。『5 windows』では「14:50」と画面に表示されたかと思えば「14:35」へと巻き戻り、映画は何度も「14:50」を繰り返す。それは現実には決して巻き戻せない、決定的な出来事が起きてしまった時刻の以前と以後のあわいを彷徨するかのようである。街中を周遊する中村ゆりか、屋上にいる斎藤陽一郎、自転車に乗る染谷将太、別の駅に降り立った長尾寧音がそれぞれ演じる若者たち。長尾は誰もいない橋に向かってカメラを向ける。そこには誰かがかつていたかもしれないし、いなかったかもしれない。斎藤が植物にホースで水を撒いているとき、その下にいる染谷は水がかかって怪訝な表情で上を見渡す。そこに誰かがいたような気配を感じながらもすぐに通り過ぎてしまう、よくある街の風景。空き缶を蹴り飛ばして

みたり、橋沿いの鉄のフェンスを傘でなぞってみたりしながら歩く中村は音を立てて周囲に自分の存在に気づかせる合図を奏でているようで、彼女ははなから死臭を漂わせている。『5 windows』は別の時間軸を生きているのであろう少女も、彼らと同じ姿で同じ世界に同居させる。

二〇一三年には山口情報芸術センター主催の「架空の映画音楽のための映像コンペティション」で中村と青柳いづみ演じる少女ふたりを描く『5 windows mountain mouth』が制作された。さらに東京の恵比寿に舞台を移し、続篇『5 windows eb/is』（二〇一五）も制作。黒味に「2015.2.9」と表示されたショットから開始されるこの作品では、再び中村と染谷が「邂逅」する。タイトルバックの直後、髪を束ねて青い服を着たもうひとりの中村がどこか街を一望できる高い場所から「私が教えてもらった2015年2月9日の私のお話」とモノローグを語る［図7−8］。中村は横断歩道で割れた鏡を拾い、太陽へと高くかざして反射した光を遥か遠くへと飛ばす——「光。秒速30万キロ。音速超えて、時間を超えて、遥か彼方の私に、私は、もしもの私を私に伝える」［図7−9］。すると、もうひとりの中村が高

上から［図7-8］–［図7-11］
『5 windows eb/is』（瀬田なつき、2015）

層ビル群のなかから放たれたその煌めく反射光をキャッチしてふたりは言葉を交わす。これは『あとのまつり』にもあった、どこか別の時間軸の「もうひとりの私」へと続く〈鏡〉のイメージの変奏であり、〈鏡〉が別の時間に生きる「私」同士の対話を可能にさせる。

恵比寿の街中を駆け回る中村が、誰かと待ち合わせしている染谷のそばを横切ってゆく［図7-10］［図7-11］。モンタージュの魔法によって同じ時間に同じ場所にいる中村と染谷の視線が交差しているかのような錯視が起こるものの、実際にふたりは同一フレームにおさまってはいないため、お互いに本当にまなざしが向けられているかは定かではない。これまでの『5 windows』の記憶を手繰り寄せれば、中村はもうこの世にはいない亡霊的な存在としてこの作品にも現れているはずだろう。

映画は中村と染谷をそれぞれに分たれたフレームにおいて描いてゆく。別々のショット＝世界に存在しているふたりは決して架橋しえないように思われるが、唯一、ダンスをする時間だけはその境界線を軽やかに飛び越える。道端に設置されたゴミ箱の前でステップを刻みはじめた染谷に中村も加わるが、楽しげなダンスで思わず手と手を取り合ってしまったふたりはハッとしたようにすぐさま手を離してしまう。そしてそれ以降、映画の終幕までふたりはもう二度と同一フレームにおさまることはない。このダンスの場面でもふたりの視線は巧妙に取り扱われ、染谷の視線は中村を正確に捉えてはいないようである。視線は一致に挫折して、ふたりの世界はもう分たれたまま平行線に進む。染谷は夕闇に差しかかる空を背負いながら、忘れかけていた「あの子」を思い出す。瀬田映画では忘却は切なくて嬉しい夕暮れの橙色をしている。中村はそれでもその街で、鼻歌混じりに踊り続ける。どっぷりと感傷に浸ってしまいそうになるところを、映画は少女の「とりあえず小躍り」で幕を閉じてゆく。

4　過去、現在、未来を奏でるただひとつの歌——『PARKS パークス』

その後に瀬田が手がけてゆく長篇劇映画監督作は、第一作目『嘘つきみーくんと壊れたまーちゃん』、第三作目『ジオラマボーイ・パノラマガール』（二〇二〇）、第四作目『HOMESTAY』（二〇二二）といずれも原作がある。『嘘つきみーくんと壊れたまーちゃん』は累計一〇〇万部を突破したライトノベル、『ジオラマボーイ・パノラマガール』は八〇年代から九〇年代を代表する漫画家である岡崎京子作品、『HOMESTAY』はこれまで何度も映像化されてきた名作小説と、広く知られた原作でありながら、やはり瀬田映画の核は顕在で、時間と空間に関するイメージにも彩られている。現時点での瀬田の最新作である『HOMESTAY』では、魂になってしまった主人公のシロが同じくこの世を去った真の肉体に憑依し、正体不明の「管理人」が世界の時間を止めて一〇〇日以内に真の死因を突き止めるよう命じる。シロは他者の肉体に「ホームステイ」し、仮初の時間軸を生きてゆく。『HOMESTAY』はまさに瀬田が創造的果実を実らせてきた時間の主題を、ファンタジックな世界観へと結晶化させている。

長篇劇映画のなかでも二〇一四年に閉館した吉祥寺のミニシアター「吉祥寺バウスシアター」のオーナーであった本田拓夫が企画し、瀬田が脚本と監督を務めた第二作目『PARKS パークス』（二〇一七）はそれまで手がけてきた過去作の要素も随所に感じられる、より瀬田映画の様相が色濃い作品となっている。映画では二〇一七年五月に開園百周年を迎えた吉祥寺に位置する井の頭恩賜公園の「い

ま」の姿が活写されているが、瀬田はたとえば『彼方からの手紙』では「2008」と表示された東京タワー、『あとのまつり』では「2016年東京オリンピック選手村予定地」の看板が立った更地などその時代性が刻印された符牒を画面に導入しつつ、そのときにしか映らない東京の姿をフィルムに焼き付けてきた。『5 windows』ではそれぞれ横浜、山口、恵比寿といった街に息を吹き込み、その時代にしか映らない街の姿をも追ってきた作家でもある。

ある日、留年危機の瀬戸際に立たされた大学生の純の部屋に高校生のハルがどこからか訪ねてくる。聞けばそこには、亡くなってしまったハルの父親である晋平がかつて交際していた佐知子が住んでいたという。ハルの佐知子探しに付き合おうと決心した純は、情報を辿ってゆくがすでに佐知子はこの世を去っており、代わりに孫のトキオと出会う。佐知子の遺品からオープン・リールを発掘した三人は、未完成の曲を完成させようと奮闘してゆく。『PARKS パークス』では二〇一七年を生きる純とハルとトキオのパートと並行して佐知子と晋平とその友人が生きた六〇年代の回想場面も同時に綴られるのだが、この回想場面がきわめて瀬田的なのはその時代に生きているはずのないハルがごく自然に佐知子たちと肩を並べるからだろう。佐知子たちと同時代を生きているかのようなハルを媒介として、映画は「過去」と「現在」を軽妙に融合させてしまう。ハルは現在でも過去でも未来でもない、どこにもない時間を生きている天使的な存在としてそこで生を与えられている。

純とハルは音楽の方向性から仲違いしてしまい、ハルが純の家を飛び出す。映画は終盤のこの場面から、明らかに『彼方からの手紙』の再演とでもいうべきシークエンスを開始する。純がハルの執筆していた小説を読んでみると、そこには自分たちの「物語」が書かれていた。部屋の壁が秘密の扉か

のように開いてそこにスクリーンが広がる［図7-12］。そのスクリーンには純、そしてハルや共に過ごした日々の映像が走馬灯のごとく矢継ぎ早に流れてゆく［図7-13］。そこは『彼方からの手紙』の部屋と視覚的類縁性で結ばれている。ハルの小説には純がそうして小説を読む行為も先取りして書き込まれていた。ハルと出逢ってから過ごした日々のすべては小説として書かれた「物語」を遡及的になぞっていたに過ぎなかったのか、それとも小説の内容はただの偶然の一致なのか。スクリーンに映し出された現在の純は「ここはどこなの？」と呟く。それは『彼方からの手紙』で発せられた「現在はどこだ」に正確に呼応する言葉にほかならない。スクリーンのなかの純がそう呟いたのに続いて、スクリーンの目の前にいる純も同じように呟く。スクリーンの映像がその瞬間の純を映し出していたとするならば、そこでもスクリーンの映像は現在と完全に一致しておらず、わずかに時差が生じている。スクリーンにいるもうひとりの純と、その場に置かれた「過去」にハルが書いていた「未来」のふたりの物語。純はそうして「現在」の認識に混乱をきたしてゆく。

　純は公園を駆け回っていなくなったハルを探す。やがて音楽が流れはじめると、そこには佐知子や晋平たち、そしてハルも誰もが一堂に介して陽気に歌って踊り出す。『5 windows eb/is』で音楽とダンスが分断されていた少年

［図7-12］（上）、［図7-13］（下）
『PARKS パークス』（瀬田なつき、2017）

と少女の世界を架橋したように、瀬田映画で音楽は牧歌的に境界線を超えて人と人を繋ぐ役割を発揮している。音楽が鳴り止んでくると、こちら側にまなざしを送る純のショットと、同じくこちら側にまなざしを送るハルのショットが繋がれる［図7-14］［図7-15］。ここにはとくに『5 windows』などで顕著に見られた瀬田の映画的な語りがある。純とハルそれぞれの単独ショットのみで繋がれているこのシークエンスは素直に読むならば彼女たちがお互いに視線を送り合って微笑んでいるようにも見えるが、二者間の位置関係を明示するマスターショットが差し込まれず、したがってその視線の先は不在、またはまったく別の誰かである可能性も残されている。純とハルが再会を叶えたのかどうかは定かではないために、日差しに包まれたあたたかな雰囲気を醸すこの映画はどこか切なさを抱え込んでもいる。

映画の終幕、「Epilogue」ではなくまず「Prologue again」と題されたシークエンスで純のモノローグが開始される。物語はループし何度でも繰り返されうる萌芽を宿している。円環構造に支えられた瀬田映画では「さよならだけが人生」なのではなく、「はじめましてだけが人生」だ。時間の概念さえ飛び越えて、人と人は「はじめまして」と出逢い直す。この映画に際して発行された期間限定のフリーペーパー『PARKS パークス』の表紙の左上には「じかん／ばしょ／ひと」という言葉が印刷さ

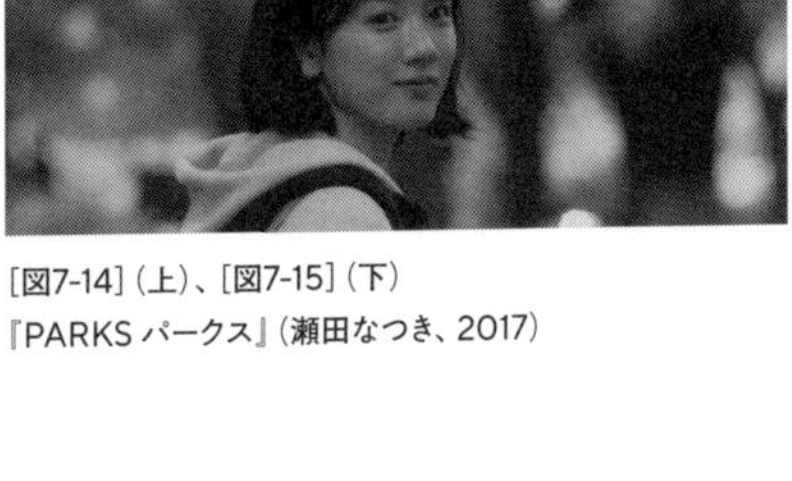

［図7-14］（上）、［図7-15］（下）
『PARKS パークス』（瀬田なつき、2017）

れているが、まさに瀬田映画はゴダールがこれさえあれば映画は撮れるのだと言ってみせた「くるま／おとこ／おんな」を焼き直し、その三つで映画を撮ってみせる。「残酷さ」とはいったいどんなものか、と問われた瀬田はかつて次のように答えた。

何かわからないものが未来に待っている。自分ではどうしようもできない何かですね。だけどそれが向かってくる。これは残酷だなと思います。◆8

『彼方からの手紙』でユキはありえもしない作り話のあとで、「どんな話なら信じてくれる?」と問いかける。『5 windows mountain mouth』で少女が恐ろしいゾンビの姿に変貌した直後に元の姿に戻って「なわけないよね」とカメラに向かって戯けてみせる。『嘘つきみーくんと壊れたまーちゃん』でみーくんが「全部嘘だけど」とカメラ目線で観客に幾度も話しかける。そして『PARKS』では純が開巻で「というかまだはじまってもいないけど」とこの物語は桜ではじめたいと語る。瀬田映画ではこのように登場人物たちに「物語」についてのメタ的な語りをさせることによって、しばしば物語の虚構性や空想性を強調する。映画は一義的には嘘だが、それを隠蔽することなくむしろ瀬田映画は、これは嘘なのだとあえて暴露してみせる。そこで意図されているのは物語が仮構すべきとされている本当らしさや真実らしさのたんなる否定などではなく、積極的に嘘を吹聴することによって別の可能性を生起させてみることにあるように思える。物語がでっちあげだと了解していながらなお語るのをやめないことは、それでももしかしたらいま・ここではないどこか別の時間と場所にはありえたかも

しれないとする賭け金に等しい。未来は底知れないほどに未知であり、あまりに大きすぎてその恐ろしさに途方に暮れてしまうばかりだからこそ、こんな物語がいつかありうるかもしれないと風船に巻きつけた空想を遥か遠くへと飛ばしてみること――それは時間の無慈悲な残酷さに身を浸して生きるしかない私たちにとってか細い願掛けでしかないかもしれず、そうでなければ束の間の現実逃避であるかもしれないし、別の形をとった現実との対峙かもしれない。瀬田映画における時間の戯れは一見遊戯性を纏《まと》っているがその実、切実なまでの思いが底流にはあるのかもしれない。いずれにせよ瀬田映画は、映画だけができる仕方で、時間に抗おうとしている。

（児玉美月）

◆1　佐々木敦「批評時空間（第三回）見事なまでに成立しないタイム・パラドックスについて――瀬田なつき論」、『新潮』二〇一一年三月号、二三〇頁。
◆2　同前、二三六頁。
◆3　瀬田なつき［インタビュー］「『PARKS パークス』瀬田なつき監督インタビュー」、神戸映画資料館 WEB SPECIAL、二〇一七年、https://kobe-eiga.net/webspecial/cinemakinema/2017/05/763（二〇二三年八月六日取得）
◆4　濱口竜介「彼方への手紙」、『Nobody Special Issue』vol.2、二〇一一年、六八－六九頁。
◆5　瀬田なつき［インタビュー］「桃まつり presents kiss!『あとのまつり』監督インタヴュー」「Nobody」二〇〇九年、https://www.nobodymag.com/momo/2009/index.html（二〇二三年八月六日取得）

◆6　瀬田なつき［インタビュー］「だけど彼らは生きていくんです」、『nobody special issue』vol.2、二〇一一年、三一頁。

◆7　渡邉大輔「イメージのヴァイタリズム——ポストメディウムの映画文化」、『すばる』二〇一五年二月号、二八七頁。

◆8　瀬田なつき［インタビュー］、前掲「だけど彼らは生きていくんです」、三一頁。

蜷川実花論

恋と革命に捧げられた虚構の色彩

蜷川実花　フィルモグラフィ
[長篇映画]◎『さくらん』(07)◎『ヘルタースケルター』(12)◎『Diner ダイナー』(19)◎『人間失格 太宰治と3人の女たち』(19)◎『ホリック xxxHOLiC』(22)

1　写真家から映画監督へ

偽物は本物よりも劣る。本物こそなによりも価値がある。蜷川実花が手がける映画は、そうした二項対立の価値基準を強靭な破壊力をもって転倒させてきた。過剰なほど鮮やかな色彩によって特徴づけられる蜷川独自の美学によって生み出された映画は、現実世界をありのままに切り取るのではなく、画面を華美に装飾して現実の似姿としてのもうひとつの虚構を仮構してゆく。そしてそこではリアリティよりもまず美的感性がつねに優先される。それまで写真家として日本のみならず国外でも名を馳せていた蜷川は、安野モヨコによる同名漫画を原作とした『さくらん』で二〇〇七年に映画業界へと進出した。同作のプロデューサーによれば、時代劇の作り手は一般的に本物に拘る傾向があるにもかかわらず、蜷川はそうではなかったという[◆1]。たとえば〝フレッシュ〟な女の子がいると喧伝するため

に青々とさせる遊郭の畳は江戸時代の染色法では浅い色にしかならず、現代人が見ても「青々としている」と感じられるように井草ではなくゴム製が使用された[2]。

蜷川が手がける映画はどれもそうした偽物性と過剰で人工的な派手さを伴い、バロックな様式美を携えているために、しばしばスーザン・ソンタグによって提唱された「キャンプ」の概念とも結びつけられてきた。「キャンプ」とは「内容を犠牲にして、見た目の肌合いや感覚に訴える表面やスタイルなどを強調するもの」、「誇張されたもの、《外れた》もの、ありのままでないものを好むこと」などと定義されている[3]。とはいえゲイ文化と親和性の高いキャンプな感性が画面を迸らせていながらも、蜷川映画では基本的には異性愛が覇権を握っているといえるだろう。

蜷川の写真家としてのキャリアは、一九九六年の公募展「写真ひとつぼ展」でのグランプリ受賞によって花開く。一九九〇年代後半には蜷川を含め、HIROMIX、長島有里枝ら若手の女性写真家たちが「女の子写真」または「ガーリーフォト」という呼称で括られるようになる。その後、蜷川は二〇〇一年に第二六回木村伊兵衛写真賞を長島、HIROMIXらと同時に受賞。ここに「女性映画監督」台頭の源泉を見出す者もいる[4]。しかし「女の子写真」の火付け役となった長島は上梓した『「僕らの「女の子写真」からわたしたちのガーリーフォトへ』（二〇二〇）において、当事者としていかに「女の子写真」のカテゴリが男性中心主義的であったかを精緻な言説分析を通してのちに暴いた。長島は「ガーリーフォト」が一九八〇年代後半から一九九〇年代にかけて、「第三波フェミニズム」とも呼ばれる〝Girly〟ムーブメントと関わり、「ガーリー」なるフェミニズムのカテゴリ名を刻んでいるために、「女の子写真」と決して同列視できないと注意を促す。「女の子写真」は『「女の子写真」の時代』

（二〇一〇）などを著した写真評論家の飯沢耕太郎をはじめとする男性論客に押し付けられた写真潮流でもあったのだった。[5] 蜷川自身は当時のブームについて次のように語る。

若くて女であることってこんなに消費されるんだ、商品価値があるんだってことを体感しました。とは言え、消費することを否定的に捉えているわけではなく、性だと思っているんですね。そういうもんだっていうスタート地点に立って、そこでどう生き残っていくのかだと思ったんです。当時の私は、撮影の依頼よりも取材の依頼が圧倒的に多く、消費されていくことを自覚しながらその中に飛び込んでいきました。それだけに、あの時代を思い出すと凄くざわざわするんです。[6]

撮影よりも取材の依頼が多かったことからも、当時メディアによって作品そのものより蜷川自身が消費されていったことが窺える。初期の遊郭を舞台にした『さくらん』や芸能界を舞台にした『ヘルタースケルター』（二〇一二）にはともに、女性の性が価値づけされて消費される文化や社会が俎上に載せられるが、それは蜷川自身のキャリアに重要な影響を与えたこのブームの経験が根底にあるのだろう。その後に蜷川は「女の子写真」、及び著名な父親をもつ「二世」といったラベリングからどう抜け出すかを模索してゆく。

一九九〇年代の「ガーリーカルチャー」の波から出てきた蜷川は映画作家でいえばフランシス・フォード・コッポラを父親にもつ二世であり、一九九九年に本格的に映画監督としても活動しはじめたソフィア・コッポラとしばしば並べられてきた。たとえば『さくらん』とちょうど同時期に製作され

たコッポラの『マリー・アントワネット』(二〇〇六)は淡いパステルカラー調の靴やお菓子などの「カワイイ」モチーフで満たされており、アントワネットを待ち受ける裁判や処刑といったシリアスな展開は画面から排されている。映画ジャーナリストの金原由佳は『マリー・アントワネット』のオープニングクレジットでカウチに横たわるアントワネットが目を開けてカメラに向かって微笑むショット[図8-1]と、同じくタイトルバックに重なる『さくらん』の映像できよ葉が観客に向かって独り言ちるショット[図8-2]を引用し、そのスクリーンを超えたこちら側への目配せとはつまり「美しい籠の中にとらわれたこの少女が、二一世紀の少女たちにとっての自己像の幻視、いわばドッペルゲンガー(分身)であることの表明なのだ」とその共通性を見出した[◆7]。『さくらん』がゼブラ柄なども交えて奇抜な花魁ファッションを創造したように、『マリー・アントワネット』もロココ調なフリルやリボンのついたパンプスが並ぶなかにさりげなくコンバースのスニーカーを忍ばせておくなど、観客を現代の感性と結ぶような仕掛けが施されている。『マリー・アントワネット』は歴史的背景に忠実な伝記映画を目指すよりも、ヴェルサイユ宮殿での豪奢な暮らしぶりに軸足を置いて画面を華美に装飾することに腐心しているようにも見え、ガーリーなモチーフの多用や表層

[図8-1]『マリー・アントワネット』(ソフィア・コッポラ、2006)

[図8-2]『さくらん』(蜷川実花、2007)

的な豪華絢爛さは蜷川映画にも通じるものがあるだろう。

2　日常（ケ）を非日常（ハレ）にメタモルフォーゼする

蜷川実花の監督第一作目である『さくらん』は原作者に安野モヨコ、脚本にタナダユキ、音楽に椎名林檎、主演に土屋アンナと、女性のクリエイターたちが一堂に介し、彼女たちの個性と蜷川美学がもっとも鮮烈に相乗効果を上げげつつ映像世界で結実された作品に仕上がっている。「蜷川カラー」とも呼ばれる蜷川が生み出す作品の世界観を決定づけるその色彩は、もともと偶然によって生み出された。印刷機の故障により原色が通常よりも際立って印刷され、蜷川はこれこそが自らの求めていた表現だと気づいたのだという。その色彩のなかでもまず目を引くのが「赤」であり、『さくらん』でも金魚や花といった蜷川作品にお馴染みのモチーフ、着物をはじめとして映画の基調をなしているのは「赤」といってよい。これが蜷川にとって監督第一作目ということもあってか、もしくは着物やカツラといった身体を拘束する衣装とヘアメイクのためか、『さくらん』はその後の作品と比較しても映画的な運動性が希薄で構図の決め込まれた写真を一枚一枚捲っているかのような感覚を覚える。

映画は土屋演じる幼いきよ葉が、吉原の玉菊屋に連れてこられるところから幕を開ける。きよ葉は浴場で湯船に浸かりながら女たちの裸体を凝視する［図8–3］。そこでは垂れた乳房、何段にも脂肪の重なる腹部など生々しい女たちの肉体が無防備なままに投げ出された数多くのクロースアップショットが目まぐるしい速度で繋がれてゆく［図8–4］。そこに顔の半分を湯船に埋めたきよ葉のショットが

続き、そうした女たちの肉体にのぼせあがってしまう。この描写に対して撮影時に男性陣からは「裸が汚くて嫌だ」と文句が出たが、[◆8]女の身体は綺麗であるべき／であってほしいとする男性目線のファンタスムに蜷川は応じなかった。虚構性を嗜好する蜷川が、そこでは決して女の偽りの身体を差し出してはやらない。周囲の大人の女たちを観察しながら、きよ葉はやがて自らもまた「女になる」ことを自覚してゆく。

吉原を舞台にした映画ではたとえば五社英雄監督作『吉原炎上』（一九八七）などがよく知られ、そこでは遊女として売られた主人公の久乃が花魁として花開いてゆくまでが描かれる。「生まれながらに女であるのではなく女になる」からこそ、『吉原炎上』の久乃も最上位の花魁である九重から性の手ほどきを受け、『さくらん』のきよ葉も粧ひに目を奪われ、「女」のお手本である彼女に同化してゆく。『吉原炎上』の久乃が自由を手にする機会を棒に振り、花魁としての人生を生き抜こうとしたのに反して、『さくらん』のきよ葉は花魁として上り詰めてゆくものの、吉原の外、自由への希求が決してその身から離れることはない。

『さくらん』の終幕には桜が画面を覆い尽くすように咲き誇る。『さくらん』と続く『ヘルタースケルター』の間には、二〇一一年三月一一日に起きた東日本

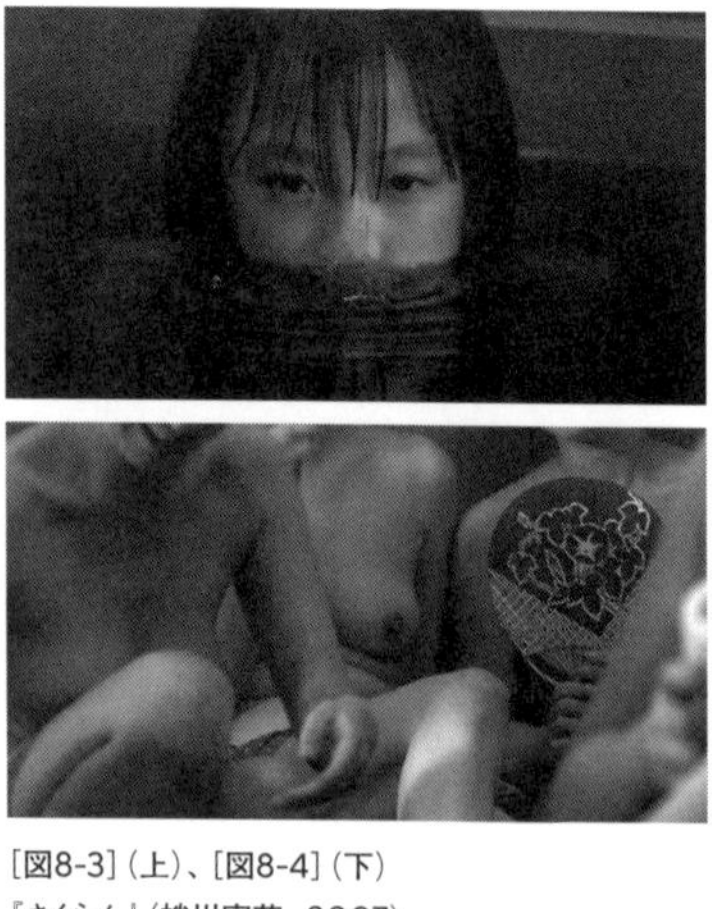

[図8-3]（上）、[図8-4]（下）
『さくらん』（蜷川実花、2007）

大震災を受けて追悼の意を込めるかのようにして桜を一心不乱に撮影した写真集『桜』が出版された。映画において重要なモチーフとして用いられた桜は、蜷川にとってもまた重要な意味をもつ花だった。

3　人工的な美の勝利宣言

長篇監督第二作目『ヘルタースケルター』は岡崎京子の同名漫画を原作に、主人公のりりこ役には沢尻エリカを迎えて撮影された。壇上での態度などで世間からの批判を浴び、たびたびスキャンダルの標的にされた沢尻の俳優としてのペルソナがりりこという役柄の信憑性を高めているのはもはや言を俟《ま》たない。製作時期が東日本大震災とちょうど重なった偶然は蜷川の作品への向き合い方にも影響を与えたが、この映画もまた「日常」がいつ崩れ落ちてしまうかわからない薄氷の上を疾走してゆくような脆さが底流にある。全身美容整形で誰もが羨むほどの美貌を手にし、モデルとして頂点へと駆け上がったりりこは、定期的にメンテナンスのために美容クリニックに通いながらなんとか後遺症にも耐えていたものの、やがてその事実が露呈してしまう。

『ヘルタースケルター』はプリクラ機や渋谷のスクランブル交差点、女子高校生など「東京」を象徴する記号が矢継ぎ早に提示されるオープニングから幕を開ける［図8-5］。「プリント倶楽部」の名称で一九九五年からアミューズメントパークを中心に普及していったプリクラ文化は、若い女性たちにとって美容整形に手が届かなくても理想的な自己イメージを実現させてくれる魔法の機械だった。『「盛り」の誕生——女の子とテクノロジーが生んだ日本の美意識』（二〇一九）を著した久保友香によ

れば、スマートフォンとソーシャルメディアの普及によって世界的に流行した「セルフィー」と、日本の女の子たちによる「自撮り」における根本的な違いは、「自撮り」は目を過剰に大きくするなどで「個性」を隠すような「隠し事だらけの公開」と呼ぶべきものだった点にある。そしてそれは江戸時代に遡れば、「肌を白塗りして眉を描き、高く結った髷《まげ》にたくさんのかんざしを刺し、何重もの着物に高い下駄を履くなど過度な装い」をしていた遊女とも歴史的な関連性があるという。◆9 つまり奇しくも、「盛り」の文化において『さくらん』の遊女たちと『ヘルタースケルター』の女の子たちは繋がっているのだった。

『ヘルタースケルター』の原作者である岡崎は自身の作品『pink』(一九八九)でジャン＝リュック・ゴダール監督作『女と男のいる舗道』(一九六二)を、『恋とはどういうものかしら?』(二〇〇三)で『気狂いピエロ』(一九六五)をそれぞれ引用している。ゴダールは既存の映画文法を脱構築した革新的な作家として多くの評論家たちを魅了した一方、一九九〇年代にここ日本では女性を中心に政治性を脱色され、ゴダールの「ミューズ」であったアンナ・カリーナのファッションに注目が集まるなど、お洒落なアイコンとしても消費される特異な文化現象も起きていた。ゴダールが批評家から「『気狂いピエロ』では血がたくさん流れますね」と問われ「血ではなく、赤い絵の具だ」と答えてみせたという有名な逸話があるように、

[図8-5]『ヘルタースケルター』(蜷川実花、2012)

あるいはレオス・カラックスが『ポンヌフの恋人』（一九九一）で橋を覆う雪を塩とメルトンで偽装して恋人たちを包み込み、観客の心を陶酔させてみせたように、『ヘルタースケルター』でも映画的な[10]虚飾性が華やかに展開されてゆく。だからりりこが自宅で浸かる湯船の水が実際には不自然に水色に着色されていたとしても、蜷川の映画世界においてはそれもごく自然な水の色だと錯視が起きてしまいさえする。蜷川作品ではスクリーンに着色された色はすべて現実の赤でも白でも水色でもなく、映画でしか目にすることのできない色彩であり、その色彩の氾濫に身を委ねてしまうことこそ蜷川映画がもたらす映画的愉悦にほかならない。

りりこの部屋の壁に飾られた、いままさに食らいついてきそうな迫力の赤い口紅が塗られた大きな唇の絵は、その前に佇む彼女をつねに被捕食者かのように仕立て上げる［図8−6］。しかしこの映画における「赤」がもっとも凶暴性を発露させるのは、夥しく椅子が並べられた劇場であるように思える。原作とは異なり、りりこを追い詰める検察官の麻田と彼女が対峙する場所には劇場が選ばれ、広々とした空間に深紅の座席が並ぶ。そこにはぽつんと麻田がひとり座っているだけだが［図8−7］、りりこを求めて詰め寄るファンの女の子たちのフラッシュバックが差し込まれ［図8−8］、次の瞬間スーツに身を包んでカメラを向ける記者たちへと様変わりする［図8−9］。彼らはりりこに欲望を剥き出しにし、りりこを自分たちの欲望のままに消費しようとする捕食者たりうる。そこでりりこは刃物で自らの眼球を突き、一筋の血が頬を伝う。りりこを美の羨望の対象にして飲み込み、血肉にしていったあらゆる女の子たちが彼女を内側から食い破った。街の書店はりりこが表紙を飾る雑誌を何冊も陳列し、家電量販店のテレビにはりりこの務める広告の映像がいくつも映し出され、そうして映画は「同じ顔」

のイメージの増殖を強調する。それは開巻のプリクラのシークエンスが顔の部分でもとくに目を強調、拡大させることで女の子たちの画一化された「美しい」顔を無数に「複製」していった事態を想起させる。だからこそりりこはまず目を傷つけたのであり、罪深い美の主犯たりうる目を失うことで、独自の美しさを獲得するに至る。

人工的な美を体現するりりこの対立軸に自然な美を体現する存在として現れた事務所の後輩モデルであるこずえは、りりこを追い抜いて躍進してゆく。しかし芸能界から姿を消して新天地で暗躍するりりこが、そこに偶然辿りついたこずえに微笑む顔でスクリーンを埋め尽くして映画の幕を閉じる［図8-10］『ヘルタースケルター』は、りりこに勝利の旗を握らせている。たんに人工的な美を下位

上から［図8-6］-［図8-10］
『ヘルタースケルター』（蜷川実花、2012）

にして自然な美を称揚するのではなく、そうして人工的な美にこそ力強く価値を付与してみせるのは、蜷川が築き上げてきた自らの作家性の本質をそのまま照射させているに等しい。

4 「色」を獲得するための戦い

長篇監督第三作目となった『Diner ダイナー』（二〇一九）では平山夢明の小説を原作に、蜷川にとって初の本格的なアクションにも挑戦した。この映画ではオオバカナコが怪しいバイトをきっかけに客が全員殺し屋のダイナーにウエイトレスとして身売りされる物語が描かれる。映画批評家の渡邉大輔は「「ゲーム的」な経験を描こうとした作品」としてスティーブン・スピルバーグ監督作『レディ・プレイヤー1』（二〇一八）を取り上げながら、近年における「「FPS」（一人称シューティング）や「TPS」（三人称シューティング）と呼ばれるゲームの画面を思わせる映画」の増加を指摘している。[11]『ダイナー』では新しい登場人物が現れると画面上に名前のロゴが表示され、その人物がカメラに向かってポーズを決めるといったゲーム的な意匠が施される。基本的に映画はカナコの視点によって進む。とくに序盤の不気味な演出を伴って未知なダイナーの建物内を物色する場面などはカナコのPOVショットも挿入され、彼女を「操作キャラクター」とした「TPS映画」の様相を呈している［図8－11］。『ダイナー』は二〇一〇年代以降いくつも見られるというこうした映画の系譜上にもあるだろう。バーチャルリアリティ（仮想現実）、つまりこの現実ではないもうひとつの「現実」の世界が描かれているという意味においては蜷川的な世界ともいえる。

カナコは味気のないアルバイト中に偶然、色彩豊かなメキシコの街であるグアナフアトの存在を知ると、色のない無機質な毎日から抜け出すための旅行費を稼ぐために日給三〇万円の仕事に手を出す。映画の主な舞台設定は一章の日常生活、二章のダイナー、三章のスペインから構成されるが、ダイナーは無色の世界から有色の世界への通過駅ではなく、カナコにとってはそこもまた自らが望んでいた色のある世界だったことに次第に気づいてゆく。『ダイナー』がきわめて蜷川的主題によって彩られているといえるのは、物語がそうしてカナコの「色」への希求によって駆動するからである。色のない「ここ」から、色に溢れた「ここではないどこか」を獲得するためのひとりの少女の戦いであり、それはしたがって「蜷川カラー」で作家として開花した蜷川自身の半生ともどこか重なり合う。

5　「女性監督」として、「蜷川実花」として

『ヘルタースケルター』公開時、アーティストの村上隆は「女性の映画監督っていうのはいないに等しいし、その中でのブレイクスルーをちゃんと作った」[12]と映画監督としての蜷川を評価した。蜷川が『さくらん』で映画業界へと進出した二〇〇七年頃には、たとえば河瀬直美が『殯の森』、タナダユキが『赤い文化住宅の初子』、西川美和が『ゆれる』、荻上直子が『かもめ食堂』といった作品をすでに撮っていた。

[図8-11]『Diner ダイナー』(蜷川実花、2019)

「いないに等しい」といった村上の所感はその時代において、世間一般的に蜷川ほど派手に活躍して認知されていた女性映画作家の乏しさを示唆してもいるだろう。蜷川の発言からは映画業界の現状を把握しながら、自らの立ち位置と果たすべき使命に自覚的であったことが窺える。

> 普段写真を撮っている時は、自分が女性であることを意識しないのですが、映画の時は、それがすごい武器になるんです。女性監督って少ないから、「女の視点」というだけで、他のものとは違うものになる。映画の時は、自分が女性であることをすごく意識しますね。[13]

> 映画監督は男性が多いこともあり、女性の心情を描くと「きっとこうだろう」「きっとこうであってほしい」という男性の視点が入るものが多い。私は「いや、女ってこうだと思いますよ」ということを提案できる稀有な存在なのかなと。[14]

写真界における「女性写真家」のパイオニアであり、すでに他業界で知名度の高かった日本を代表する作家であった蜷川が、映画業界においてもそうして「女性監督」としてプレゼンスを社会に対して発揮した功績は大きい。

　太宰治をモデルとした長篇監督第四作目の『人間失格 太宰治と3人の女たち』（二〇一九）では、二階堂ふみ、沢尻エリカ、宮沢りえといった俳優陣が演じる女たちにそれぞれイメージカラーを割り振り、誰が観ても蜷川映画だとわかる作品でありながら、それまでの過度な画面の装飾性よりも人間ド

ラマそのものに力を注いだ向きがあった。

そして現時点での最新作『ホリック xxxHOLiC』（二〇二二）はCLAMPによるベストセラー漫画を映画化した。VFXを駆使した『ホリック』は、アニメーションにも限りなく接近している。人の心の闇に巣くう「アヤカシ」が見える能力をもつ主人公わたぬき（四月一日）は誰とも関わらず、無気力な毎日を過ごしている。『ダイナー』の白黒の日常生活を何の目的も意味も感じられないままに死んだように送っているだけの若者像が、ジェンダーを変えてここに回帰した。世界的な新型ウィルスによるパンデミックに襲われた二〇二〇年を撮影期間としたことにより、当初は善悪の対立が際立っていた脚本を善悪の共存へと軌道修正したという。[15] わたぬきは同じ日を繰り返すという対価を払って、「アヤカシ」を見ずに済む平穏な日常を魔女に叶えてもらう。しかしやがて新しい明日へと行きたいと願うようになったわたぬきは、戦いを決意する。最後にわたぬきは「偽物の世界から戻りました」と話し、「偽物の世界」からの脱却がこの映画では目指された。蜷川自身は『ホリック』を自身の創作者としての「第二章」に位置付けているが、[16] 作家性と不可分であったその偽物性への自己言及的な側面をも含むこの作品を経た蜷川映画は、これから果たしてどこへ向かうのだろうか。

『人間失格』で太宰が病に侵される肺を抱えて、銀白に染まった雪面に深紅の血を吐きながら倒れ込む。空からは雪のみならず、白い花が無

［図8-12］『人間失格 太宰治と3人の女たち』（蜷川実花、2019）

数に舞い落ち、太宰の身体を覆い尽くしてゆく［図8-12］。蜷川実花にとって人の生死とは花の咲散である。人間と花々は蜷川映画のなかで同等の尊厳をもって狂い咲く。それが生花であろうとなかろうと、すべては造花に幻視され、まがいものたちが最上位の価値を与えられる。生が息づくのではなく、すでに死したものたちが跋扈する倒錯した世界。「本物」と「生」を言祝ぐばかりの世界に反逆するかのように、蜷川映画は映し出される万物の一切合切の命を奪う。私たちが決してこの肉眼では捉えられない世界を、蜷川は映画という虚構の魔術で現出し続けるに違いない。

（児玉美月）

◆1　宇田充「監督とプロデューサーの二人三脚　映画『ヘルタースケルター』の実現まで」、『ユリイカ』〈特集＝蜷川実花〉二〇一二年七月号、一七〇頁-一七一頁。
◆2　『文藝別冊　総特集　蜷川実花』河出書房新社、二〇〇九年、二三七頁。
◆3　スーザン・ソンタグ『反解釈』ちくま学芸文庫、一九九六年、四三六頁-四三七頁。
◆4　『ユリイカ』〈特集＝監督系女子ファイル〉二〇〇六年一一月号、青土社、二〇〇六年、六六頁。
◆5　長島有里枝『「僕ら」の「女の子写真」からわたしたちのガーリーフォトへ』大福書林、二〇二二年。
◆6　『キネマ旬報』二〇一二年七月上旬号、二〇一二年、三二頁-三三頁。
◆7　金原由佳『ブロークン・ガール――美しくこわす少女たち』フィルムアート社、二〇〇七年、一六頁。
◆8　蜷川実花『蜷川実花になるまで』文藝春秋、二〇一六年、一六四頁。
◆9　久保友香『「盛り」の誕生――女の子とテクノロジーが生んだ日本の美意識』太田出版、二〇一九年、二八二頁。

◆10　鈴木布美子『レオス・カラックス――映画の二十一世紀へ向けて』筑摩書房、一九九二年、一三二頁。
◆11　渡邉大輔『新映画論 ポストシネマ』ゲンロン、二〇二二年、三五〇頁。
◆12　蜷川実花・村上隆［対談］「美しき闘争　東京／芸術／批評」、『ユリイカ』〈特集＝蜷川実花〉二〇一二年七月号、七三頁。
◆13　蜷川実花［インタビュー］「インタビュー 蜷川実花 映画監督／フォトグラファー ヘルタースケルター 写真を撮ることと映画を撮ること（監督が語る「話題の映画」）」『創』、二〇一二年、一五頁。
◆14　蜷川実花［インタビュー］「フォトグラファー、映画監督 蜷川実花氏」、『宣伝会議』二〇一二年一一月一日号、二〇一二年、五二頁。
◆15　『ホリック xxxHOLiC』劇場用パンフレット
◆16　同前

山戸結希論
すべての「女の子」たちへ

山戸結希　フィルモグラフィ
［長篇映画］◎『おとぎ話みたい』（13）◎『5つ数えれば君の夢』（14）◎『溺れるナイフ』（16）◎『ホットギミックガールミーツボーイ』（19）［短篇・中篇映画］◎『Her Res～出会いをめぐる三分間の試問3本立て～』（12）◎『あの娘が海辺で踊ってる』（12）［オムニバス短篇映画］◎『離ればなれの花々へ／21世紀の女の子』（18）

1　「女の子映画」と命名された星図を広げて

「21世紀の女の子の、女の子による、女の子のための、とびっきりの映画たち」を掲げて二〇一八年、山戸結希はオムニバス映画『21世紀の女の子』を企画・プロデュースした。そこでは「男性にプロデュースされる女性」という既存の性差による図式は切り崩されている。「その人の作品を観て心が動いたことがあるかどうか」を参加する監督の選考基準として[1]、八〇年代後半から九〇年代生まれの若き一五名の映画作家たちが山戸のもとに召集された。ふくだももこ、松本花奈、安川有果、公募によって唯一選ばれた金子由里奈などをはじめ、その後も長篇映画が劇場公開されるなど活躍してゆく作家たちが数多く参加。八分以内の尺で撮られた各短篇は「自分自身のセクシャリティあるいはジェンダーがゆらいだ瞬間が映っていること」を主題として共有する。たとえば竹内里紗監督作『Mirror』

はフォトグラファーと被写体の別れた恋人同士による会話劇で、転げ落ちてゆくようなピアノの旋律が断続的に繰り返されながら、ふたりの関係性が反転する終止線へと向かう。井樫彩監督作『君のシーツ』は男性パートナーとの性行為と空想上の女性との性行為を交互に映し出し、髭を生やした主人公がその女性に「挿入」するに至る。

山戸自身は唐田えりか、竹内ももこ、詩歩の俳優三人が出演する「離ればなれの花々へ」と題した短篇を監督した。三人の少女たちが途切れなく、淀みなく発してゆくモノローグとは対照的に、映像は生き急ぐ呼吸のカッティングによって裁断されて短いショットが矢継ぎ早に織りなす。まるで革命の日の朝のように燦々と咲き誇る花たちの色彩に彩られていたその花園は次第に黄昏時の橙に染められ、ついには夜の漆黒へと飲み込まれてゆく。少女たちはまだ地球に生まれついていないらしい。暗がりのなかで舞う少女たちのぼんやりとした姿は、スクリーンに焼きつけられる前の光の胎児のようで、そこは彼女たちがこの世界に生を授かる前に眠らされている胎内を模していると同時に、観者が闇に身を浸す映画館の比喩的空間でもあるかもしれない。あらゆる女の子たちの声が集合して巨大に膨らんでゆくかのごとく鍵盤の上を滑走するように奏でられたピアノの旋律にのせ、クライマックスにかけてエモーショナルが迸る。この美しい抒情詩で締め括られた『21世紀の女の子』は、「愛されるべき女の子」の雛形に殺されていってしまった無数の女の子へと捧げられた追悼歌さながらだった。

山戸映画を語ろうとしたとき、このプロデュース作品にも冠された「女の子」が鍵語のひとつであるのは疑いようがない。「少女」でも「女性」でもなく、何故あえて「女の子」を選び取ったのか。たとえば映画評論家の小野寺系は、日本では女性は大人になれば結婚や子供を産み育てるなどの期待

された役割を担わなければいけなくなるために、「封建的な社会において、自由な力を持っている女性は〝女の子〟だけ」と分析する。[2]山戸がしばしば「女の子」と「自認」という言葉を並置するように、「女の子」が「自称」ではなく「他称」として呼びかけられるとき、そこには厄介な問題が絡む。豊彩夏は「女の子」には「消費されてしまう悲しみ」、「いつでも男とセットで、男があって初めての存在であるかのように、常に主体ではないかのように扱われる悲しみ」など、そこにさまざまな悲しみを看取している。[3]「女の子」がとりわけ力関係の不均衡な関係において発せられたとき、そう名指されたほうは必ずしも肯定的な含意を読み取るとは限らない。そして山戸自身は、「女の子」からは「花咲くような歓び」または「その言葉に押し付けられてきたジェンダーロールによる苦しみ」を覚える人もいるだろうと語る。

そのトラウマを労わりたいと願っていますし、次の世代の子供たちに対しても、繰り返されてはならない傷だと感じています。それでも今、この言葉が使われることを、止めることは誰にもできない。言葉自体には、罪がないからです。コンテクストにだけ、罪がある。そしてだからこそ、言葉は物語を必要としていて、言葉の内実は、常に芸術によって塗り替えられてゆきます。つまりそこに一本の映画がありさえすれば、〝女の子〟という言葉もまた、生まれ変わってゆける可能性を秘めている。自分たちがかつて〝女の子〟と名指された過去に対しても、止められない現在に対しても、そして来るべき未来に対しても、芸術表現だけが持ちうる救済があり、それが何よりも深いと信じています。[4]

つまり山戸は「女の子」の名辞が抱え込むポジティヴな意味もネガティヴな意味も認識し、おそらくはその言葉に拒否感情を覚える観客もいるかもしれないとはなから見越したうえで、戦略的に「女の子」の言葉を選びとっている。そこにあるのは「いま」のみの射程に留まらない。山戸は過去と現在と未来のすべての女の子たちを、映画を通して救い出そうとしている。さらにこう続ける。「そうした営為は、一見遠回りのように見えますが、〝女の子〟という言葉をひたすらに隠す局地戦よりも、ずっと速いストレートな路を創り出してゆきます」[5]。山戸は『溺れるナイフ』(二〇一六)公開当時のインタビューで「女性監督として括られるのは？」と問われ、「「表層的な看板としてしっかり機能し、ボロボロになるまでは頑張ってね！」って感じですかね」と答えたこともある[6]。罪のない言葉自体を隠すのではなくむしろそれを積極的に使用し、その言葉を別の文脈によって捉え返してゆこうとするのは、「女の子」のみならず「女性監督」にも通じた思想であることが窺える。

2　はじまりの「女の子」たち

山戸結希は一九八九年、愛知県に生まれた。まだ「若手」と呼ばれても差し支えないキャリアでありながら『21世紀の女の子』のプロジェクトに力を注いだように、すでに横の繋がりと縦の繋がりを意識した活動を行う。上智大学在学中に映画研究会を発足して制作した第一作目『あの娘が海辺で踊ってる』(二〇一二)では、インディーズ映画として異例の注目を集めた。アイドルを夢見る女の子

が地方から東京へと旅立つこの映画は、山戸映画の純然たる原型といってよい。その後、短篇映画『Her Res～出会いをめぐる三分間の試問3本立て～』（二〇一二）で第三四回ぴあフィルムフェスティバル（PFF）入選を果たす。PFFでは『あの娘が海辺で踊ってる』をライターの鈴木沓子が「女性の内面のノンフィクションをフィクションで描き出そうと、ぎりぎりの場所に迫った作品」、映画ライターの皆川ちかが「2人の少女の対照的な未来を同世代の瑞々しさかつ不穏感で描き切った、素晴らしい青春映画」とそれぞれ評した。◆7

これら初期の作品には女の子同士の親密性が前面に押し出されている。山戸の情動的に揺れ動くカメラや短いカット割りによる独特な映画文法は、映画のみならずMVとも親和性が高い。山戸はこれまでさまざまなアーティストと組んでMVも手掛けてきたが、その作品の多くでクィアな感受性が認められる。Aimerの「Ref:rain」（二〇一六）では少女たちが陽光降り注ぐなかそっと口づけてはじまり、彼女たちの背中に生えた赤い羽根が獰猛な引力にもぎとられてゆく。back numberの「黄色」（二〇二一）では片想いしている相手の結婚式に乗り込み、花嫁姿のままで連れ去った女性が彼女と純白のヴェールに包まれながら口づけを交わす［図9-1］。女性アイドルグループが多く、映画作品と同

［図9-1］back number「黄色」MV（山戸結希、2021）

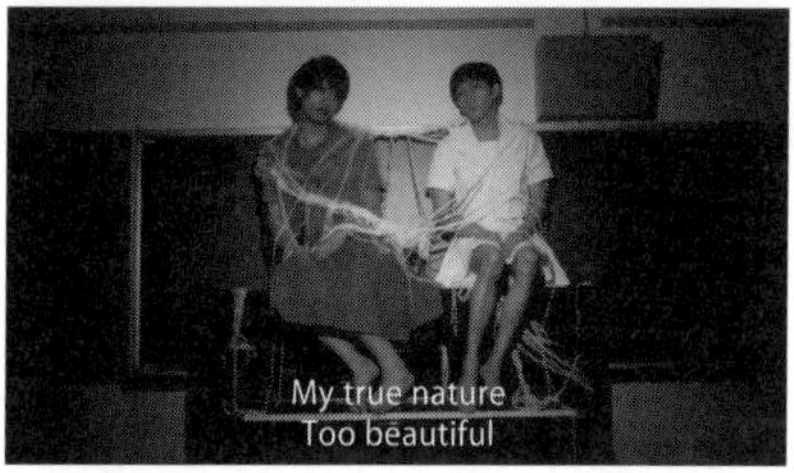

［図9-2］神聖かまってちゃん「ズッ友」MV（山戸結希、2014）

じくMVでもほぼ女の子が被写体だが、たとえば神聖かまってちゃんの「ズッ友」（二〇一四）では男性ふたりがスカートの制服姿で登場し、山戸の映像世界において被写体はジェンダーを超えて「女の子」へと変容さえしてしまう［図9－2］。

「媚びてるなら媚びてるできちんと消費されるべきだから」「わたしみたいに女であることを持て余して、すり減らしたいだけの商品志願」というアイドルを目指す『あの娘が海辺で踊ってる』の舞子や、「踊りはほんとうはいやしいことだから、女の人の一番いやらしい表現だから」「肉体を売り物にするってことだから」というダンサーを目指す『おとぎ話みたい』（二〇一三）のしほなど、当初より山戸映画ではこの社会において「まなざされる」女の子の身体が否応なく性的に客体化されてしまうと自覚している少女たちが描かれていた。山戸映画のなかで初めて少女漫画を原作にした『溺れるナイフ』の夏芽は人気モデルでありのちに俳優としても開花してゆくが、無自覚的であれ自覚的であれ、そうでしか生きられない衝動と刹那を発露させる。

3　まなざされる／まなざす「女の子」

『溺れるナイフ』はジョージ朝倉の大ヒット少女漫画を原作に、二〇一二年度の東京学生映画祭で審査員として『あの娘が海で踊ってる』を絶賛した井土紀州が脚本に参加した。山戸の代表作となった『溺れるナイフ』は、主演の小松菜奈と菅田将暉の演技と存在感に対してもとくに賞賛が贈られた。この映画では運命的な出逢いを果たした小松菜奈演じる夏芽と菅田将暉演じるコウの関係に性暴力が

介在してゆく。コウは夏芽を襲った男から夏芽を救えなかった無力感に苛まれ、打ち拉《ひし》がれる。『おとぎ話みたい』のしほのモノローグ――「私が彼のためにしてあげられることが、もはや何もないということが、そのまま断絶を意味してしまう」がすでにコウの心情を先回りして掬い取っていたかのようにそこに響き、その無力感がふたりにとって決定的な断絶を招いてしまう。山戸映画の多くで、この社会ではいかに少女の被傷性が高く、つねに性／暴力の危険に曝されているのかが避け難く伏在する。それは女子校を舞台に少女たちのひとときの夢のような幻想空間が仮構される『5つ数えれば君の夢』（二〇一四）もまた例外ではない。園芸部員のさくが慕う花屋で働く男性の倉田を深夜に訪ねる場面では映像に緑がかった薄暗いフィルターがかけられており、不気味な音楽を背景にさくのもとに伸ばされた倉田の腕がカメラの前に現前し［図9－3］、さくの主観ショットによって映し出される倉田の顔は不穏な雰囲気を纏《まと》ってこちら側に微笑む［図9－4］。それまでさくにとって優しいお兄さんと崇めていた存在が、そうして突如として得体の知れない恐ろしい男性と化してしまう。そ

［図9-3］（上）、［図9-4］（下）
『5つ数えれば君の夢』（山戸結希、2014）

［図9-5］『溺れるナイフ』（山戸結希、2016）

の夜の花屋の店内は少女たちだけのユートピア的な学校空間と正対され、外部の社会に潜在する恐怖が顕現される。

『溺れるナイフ』のファーストショットは、暴力的にカシャッカシャッとシャッター音が鳴り響く雑誌の撮影でカメラを向けられている夏芽の姿を捉えている〔図9-5〕。ラストショットは映画に出演するスクリーンのなかの夏芽であり、映画はまなざされる夏芽から幕を開け、再びまなざされる夏芽で幕を閉じる。『溺れるナイフ』がそうした構造的円環をなすのは、この映画がまなざされる宿命から決して逃れられない女の子の物語であるからにほかならない。

『ホットギミック ガールミーツボーイ』（二〇一九）公開時に日本映画専門チャンネルにて放送された特集「監督・山戸結希の世界」で山戸が監督したわずか四分台の映像「映画の女の子、の依拠する三角関係に差し当たって」では堀未央奈が撮る側＝監督である黒子、撮られる側＝俳優である三子、観る側＝観客である白子という映画の女の子たちを演じる。撮る女の子と観る女の子の対話場面では、顔のクロースアップ〔図9-6〕〔図9-7〕、目のクロースアップ〔図9-8〕〔図9-9〕、口元のクロースアップとそれぞれ被写体を同サイズにて交互に映すショットが対称性を帯びる。さらに山戸的な映画技法でもあるスプリット・スクリーンが使用され、二者ないしは三者の配された均一な矩形が画面に並ぶ。これらの映像表現は、撮る女の子と撮られる女の子と観る女の子という「映画の女の子、の依拠する三角関係」が優劣や上下の力学なく平等な立場であることを視覚的に示そうとしている。まなざす男性監督とまなざされる女優の不均衡な権力関係を無効化させるような、全員が女の子となった映画の世界がそこに立ち上がる。ここに『21世紀の女の子』における政治的実践も看取される。その世界で

は撮る女の子と撮られる女の子と観る女の子は映画への直向《ひたむ》きな愛によって結びつけられ、きっと対等に手を繋いで共闘してゆくに違いない。

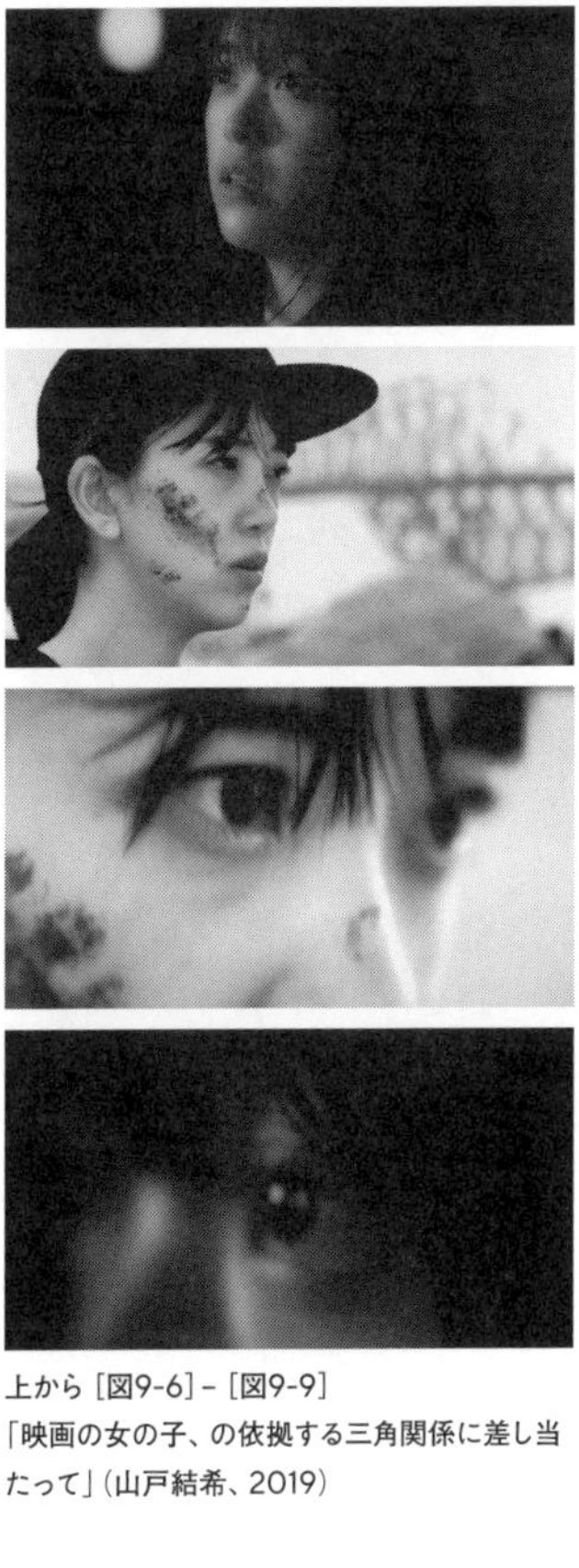

上から［図9-6］–［図9-9］
「映画の女の子、の依拠する三角関係に差し当たって」（山戸結希、2019）

まなざす装置として

のカメラは光を発する。夏芽は彼女を切り取ろうとする凶暴なシャッター音と寸分違わぬ瞬間に、画面全体が白く覆われるほどの眩いフラッシュを浴びる。脚本段階では夏芽とコウの海での出逢いは夜に設定され、「少年の体は暗闇の中で発光するように輝いている」と形容されているようにコウは発光体として映画に現れる。[8] 夏芽はカメラの前でしか生きられない女の子だが、光がなければカメラは対象を捉えられぬただの黒い物体であり、夏芽は被写体になりえない。だから夏芽は「光」がなければ生きられない女の子である。映画が終幕に近づくなか、煌びやかなドレスを纏って主演映画の映画祭表彰式に出席した夏芽がスポットライトを身体中に浴びたとき、隣の席に座る広能から「呼吸できてるね」と声をかけられるのはそのことと決して無関係ではない。壇上でスピーチする夏芽にコウを思って語る心の声がヴォイスオーヴァーとして被さるが、そこではコウ自身の姿の回想が直接的に差

し込まれるのではなく光の反射した水面のイメージによって彼を画面に呼び込む［図9-10］。夏芽にとって「光」はまさしく「呼吸」をするために不可欠であり、生存とそのまま関わっている。夏芽がコウを命懸けで渇望していたのは、「光」に照らされて「まなざされる女の子」として生きるためであり、たやすく荒波に飲まれて窒息してしまう世界で息をするためでもあった。

　終幕、夏芽の主演映画による劇中劇のシークエンスでは、海沿いでバイクに二人乗りしていた相手役の男性俳優がいつの間にかコウへと入れ替わる。現実世界で別離に泣いた最愛の相手と、唯一映画というイマジネーションのなかでだけは永遠に終わらない季節を生きられる。海、山、雲、太陽、波、雨、緑、ぬかるみ、風、花……この世界のすべてを手にしてしまえる。神様にだって手を伸ばす。『溺れるナイフ』はこうして若き少年少女たちの悲恋に託《かこつ》けながら、映画の可能性を最大化させてみせる。だからこれは作家と未来の映画を夢見る女の子たちとの幸福な恋愛映画でもあるのだと、そう言ってみたい。トンネルに入って画面が暗転したとき、その道程が行き止まりに差し掛からないことを願うかのようにバイクで駆け抜けるふたりを映画はフリーズフレームでその時間のなかに閉じ籠めてしまう［図9-11］。映画は青空ではなく、そうして不意に訪れた暗闇で句点を打つ。それはまた、東京へと向かう舞子を乗せた電車の窓外

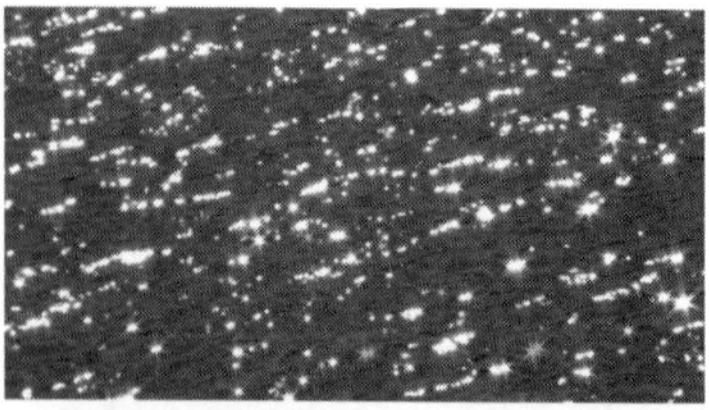

［図9-10］（上）、［図9-11］（下）
『溺れるナイフ』（山戸結希、2016）

が鬱蒼とした木々で覆われてブラックアウトし幕切れを迎えた『あの娘が海辺で踊ってる』にも回帰するだろう。その暗闇は、きっと映画館に続いている。山戸映画に美果をもたらす終幕の暗闇とは、映画にしか届かない想像の彼方に実存を賭けているひとりの作家からの檄文の宛先である女の子たちとやがて出逢うであろう映画館の暗闇なのかもしれない。

4 「女の子」の身体を取り戻す

現時点の長篇劇映画としては最新作である『ホットギミック ガールミーツボーイ』では、女の子の身体が明確に主題になる。ここまでアイドル、モデル、役者、ダンサーといった女の子たち、かつ異彩を放つ女の子たちを主人公に選んできた山戸映画にあって、『ホットギミック』は最も「普通」と形容されうる女の子が描かれているといえる。まず序盤では東京の豊洲を舞台にすぐかたわらには海の水面が煌めく風景のなかで、妊娠検査薬と避妊具が空中を飛び交う［図9－12］［図9－13］。妊娠検査薬のピンク色の箱と避妊具の光が乱反射するホログラムの箱は、その用途とは似つかわしくない可愛らしさを装って異化作用をもたらす。性に関するこれらの小道具は『ホットギミック』の主題のひとつが、女の子の身体の自己決定権に係るものであることを表徴している。

二〇一五年と二〇一六年、山戸は監督を担当した乃木坂46の「ごめんね ずっと…」と「ハルジオンが咲く頃」のMVを発表。その乃木坂46から堀未央奈を主演に迎えて『ホットギミック』を撮った。高校生の初は、口が悪く初に奴隷になれと迫る亮輝、幼馴染で人気モデルの梓、優しく穏やかな兄の

凌との恋沙汰に巻き込まれてゆく。自他ともに「空っぽ」と形容されてしまう初は、彼らに投げかけられる言葉によってペルソナが揺らぐ。亮輝はしきりに「バカ」と吐き、梓は「かわいい」と何度も何度も浴びせる。対して凌は「そのままでいい」と初をつねに大らかに受け止めている。自我が希薄な初はそうして男たちの発する言葉に従順に感応してしまう。

『ホットギミック』は相原実貴による全一二巻の少女漫画を原作としている。映画でも兄からの不意打ちのキスや亮輝との強制的なキス、「壁ドン」的なアクションなど初は少女漫画に定番の洗礼を彼らから受ける。むろんこうした振る舞いは少女たちのときめきを喚起するために動員されながらも、同時に少女たちの身体に纏わる主体性を脅かす両価性を孕む。『ホットギミック』においてそれが最も先鋭的な仕方で表出するのが、リベンジポルノの挿話だろう。初の両親の不貞行為が家庭を壊したと恨みを抱えていた梓は、ビデオ通話中に初が裸になるよう唆しそれを録画。第三者にその動画を送りつけたのだった。初の主体性のなさは、身体を自分の意思によってコントロールする問題と直結している。亮輝は「お前、なんのために生まれてきたの?」「お前の意思はどこにあんだよ?」「自分の頭で考えろ」などと初に捲し立てるが、これらは実のところ単純な悪口などではなく、そのまま優柔不断な初の主体性を確認するため

[図9-12]（上）、[図9-13]（下）
『ホットギミック ガールミーツボーイ』（山戸結希、2019）

の問いかけにほかならない。たえず亮輝はこうした言葉を投げつけることによって、初の意思決定の欠如に揺さぶりをかけてゆく。

初はどちらかといえば控えめで大人しく見えるヒロインだが、終盤は亮輝との凄まじい台詞の応酬を演じてみせる。山戸が「私の中では〝話す〟ことは一番の愛情表現に近いなと思っていて。好きな人を前にしちゃうと、それが本当のことじゃなくてもどんどん喋っちゃうんです[◆9]」と語るように、初も本当か否かもお構いなしに、ひたすら喋り続ける。『ホットギミック』のアンサーたりうる「私の体は私のものだ」という絶叫は、初にとって最も「本当」のことだといえるだろう。映画のファーストショットは、クロースアップで映し出された初の顔である［図9－14］。ひとりで電車に乗っている初は扉が開くと同時にそこから出てゆくが、このショットでは身体はまったく映し出されず、表情も最初は伏し目がちでどこはかとなく虚さが滲む。観客がまずもって真っ先に出逢うのは、この身体が欠けた女の子のイメージにほかならなかった。この映画のラストショットが愛するひととふたりで歩く初の身体を引きで映すフルショットであるのは、もはや言を俟たない［図9－15］。

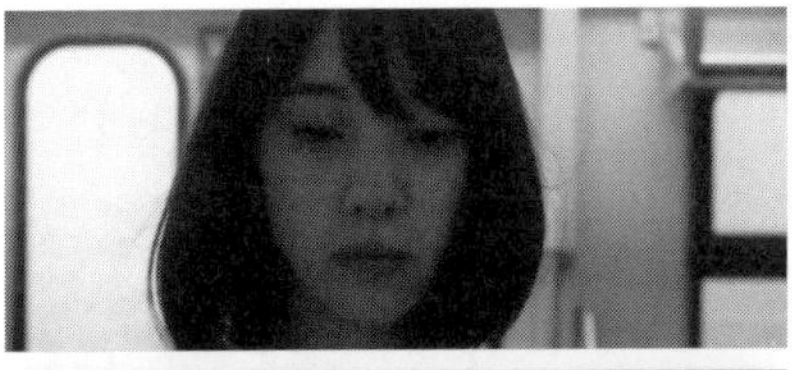

[図9-14]（上）、[図9-15]（下）
『ホットギミック ガールミーツボーイ』（山戸結希、2019）

5　生まれてくる「女の子」のために

二〇一七年あたりに日本で活況を極めていた「キラキラ青春映画」の系譜上で『溺れるナイフ』と『ホットギミック』を考えたときにとりわけ重要なのは、このジャンルの監督の大多数が男性である点にある。主な観客層として中高生の女性を想定したうえで「女の子」を表象の俎上に載せるこれらの作品群の監督が男性中心であるのは、それを見つめる「女の子」たちにとっていかなる影響を及ぼすのだろうか。「キラキラ青春映画」に限らず、日本では「少女映画」の最も著名な騎手は誰かと問われれば、山戸も『リリィ・シュシュのすべて』（二〇〇一）に影響を受けたと公言する岩井俊二の名がすぐに挙がるだろう。山戸の存在は間違いなく「キラキラ青春映画」であろうと「少女映画」であろうと、「女の子」を描くこれまでの日本映画のほとんどが男性のまなざしを通過して届けられてきた事実を逆照射する。

これまで追ってきた山戸映画において共通してみられる主題系は、そうして男性中心主義的な映画界が温存してきた差別構造とも決して無関係でない。つねに「女の子」は映画観客の階級において男性の下位に置かれ、「高尚な芸術」を「どうせ理解できない」取るに足らない観者として軽んじられてきた。女の子の知性と感性を信じぬき、はなからまっすぐに女の子のほうを向かって、女の子を第一級の観者であると前提にした映画が、これまで日本映画にどれだけあったといえるのか。たったひとりの女の子のための映画で、たったひとりのあなたのための映画で、山戸結希は世界を変えようと

している、それも本気で。

必然的に女性作家たちの口からは、カメラを手にしたきっかけとして、ゴダールを筆頭に男性作家の名ばかりが挙げられてきた。それは過去化され、やがて山戸結希含め女性作家の名がこれからます口にされはじめるだろう。山戸が審査員として登壇した二〇二二年度の早稲田映画祭りでは、上映作品のうち小林実莉による『ガーベラ』が山戸への衒いないオマージュとリスペクトを捧げた。未だ劇場のスクリーンに花開いていない無数の萌芽は、きっともう世界に偏在している。未来の映画作家たる彼女たちは「女の子」であり、山戸結希という映画作家が生んだ「女」の子でもある。彼女を照らすために追いかける光よりも早く舞いすぎて、勢いのあまり壁に激突してしまうほどの『5つ数えれば君の夢』のりこの速さで、「踊らずにはいられない」その切迫性で、激情と愛情をもって、カメラにまさにいま手を伸ばそうとしている、まだ見ぬ無数の、山戸結希という「女」の子たち……。

山戸は現代の日本映画界において少女映画を牽引する代表的な映画作家というだけでは飽き足らず、未来の「女性映画作家」たちをも出産し続ける。「いつの日か必ず生まれる、わたしの娘への手紙」と題された文章のなかで彼女はこう綴った――「それでも、映画を撮ることによって、生き延びていてほしい。複製芸術を待ち侘びる、時空を超えたまなざしによって、何度でも、君の心を持ち直してはくれないかな。愛の最中に立つ夢を諦めないで、夢の映画を撮りはじめよう[◆10]」。

山戸はまだ未分化で未知なる光に「女の子」と命名し、この宇宙に「離ればなれ」のままの「女の子」と「女の子」を結びながら、煌めきの星図を描き出してゆく。『21世紀の女の子』は、まさしく孤独に点在するほかなかった「離ればなれの星々」たちを縒り合わせる試みだった。この星図を掲げたな

ら、きっと私たちの連帯の不可能性と絶望に満ちた季節は過ぎ去ることだろう。女の子は、またどこかの女の子を照らす輝きとならなければいけない。「山戸結希」はその名に「結」という漢字を織り込んで、この世に生を受け継いだ。まるで「結ぶ」責務を宇宙から背負わされて映画作家になる人生が、最初から約束されていたかのように。「10年後に『溺れるナイフ』がクリエイターになる入り口の一個だったという女の子たちが必ず現れます」と山戸はいう[11]。『溺れるナイフ』から一〇年後の「その日」はもう、すぐそこまで迫り来ている。

（児玉美月）

◆1　山戸結希「インタビュー」「次の世代に対しても贈り物をしまくりたい」、『ピクトアップ』二〇一九年四月号、七七頁。

◆2　小野寺系「センセーショナルで深い意義があるオムニバス映画に『21世紀の女の子』が意味するもの」、「リアルサウンド映画部」二〇一九年二月一一日、https://realsound.jp/movie/2019/02/post-317549.html（二〇二三年八月一〇日取得）

◆3　豊彩夏「〈私たち〉はこれから、〈女の子〉へと向かう――山戸結希における〈女の子〉を巡って」、『ユリイカ』〈特集＝山戸結希〉二〇一九年七月号、九七頁。

◆4　山戸結希「インタビュー」「〝女の子〟と名指されるすべての存在を抱きしめたい。山戸結希×松本花奈の相思相愛インタビュー」、「MOVIE WALKER PRESS」二〇一九年二月一七日、https://moviewalker.jp/news/article/175497/（二〇二三年八月一〇日取得）

◆5 同前
◆6 山戸結希［インタビュー］「映画『溺れるナイフ』常識の外側へ」、『SPA!』二〇一六年一一月八日・一五日合併号、扶桑社、二〇一六年。
◆7 『あの娘新聞』上智映画研究会、二〇一二年、一頁。
◆8 井土紀州・山戸結希「溺れるナイフ」、『シナリオ』二〇一六年一二月号、一五頁。
◆9 山戸結希［インタビュー］「レヴィナスと映画と」、『SWITCH』二〇一四年三月号、九七頁。
◆10 山戸結希「いつの日か必ず生まれる、わたしの娘への手紙：山戸結希」、「i-D」二〇一九年二月七日、https://i-d.vice.com/ja/article/xwbwdq/letter-for-my-daughter-i-am-going-to-see-one-day-u-ki-yamato（二〇二三年八月一〇日取得）
◆11 山戸結希［インタビュー］「明日の日本映画監督地図」、『キネマ旬報』二〇一六年一〇月下旬号、二〇一六年、七五頁。

中川奈月論

世界の崩壊／解放と階段のサスペンス

中川奈月　フィルモグラフィ
［長篇映画］◎『彼女はひとり』(18)◎『夜のそと』(19)
［短篇・中篇映画］◎『投影』(17)◎『昼の迷子』(18)

1　中川映画の空間

中川奈月の映画において、「階段」は何よりも必要とされ、なくてはならない映像的な空間を形づくる。『彼女はひとり』（二〇一八）のクライマックスは、奇妙に交差した高校の階段の踊り場で、感情を発露させる劇的なドラマが演じられていたし、『昼の迷子』（二〇一八）の序盤でも異様に長く伸びた階段がロケーションで選択されていた。『投影』（二〇一七）の中盤に主人公が大事な電話をする場面は例に漏れず階段である。

たとえば、階段を偏愛した川島雄三という日本映画の鬼才にとって、それが登場人物を転倒させるために欠かせない舞台装置だったとすれば、中川奈月にとっての階段は、二人の人物の捻れた関係や歪んだ世界を空間的に描き出すためにこそ必要とされる。まるで不安定な精神世界を具現するかのよ

うに、奇異な位置に据えられたカメラから歪んだ世界が切り取られるのだ。その常識に囚われない構図の奇抜さは、現代の映画作家では人後に落ちない。

こうした階段が織りなす上下の空間のサスペンスとも関連するが、中川映画の物語展開を成り立たせる必然的な要素が高低差、すなわち映画空間の「落差」である。ここで私たちはただちに『彼女はひとり』のファーストショットが、真上から川の水面を見下ろす俯瞰ショットではじまっていたことを思い出さなければならない。『投影』の序盤でも、やはり高所からカメラを手にした男が元妻を見下ろす俯瞰のロングショットが使われ、『昼の迷子』でも部屋からゴミ置き場を望遠鏡で覗く青年の俯瞰ショットではじまっている。平坦な道よりも坂道が好んで選ばれ、急勾配のステージに中川映画の人物たちは否応なしに立たされる。高所から捉えられるこのような映画空間が、彼女の作家性をこの上なく象徴していることは軽々に見過ごすべきではない。

海辺や踏切といった境界を舞台装置として使用する作家は少なくないが、中川映画にはやたら屋上やベランダ、橋の上といった高い場所の周縁に立ち、時に欄干に触れるという登場人物の身振りが幾度となく映し出されている。『彼女はひとり』のラストシーンは、屋上から飛び降りようとするヒロインと教師が揉みあう中川的空間に違いないし、『投影』のラストシーンもまた、屋上の物干しロープに白いシーツで擬似的なスクリーンがこしらえられる特権的な場所である。『夜のそと』（二〇一九）にあっては、最後に建物の高所で街を見渡せる場所に男女が導かれてゆく。この場所は『彼女はひとり』で何度も登場する橋上やベランダと同じ空間的機能をもっているだろう。

階段、屋上、橋上、ベランダ、坂道——。

この「傾斜」を愛する映画作家は、墜落の恐怖をつねに味得させることをやめない。中川映画では これらが視覚的に反復されることで、無意識のうちに物語の意味が強化され、環境それ自体が人物同士の関係性を注釈しさえする。彼女の物語は終盤、「変調」して一挙に崩壊へと向かうが、この物語の展開とともに映画の形式は、それまでの安定性を放棄し、瓦解へと接近してゆく。映画内世界に住まう人々の関係が遮断されると同時に、映画を組み立てている構造もまた、失調するのである。

2　情動と転調――『彼女はひとり』

立教大学（現代心理学部研究科映像身体学専攻）の修了制作（二〇一六年度）として撮られた『彼女はひとり』は、中川自身がシナリオを書き、篠崎誠の指導を仰ぎながら編集も担当した。本作は強烈な個性をもった中川奈月の初期衝動、熟練した技術で日本映画を牽引してきた芦澤明子の卓抜な撮影技術、ヒロインの澄子を演じた福永朱梨の迸るエモーションが、見事なアンサンブルを奏でた傑作である。高校生の澄子が橋から身を投げ、死に損ねて生還、学校に戻ってきた彼女は、教師と密かに交際している幼馴染の秀明を執拗に脅迫しはじめる。というのも、彼女の父親と、もう一人の幼馴染で死を選んだ聡子との交際関係を知らせたのが秀明であり、燈子が聡子と同じく橋から身を投げようとする原因を作った存在だったからだ。燈子は自分の世界が破壊されたのと同じように、秀明の世界を崩壊へといざなう。本作はいわば、世界（コミュニティ）の崩壊をめぐる復讐譚である。

映画がはじまると、橋の上から欄干に手をかけ、川を見下ろして飛び降りようとするヒロイン燈子

の姿を目撃する。ここでまず私たちは「横」でも「縦」でもなく「高さ」の感覚を植え付けられる。続いてマンションの部屋にいる燈子が死んだ母の幻影をベランダに認め、その境界に吸い込まれるようにして移動し、ベランダから見下ろすというアクションが施される。川辺に走る長い道路の手すりに触れながら歩く燈子、その様子を今後は高所からおさえる超ロングショット、そのまま燈子と秀明が坂道をのぼって登校するシーンへと続く。そして再び教室の窓から外を見下ろすショット。秀明（金井浩人）も、やはり窓の外へと吸い込まれるようにフレームインして淵に立つ（こうして生／死の境界を彷徨う燈子と同じ位置を占め、動きを反復した秀明はやがて幽霊である聡子を幻視することになるだろう）。もはや平坦な道や水平な世界を徹底して避けるがごとく、中川奈月の映像世界は高低差をフレームにおさめつつ高所から見下ろす。

その直後、この映画の主人公である燈子と秀明がはじめてフィルム上で遭遇するシーンは記憶に留めておくべき場面だ。というのも、舞台装置と構図の異様さが、これ以上ないというほど中川奈月の作家性を体現しているからである［図10－1］。奇妙に蛇行した学校の階段を上から降りてくる燈子、それを見上げる秀明。いったい誰がこのような突飛な構図を考えつくだろうか。見つめあうふたりを縦の構図と落差を使って対角線上に配置するこの異質な空間こそが、中川映画の本質を視覚化するショットとして機能すると断言できる。燈子の住む幾何学的なマンションには長い階段が敷かれ、秀明の一軒家が長い階段の上にあるということも偶然ではあるまい。この階段の映画作家は、秘匿すべき情報を燈子が暴露する決定的瞬間も、背景に階段のある場所を選択してみせる。

階段を介した異様なフレーミングとも関連するが、不安定な精神世界を体現するカメラポジショ

ンも注目しておいてよい。世界との違和を抱え込み、自分の住まう社会と同化できない居心地の悪さをカメラもまた体現しているかのように、遮蔽物の背後に据えられた機械が世界を切り取ってゆく［図10-2］。このシーンでヒロインが言い放つ「気持ち悪いんだよね」という言葉が、強烈に響いて耳に残り続けるだろう（この科白は『夜のそと』でも反復される）。ともあれ、何事もなく成り立っている世界を前に絶望するしかないヒロインの、世界への絶対的な拒絶と圧倒的な孤立が、言葉以上に映像によって饒舌に語られるのである――「だから壊すの……」。冒頭の歩行を高い位置から捉えるロングショットや［図10-3］、ベランダで彼岸へといざなわれるようなバックショット［図10-4］、中盤の屋上を捉える俯瞰のロングショットからも明らかなように［図10-5］、この映画のヒロインは、彼岸／此岸、

上から［図10-1］－［図10-5］
『彼女はひとり』（中川奈月、2018）

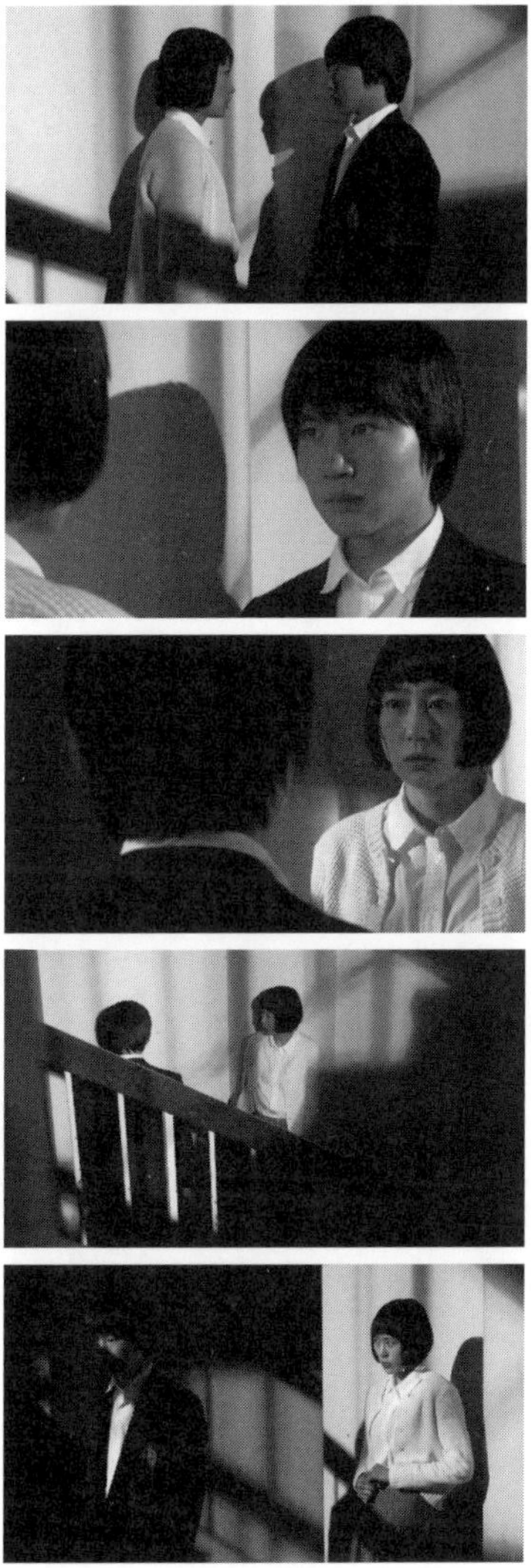

上から［図10-6］－［図10-10］
『彼女はひとり』（中川奈月、2018）

内／外、高所／低所といった境界線上に立つことを余儀なくされる。中川映画の主人公は、いうなれば絶望する世界に決して同化できない、行き場を喪失した存在なのだ。

中川奈月の映画では、ある小さな社会（コミュニティ）を成り立たせていたネットワークに綻びが生じ、安定していた世界が一挙に崩壊してゆく様が描き出される。世界が崩壊しはじめるシーン。燈子が生徒と付きあっていることを知っていると先生に明かした直後、秀明は先生に呼び出され、「どうして喋ったの？」と追及される。この舞台として選ばれたのは、やはり校内の階段の側であり、照明によって階段の奇怪な影が二人に覆い被さる。画面右側に秀明、左側に先生を捉えたマスターショットの後［図10－6］、画面左側に視線を注ぐ秀明のクロースアップ［図10－7］、その次に繋がれるのは、

180度システムの規則を違反して同じ方向に視線を送る先生のショットだ［図10－8］。カメラがイマジナリー・ラインを侵犯し、アイラインマッチを無効化するように映像が組み立てられる。ここにいたるまでは、あからさまに観客を混乱させるような編集は避けられていた。だが、秘密の開示によって世界が組み変わっていくところで映画技法そのものもアプローチを変える。今度は二人の対話をハイアングルでおさめる［図10－9］。次の画面は凸凹した壁の作りと明暗のはっきりした照明の効果が相まってスプリットスクリーンの様相を呈す［図10－10］。ところが、この場面はショットがまったく繋がっていない。二人の対話＝音声は連続しているものの、秀明は階段のほうへと体を反転させており、映像は飛躍しているのだ。

終盤。川辺、階段、橋上を疾走するヒロインを映し出し、クライマックスの場面へと続く。燈子は秀明と先生が密会している写真を学校中に拡散し、逃走する彼女を追いかける秀明が、序盤で遭遇した、あの異質な階段の踊り場で罵倒しあう。終始、静かな佇まいを見せていたヒロインがこの場面では感情を剥き出しにする。異様なローアングルの寄りのショットになり、微動しながら被写体を捉えるカメラワークと協働して映画に「転調」が起こる。役者のエモーションが画面から溢れ出るのと同時に、映画技法のスタイルも切り替わっていく。すなわち、物語と身体、撮影が一気に「変調」するのだ。繰り返すが、中川映画は、かろうじて成り立っていた世界が、秘匿の暴露によって突如として崩壊へと向かう。その世界の失調に直面することで、映画が映画であることに自己言及しはじめる。いわば秘められたことが暴かれるのと同時に、映画技法もまたその構造を暴露しはじめるのである。

3 どこにもない場所――『夜のそと』

『彼女はひとり』を撮った後に東京藝術大学大学院（映像研究科映画専攻）に進学し、修了制作で長篇『夜のそと』を作ったが、その間に中川奈月は二本の短篇を撮っている。『投影』の脚本は木舩理紗子、『昼の迷子』の脚本は渡部雅人と、それぞれ別人が担当しているが、映像として立ち上げた際に中川徴が端々に見られる作品になっている。先にも触れたように、『投影』のファーストショットは通りを歩く女を建物にいる男がカメラで盗撮する俯瞰ショットではじまり、未練のある元妻に電話をかけるシーンで川沿いの階段を駆け降りる男をハイアングルで映す。ラストシーンはマンションの屋上にシーツでしつらえられた擬似スクリーンを眺めるショットで終わる。

『昼の迷子』も家の二階からゴミ置き場を見下ろすショットではじまる。フレームインしてくるホームレスの男を望遠鏡で見る青年が映し出され、男を追跡していく。すると異様に長く伸びた階段が幼馴染の友人と出くわすシーンとして用意されているのだ。ホームレスの男と戦うクライマックスの場面も、階段の映像作家である中川奈月は、地下室へと続く階段上でのやり取りを経由しないわけにはいかない。他にも自転車に乗った幼馴染が方向感覚を失って町を彷徨うシーンで、地理的な迷子に加えて、晴れたり曇ったり雪のようなものが舞い散ったりと、自然の摂理からも迷子になるが、ここでも選ばれるのは急勾配の坂道である。ちなみにこのシーンでは本物の雪ではなく、CGでもなく、側にあった草を散らしたのだという。[◆1] この仮物の雪は『投影』における擬似スクリーンとも響きあう

だろう。

ここで中川が敬愛する黒沢清の影響も確認しておきたい。『昼の迷子』が、黒沢映画に頻出するような廃墟を最後の舞台としているのみならず、本作ではホームレスの男がかつて誘拐した少年を幻視するショットがある。『彼女はひとり』では、死者が平然と現実世界に現れる黒沢清の幻影表現とも通底する幽霊が、燈子と秀明によって幻視される。『投影』では別の女性にもかかわらず、妻に未練がある男に妻の幻影として姿を見せる。本作で夜中に鳴り響く洗濯機のモチーフは、ガタガタと異様な音を立てて主人公を悩ませる黒沢清の代表作『CURE』（一九九七）を彷彿とさせるだろう。

『夜のそと』のファーストショットは暗い森の中をそと子（田中佐季）が逃げてくるロングショットで開始される。すぐさま彼女を打って強引に連れて帰る夫の敦也（儀部泰宏）が現れる。その間に挿入されるのが、太い樹木の間から彼女たちに一方的なまなざしを送る幹郎（山岸健太）のショットである。この「一方的なまなざし」はカメラで女性を覗く『投影』と望遠鏡でホームレスを覗く『昼の迷子』の視線の構造とも通底する。本作でも冒頭のショットのように、現実／虚構の判定ができないような幻影が繰り返し現れている。他にも最初の作品に凝縮された中川的モチーフが頻出する。たとえば地方の小さな町に架かった橋の上から川を見下ろし、周縁に立つそと子が、幹郎から渡された指輪を落下させるシーン。二人の女性たちから発せられる「気持ち悪い」という科白。殺人を犯していなくなった幹郎が町に戻ってきて、そと子と対話するシーンは、木が林立する森の中の斜面上、その直後に立ち現れる夫は急斜面の上に配置される。この高低差を使った空間処理は、中川映画に欠かすことのできない要素だといえるだろう。

『彼女はひとり』でベランダから外へと引き寄せられるヒロインと同様、序盤に湖と陸の境界に立つそと子が水の中へと吸い込まれるように歩いていくシーンがある［図10－11］。境界線上を彷徨うヒロインがまさしく中川的主題を感じさせる場面だが、そと子と幹郎がはじめて対話するこのシーンでも、地面が急に盛り上がった場所が当然のごとく選ばれる［図10－12］。ロケーションで工事をしている場所が偶然あったため、そこを選んだという。[◆2] 何もない空間に「階段」を現出させるかのような身振りを役者に与え、フラットな場所に高低差を創り出す執着には感嘆するしかない。このシーンで、燈子のように「気持ち悪いよ、君」という高所にいるそと子と、低所にいる幹郎がハイアングル／ローアングルによって切り返される。ところで、このショットと、『彼女はひとり』で最初に燈子と秀明が遭遇する学校の階段のイメージ［図10－1を参照］との「類似」には注目しておいたほうがよい。まるで手作りの階段のように映像空間に高低差とサスペンスを醸成する彼女の作家性が存分に発揮されているからだ。

　秘匿が暴露されること——。カーテンの隙間からそと子がセックスに興じる覗き見のショット（冒頭の木の幹の間からまなざしを注ぐショットとの類似）。子供が産めない体であることを旦那から暴露されるそと子。疾走するヒロインが二人の男にキスをする破壊衝動（『彼女はひとり』の秘密の写真を拡散する破

［図10-11］（上）、［図10-12］（下）
『夜のそと』（中川奈月、2019）

壊行為との共鳴)。こうした世界の瓦解によって一挙に安定していたコミュニティが崩れ去り、修復不可能なほど急降下してゆく。それと連動するように映画を成り立たせていた技法も失調をきたす。転調してからは、何かがおかしいと感じさせるショットや編集が見られるだろう。たとえば刑事がその子に会いに来る場面で、彼女がドアにかけて刑事のほうを振り向く動作は、ロングショットからミディアムショットになる「アクションつなぎ」になっているが、厳密には「ダブルアクション」のようにも受け止められかねない。この繋がらなさや映像の綻びの露呈こそが、物語世界の失調と響きあっているのだ。

4　世界の崩壊と解放

中川映画の序盤に見られる閉塞感に満ちた、だが安定した世界。そこに囚われた人物の息苦しさ。次第に学校／地方の「社会」にあるコミュニティは、秘匿の暴露や闖入者の介入によって崩壊を余儀なくされる。封じ込まれていたものが暴かれることで、関係性を成り立たせていたものが壊滅してゆく様をカメラは描き出す。ただしそれは表現を変えれば、世界が組み変わってゆく「快楽」であり、閉塞状況からの「解放」でもあるだろう。そして前面には押し出されていないものの、この抑圧からの解放の主題に潜在するのはジェンダーの問題である。

『彼女はひとり』において、燈子の復讐の相手は女性教師と交際する幼馴染の「男」であり、敵意をむき出しにするのは「父」、その一方で死を選ばざるをえなかったのは「母」と、父親の不倫相手

で幼馴染でもある「女」であった。学校の屋上から飛び降りようとするラストシーンの舞台に参入するのは燈子と幽霊の聡子、そして落下を食い止めて抱擁する女性教師。児玉美月はこのシーンに「異質としか言いようがない女たちの連帯」[◆3]を読む。飛び降りようとする燈子を助けるのは、凡庸なメロドラマならば秀明だろう。だが、中川はこの大団円に敵視する「大人」の「女性」教師を召喚し、徹底して「男」を排除＝不可視化する。

あるいは、『夜のそと』のヒロインは男の刑事に「男の人に聞くのは間違いでしたね」と吐き捨てる。この映画では「妻」が拘束され、小さな世界に閉じ込める家父長的な「夫」が具現化されている。ラストシーン、そと子は東京の幹郎の家に向かう車を途中で下車し、「どこにも行きたくない」と漏らす。世界の周縁に立ち「もう君を連れていけない」と伝えた女は［図10-13］、男を置き去りにしてフレーム外へと消えてゆく［図10-14］。ここでの選択の主体は、ほかならぬ女性のそと子である。『彼女はひとり』では最後に燈子が涙をこぼして教師に「嫌い」という。『夜のそと』では、「もう自由なんですよ」といわれたそと子が「だから帰りたいの」と呟く。「嫌悪」と「抱擁」が交わされ、「自由」と「帰還」の欲望が同居する。矛盾する想いによる宙吊り、言葉と身体の裏切り、圧倒的な居場所のなさ……。

［図10-13］（上）、［図10-14］（下）
『夜のそと』（中川奈月、2019）

中川奈月が描く映画空間では、そもそも人間同士の繋がりなど信頼していないかのように、断絶した社会が関係性を失ったまま世界を構成している。その虚偽に我慢できない潔癖さが彼女の作品にはある。だから嘘で成り立った世界を彼女は断ち切ってみせる。カナダ出身の男性映画作家であるデヴィッド・クローネンバーグを好む彼女が「肩ナメ」をさける傾向にあり、「世界が切れているのを表したかった」と公言していることが中川的世界のメカニズムを十全に物語っている。◆4 こうした映画技法が遮断するのは人間関係だけではない。『夜のそと』では、森、職場、家が舞台になるが、これらをつなぐ通路はなく、それぞれが別の世界に林立しているような印象を受ける。『彼女はひとり』でも、学校、空地、マンションがばらばらに存在しているようにも見えてくる。「どこにも行きたいところなんてないの」という中川的世界の人物が行き着くのは、この世界のどこでもない場所、どこにもない空間にほかならない。

（北村匡平）

◆1　中川奈月・北村匡平［アフタートーク］「SCOOL シネマテーク Vol.2 中川奈月監督特集」二〇二二年六月五日。特集上映後の対談において、中川自身が撮影で草を使用して散らせたと語っている。
◆2　同前。
◆3　児玉美月「映画と世界の比喩としての「同床異夢」」、『彼女はひとり』劇場用パンフレット、二〇二一年。
◆4　中川奈月［インタビュー］「『彼女はひとり』中川奈月監督インタビュー」、神戸映画資料館 WEB SPECIAL、二〇二三年、https://kobe-eiga.net/special/731/（二〇二三年八月一〇日取得）

大九明子論

意外と「だいじょうぶ」な女たち

大九明子 フィルモグラフィ
[長篇映画] ◎『恋するマドリ』(07) ◎『東京無印女子物語』(12) ◎『モンスター』(13) ◎『でーれーガールズ』(15) ◎『勝手にふるえてろ』(17) ◎『美人が婚活してみたら』(19) ◎『甘いお酒でうがい』(19) ◎『私をくいとめて』(20) ◎『ウェディング・ハイ』(22) **[短篇・中篇映画]** ◎『意外と死なない』(99) ◎『ただいま、ジャクリーン』(13) **[オムニバス短篇映画]** ◎『倍音/放課後ロスト』(14)

1 「痛み」を口に出すこと

大九明子はこれまで手がけたほとんどの映画で、女性を主人公にしてきた。そうしたなかで、大九映画はリアリティのある女性像への評価や「共感」といった言葉で語られることが多い。たとえば映画評論家の石原郁子は、大九が映画美学校第一期生として制作した監督第一作目『意外と死なない』(一九九九)に際し、「私たちが映画でいちばん観たい女性像なのに、映画でいちばん観ることができない女性像でもある」と評した。[◆1] この映画のタイトルでもある「意外と死なない」こそ、大九の描く女たちを奏でる通奏低音にほかならない。

小学校の教師を務めている月子はある日、生徒の親に「性行為の声を子供に聞かせないようにしてほしい」と家庭訪問のうえ諭す。その後、生徒たちが学校で予防接種を受ける場面では、月子が学生

時代に受けた性教育や胎児の産道通過を説明する授業風景と、生徒が注射される瞬間のショットが「痛み」を共通項としながら交互に繋がれてゆく。月子はかねて痛みに敏感で、恋人の男性との初体験の局面ではあまりの痛みで彼の首元に三角形の定規を突き刺してしまう。「意外と死なな」かった恋人はそれからストーカーと化し、至る所で月子につきまとう。

『意外と死なない』はしばしば出産などを引き合いに出して語られる、「女性は痛みに強い」といった人口に膾炙した言説に対抗している。個別であるはずの女性を画一化し、さも事実かのような顔をしたこの通俗的な言説は、女性たちの痛みを過小評価してきた。医療の現場においても医師が患者の愁訴を信用するかどうかはジェンダーによって異なり、さらに人種なども影響されるという。たとえば出産に関していえば、日本は先進国のなかでも硬膜外無痛分娩の割合が最も低い国に数えられる。これはひとつには日本社会が、母親は痛みを伴う出産によって子供との絆を育むべきであり、痛みを回避するなど甘えだとする「母性」への過剰な信仰や期待、「母親」への懲罰的な傾向にも由来している。[2]

月子は妊娠している同僚の先生の腹部を殴る空想を繰り返す。その暴力的な欲望は同僚であるその人へ直接的に向けられた憎悪ではなく、そうした社会のなかで沈殿していった言葉にできぬ怒りの無意識的な発露だろう。出産だけでなく性行為にしても、男性目線の性描写ではまるで侵襲される女性の身体の痛みなどはなから存在せず、快楽しかないかのように描かれることも少なくない。『意外と死なない』において「痛み」の主題が性と生殖の問題に絡めて描かれているのは、まさにそれらの領域において女性の痛みは不都合なものとして抑圧されやすい構造にあるからかもしれない。

『意外と死なない』はわずか四〇分あまりの短い映画でありながら、描出されてゆくすべての要素が螺旋状に繋がっている。性教育の授業を受ける月子［図11-1］、注射される少年［図11-2］、定規を首に刺された男［図11-3］がそれぞれに「いてててて……!」と叫ぶショットがひとつのシークエンスにおいて並列されてゆくのは、男性の痛みと女性の痛みを性別で区別せずに同一視させる効果をもたらす。このシークエンスは、「神秘の誕生」ならば、あるいは「愛の営み」であれば痛くないわけがなく、痛いものは痛いのだと改めさせる迫力に満ちている。月子の初体験の場面では、上になっている男の首からの流血が月子の顔へとふりかかる。多くの映画で初体験によって出血するのは女性側であったのが、『意外と死なない』ではジェンダーが反転されている。映画の終盤、月子は元恋人に馬乗りになってひとしきり殴打し終わってから「しよっか」と誘う。月子は自分だけが性行為によって被るであろう痛みを十分に相手に与えてからでないと公平ではないと感じているからなのか、ともかくそこでもこの映画は痛みにおける性差の不均衡を無効化しようとしているように見える。『意外と死なない』は全体的にはコミカルなタッチでありながらも、「痛み」に性差などあるはずがないという切実な抵抗が伏在している。女性が「痛い」

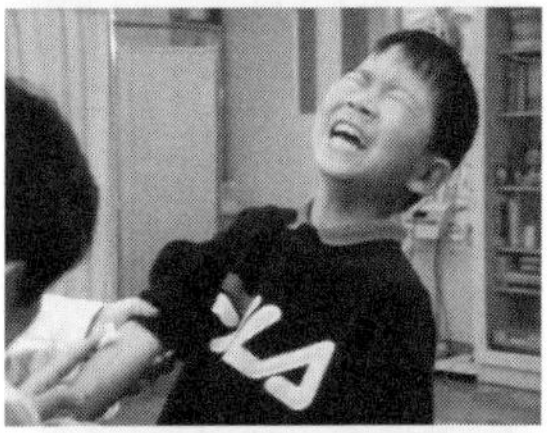
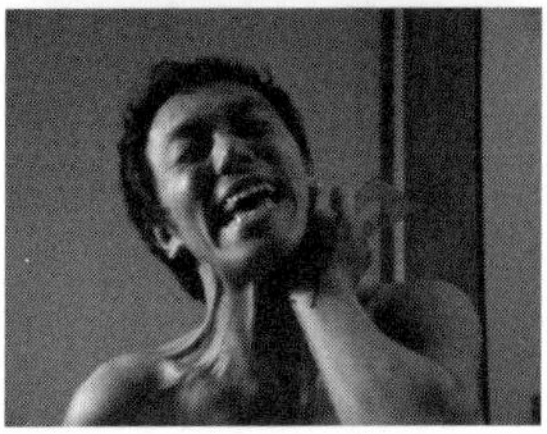

上から［図11-1］－［図11-3］
『意外と死なない』（大九明子、1999）

と発する声には、つねに「我慢すべき」とする声が応答するが、月子はなりふり構わず痛いことを「痛い」と叫ぶ。そうして自分の痛みを誤魔化さずに表明する女性像は、この後も大九映画のなかでたえず立ち上がってゆく。

　大九にとって代表作となった『勝手にふるえてろ』（二〇一七）は、大九が原作の綿矢りさによる同名小説を手に取ったときに「〝若い女なんて大変だ大変だと言いながら、意外と死なない生き物だから、勝手にふるえてろ〟っていう、自分の二〇年前の作品と目の前にあるタイトルがリンク」して映像化を熱望したという。[3]ほかにも『美人が婚活してみたら』（二〇一九）では三二歳のタカコが既婚者との恋愛で身を擦り減らした先に「死にたい」と呟いた直後から婚活サイトに登録し、さまざまな男性たちと会う。そこでも紆余曲折ありつつ、「意外と死なない」女が描かれた。『勝手にふるえてろ』までは比較的若い世代の女性を主人公にした作品が多かった。しかし『甘いお酒でうがい』（二〇一九）に至って、「お母さんでも、奥さんでもない、大人の女性を主人公にした映画を撮りたい」[4]という大九の希望から、映画のなかでなかなか可視化されない独り身である四〇代女性の平凡な日常生活に光が照らされた。

　大九映画ではモノローグがユニークに扱われる。視覚芸術である映画にあって、本来映像で語らなければならないところを登場人物のモノローグに語らせてしまうと説明過多に陥りかねないために、あえて避ける作家もいる。『勝手にふるえてろ』は一人称で語られる小説をそのまま反映すれば終始オフのヴォイスオーヴァーが流れるような映画になってしまうが、そこではモノローグが主人公のヨシカと街ですれ違う人々との「会話」へと変換された。その後の同じく綿矢作品を原作とした『私を

くいとめて』(二〇二〇)でも主人公であるみつ子の心の声は脳内の相談相手「A」との会話形式によって表現される。また、大九映画のなかでもっともヴォイスオーヴァーが多用される『甘いお酒でうがい』においても、それはたんに映像に同期された心の声のモノローグではない。劇中、主人公の佳子が初めて口にする台詞は「これは私の日記。誰が読むわけでもない。自分で読み返すわけでもない。ただの日記」であり、画面の左上には場面が切り替わる毎に手書きで描かれた日付の文字が表示され、日記を朗読する形で語りが進んでゆく。こうした作品毎に意匠の凝らされた「モノローグ」の形態もまた、大九映画の魅力のひとつである。

2 恋愛のかたわらにある女性同士の関係性

もうひとつ大九映画に重要な作家性として、多くの作品で女性同士の親密な関係が含まれることが挙げられる。商業映画第一作目となった『恋するマドリ』(二〇〇七)はエグゼクティブプロデューサーが「東京を舞台にしたラブストーリー」と提案した作品であり、美大生のユイが引っ越した先のアパートの住人に恋をする物語が主軸になってはいるものの、彼の元恋人であるアツコとの交流も並行して描かれてゆく。この初期作が原型となっているように、その後も大九映画における恋愛のメインプロットのかたわらにはつねに女性同士の関係が大切に配されている。

大九が監督を務めた『でーれーガールズ』(二〇一五)もその例に漏れず、この映画では一九八〇年代に高校時代を過ごした女性ふたりが四〇代になって再会する物語が描かれる。鮎子は大学生のヒデ

ホとの恋愛を漫画に描いて武美に読ませてあげていたが、やがて武美はヒデホに夢中になってゆく。しかしヒデホはこの世に実在せず、鮎子の作り上げた架空の人物に過ぎなかった。現実よりも夢想に囚われるヒロインの在りようは、大九のフィルモグラフィのなかで最も高く評価された『勝手にふるえてろ』と『私をくいとめて』（二〇二〇）へと引き継がれてゆく。この二作品はともに作家の綿矢りさによる同名小説を原作としているが、綿矢自身「女の人と女の人の関係性を詳しく書くことにはこだわりがあった」[◆5]と語っており、そうした側面においても大九と綿矢の作家性は共振している。『勝手にふるえてろ』のファーストショットは原作とは異なり、趣里演じるウェイトレスがヨシカの頭を撫でてやる女性同士の触れ合いへと改変されており、大九の女性同士の親密さへの偏愛が窺えるだろう。

三人の映画作家による三つの物語で構成されたオムニバス映画『放課後ロスト』（二〇一四）で大九が手がけた『倍音』は女性同士の関係性に焦点が当てられており、ほかの長篇劇映画ほどの知名度はないものの青春クィア映画の隠れた名作としても位置付けたい。『倍音』には『勝手にふるえてろ』で主演を務めた松岡茉優が出演した。松岡演じるリカは廃校になる校舎の壁に落書きしているところを教師に見つかり、文化祭の立て看板を書くよう命じられる。そうしたなかリカは友達グループから逃れていた黒井と出くわし、ふたりはあらゆる場所の音を録音して聞く「ふたり遊び」に興じてゆく。主人公は輪のなかにいるよりもむしろ輪のそとで周囲に馴染めずにいる周縁に置かれた人間であり、『倍音』にはすでに大九的な要素が含まれていたといえる。リカや黒井がほかの生徒たちを遠巻きに眺めながら勝手に台詞をアフレコして揶揄《からか》うのも、大九映画でお馴染みの「独り言」に連なるものだろう。

リカと留学に行ってしまう黒井は、残されたわずかな時間を過ごす。リカも黒井も、なぜかふと世界の暗部に気づいてしまう。それが端的に示されるのが、小動物を巡る挿話である。ふたりが高い場所から観察していた生徒たちは偶然見つけた小動物を愛でるが、黒井は小動物を可愛がっている自分が可愛いのに過ぎないと彼女たちの心の声を想像のうえ代弁して楽しむ。後日、リカと黒井は地面に死した小動物を発見し、そっと土葬してやる。その可愛さだけを享受していたあの生徒たちに、決して死して硬直した小動物は目に入らないだろう。煌めいて見える青春時代に身を浸す若者たちとは別の世界に生きているリカと黒井は、仲間外れ同士で親密になってゆく。それは人目のつかない場所で交わされるキスにもやがて発展する。異性同士のカップルが学校の外の物陰でキスしているとリカは上の階の窓から顔を出して彼らの頭上に唾を吐く。彼女たちは学校のなかで周縁的な存在だが、すでに思春期の若者たちを支配する異性愛規範からもそうしてすり抜けてゆく。ついに黒井が留学へと旅立つ別れのとき、リカは使い終わった立て看板を校庭で燃やす。もくもくと空へと上がる煙のなかを、赤い風船が潜り抜けて飛んでゆく。不完全燃焼によってドス黒い色で上がってゆくその煙が空を覆うラストショットは、なんともいえぬ薄暗い感傷を観客の胸にもたらす。

録音されたリカの家庭の罵声をふたりが聞く場面で、「家で聞くのは好きじゃないけどこうしているとなんでもなくなる」とリカがいうと、黒井が「距離ができるからだよ」と答え、「距離感、やっぱり大事だね」とリカが返す。大九映画では人間関係が思い通りにいかない登場人物たちが頻出するが、そこにはつねに距離の問題が介在してくる。映画評論家の川口敦子は『恋するマドリ』で、アツコがユイを「ユイ」でも「ユイちゃん」でもなく「青木さん」と呼び続ける「親密さと節度ある距離

のとり方」にアッコの人となりを看取している。[6]『恋するマドリ』のユイとアッコは近づきすぎない程よい距離感と温度感であるからこそ、良好な関係性を築いてゆく。

『私をくいとめて』では、みつ子と多田が付き合いはじめて車で出かけた先で予期せぬ降雪に見舞われ、車内を重い雰囲気が漂う。さらにレンタカーの返却にも間に合わず、宿で一泊する事態になったみつ子は多田に触れられて拒絶してしまう。部屋を飛び出したみつ子は「距離の取り方がわからない」と「A」に涙ながらに助けを求めるが、狭い車内と一晩過ごさなければならなくなった室内といった事故的に生じてしまった距離の近さに、みつ子は戸惑ってしまう。また、『勝手にふるえてろ』では序盤からヨシカがバスで隣の席に乗り合わせた乗客や釣りに興じるおじさんなど街の住人たちと近い距離で会話するが、憧れの相手であるイチが自分の名前を覚えていないと発覚した途端にヨシカのなかですべてが崩れ去り、実は住人たちとの会話は彼女の想像上だけで繰り広げられていたことがミュージカル調に露呈されてゆく。ヨシカが「この距離が私と世の中の限界」と歌いながら、映画は近かったはずの住人との実際の隔たれた距離を明かす。ここでも他者との関係において、やはり距離の問題が俎上に載せられる。映画のラストショットはヨシカの部屋の玄関先での自分に思いを寄せるニとのキスだが、脚本のト書きでは「小さな箱にすっぽり収まる猫二匹のように、びしょ濡れぎゅうぎゅうで見つめ合う二人」[7]とある。ヨシカは他人との距離感について苦悩してきたからこそ、「ぎゅうぎゅう」と形容されている通り、

[図11-4]『勝手にふるえてろ』(大九明子、2017)

大九は最後の最後に距離が極限までなくなって一体化したふたつの身体を俯瞰で撮った映像で見せている［図11－4］。

3 孤独な〈個〉の結びつき

『私をくいとめて』のなかでもとくに女性同士の連帯と絆が感じられるのは、みつ子がひとり旅する温泉宿で開催されたお笑いライブに出演した女性の芸人がセクハラに遭う姿をみて憤慨する場面にある。原作では女子中学生が中年男性から受けるセクハラが描かれたが、映像化するにあたって改変された。大九は大学卒業後に就職して四ヵ月で退職、二〇代の頃に人力舎のお笑い養成学校スクールJCAでピン芸人として活動したのちに俳優学校にも通っていた異色の経歴をもっており、その芸人の描写はかつて馴染みのあった領域でもあった。この描写に際して大九は「女性監督」という呼称も含め、次のように語っている。

女性芸人だとか女性監督だとかいちいち職業に性別が冠されることに対して苛立ちがあったんですよね。仕方のないことかもしれないけれど、なくて済むならそんなものつけられたくないし、不愉快だし、そういう気持ちをいっそここで書き倒してやろうかなと思って。

この温泉宿の場面では実際に芸人として映画の劇場公開直前に第四回「女芸人No.1決定戦 THE W」

で優勝を成し遂げた吉住が出演し、ネタが終わった彼女に客席の男たちが絡みに行く様子をみつ子が見つめる。しかしみつ子は止めに入ることもできず、その場から離れたあとに「A」にその感情を吐露するしかできなかった。みつ子はかつて会社で男性上司からのセクハラを経験しており、その記憶がみつ子の吉住への憤慨と同情を深めたのだった。それでも信頼を寄せているノゾミがいたから自分は息ができたのだと振り返り、映画はみつ子とノゾミの女性ふたりの場面へと流れてゆく。

大九の芸人としての感性が活かされたともいえる痛快なコメディ映画『ウェディング・ハイ』（二〇二二）はお笑いタレントのバカリズムが脚本を担当した。この映画公開時のインタビューにおいて、「女性監督」の名指しを巡る考えについて問われた大九は次のように答えた。

私自身が〝女性監督〟であるということを意識することは全くなくて、というのも、私はこれまで女性としての人生しか送っていないので、私の作品が「女性としての人生を送ってきている私」が作っている映画になってしまうのは必然だと思います。ことさら「女性監督としての視点を盛り込まなきゃ！」ということを意識することはありませんが、知らず知らずのうちにそうした視点を盛り込んでるところはあると思いますし、あくまでも呼び方として「女性監督」と呼ばれているな…くらいにしか自分の中では捉えていないですね。若い頃はただがむしゃらに自分のことだけをやっていたので、その点については、昔のほうが意識や自覚が希薄だったなと思います。ただ、本数を重ねてきて、長く映画というものに関わり続けている中で、ふと気づけば、女性で映画監督であるという人間が、男性の映画監督よりも圧倒的に少ないというのを考えさせら

れるように年々なってきました。そのとき、これは私だけの問題ではないんだといろんなことを受け止めるようになりました。◆8

くなかで変化があったと語る。

大九はかねて職業に「女性」と冠されることに抵抗感を示しながらも、このように世代が上がってゆ

最新作として、映画ではないがNHKのドラマシリーズ『家族だから愛したんじゃなくて、愛したのが家族だった』（二〇二三）は大九の新たな代表作といえるだろう。作家の岸田奈美が自身の家族を綴ったエッセイを原作にしたこのドラマは、単独で演出を担当しているだけでなく脚本も大九が手がけた。主人公の七実には、急逝した父親とダウン症の弟、病気を患って車椅子での生活を余儀なくされた母親がいる。車椅子生活がはじまった直後、七実は母親が危篤状態に陥って病院から要求された手術の同意書への自分の署名が母を死ぬよりもつらい目に遭わせているのではないかと苦しみ、カフェで母に「一緒に死ぬか」と話す。しかし母が生きていてよかったと思えるような社会にするからと泣きながら語り、娘と母のふたりは顔を涙でぐちゃぐちゃに濡らしながらもその場面の最後には頼んでいた食事をとりはじめる。どれだけの不幸な状況に陥ったとしても「意外と死なない」女性主人公が、やはりこのドラマでも息づく。父親は「だいじょうぶ」が口癖だった。作中、何度も「だいじょうぶ」が響き渡る。第一話では病院で寝具に横たわる母の泣き顔のクロースアップがその後の壮絶な闘病記を予期させるが、次のショットでは満開の桜の花が咲き、そこに「意外と」元気に生きている母の姿が現れて視聴者の意表を突きながら終わる。大九の作品ではこうして窮地に追い込まれた女た

ちが、必ずや再び立ち上がる。
七実は宅配に訪れるお兄さんに懐いており、アルバイト先に出現する謎の男にはお父さんと呼んでもいいか尋ねるなど、生活のなかでほんの一瞬すれ違う人々を慕う。『甘いお酒でうがい』で佳子が駅のベンチで隣に座った携帯電話を一生懸命操作する老人を見つめながら感極まってしまったり、一人で罵詈雑言を口にし続ける中年男性にそっと心の中で会話の相手をしてあげたりするように、あるいは『勝手にふるえてろ』のヨシカが街の見知らぬ人々とさまざまな「会話」を交わすように。大九映画ではそうして人生の旅の途中で少しだけ交差する人々への親密なまなざしに度々出くわす。大九が描く「意外と」「だいじょうぶ」な女たちは、それぞれ〈個〉の存在として自立していながらも、「ひとり」であって決して「ひとり」ではない。

（児玉美月）

◆1　石原郁子『女性映画監督の恋』芳賀書店、二〇〇一年、三八頁。
◆2　アヌシェイ・フセイン『「女の痛み」はなぜ無視されるのか？』堀越英美訳、晶文社、二〇二二年、四–五頁。
◆3　大九明子「インタビュー」「「勝手にふるえてろ」脚本・監督インタビュー　大九明子　構成が決まって、いきなりシナリオを書いちゃいました」、『シナリオ』二〇一八年一月号、四頁。
◆4　『甘いお酒でうがい』公式サイト、二〇一九年、https://amasake-ugai.official-movie.com（二〇二三年八月一〇日取得）
◆5　綿矢りさ・大九明子・首藤凜［座談会］「意外と死なない私たち――綿矢りさ文学の映画化をめぐって」、『ユ

リイカ』〈特集＝綿矢りさ〉二〇二一年一一月号、六六頁。

◆6　『恋するマドリ』劇場用パンフレット、二〇〇七年。

◆7　大九明子［インタビュー］「「勝手にふるえてろ」脚本・監督インタビュー大九明子」前掲、四六頁。

◆8　大九明子［インタビュー］「［映画と仕事 vol.16］「どこにいようとも、人間は孤独であり、常に寂しいもの」――『ウェディング・ハイ』大九明子監督が惹かれるテーマ」、「シネマカフェ」二〇二二年三月二五日、https://www.cinemacafe.net/article/2022/03/25/78003.html（二〇二三年八月一〇日取得）

小森はるか論

記録運動としての積層と霊媒

1　半透明の旅人

スクリーンの表層に見えないものを映し出す。人の気配、出来事の跡、土地の記憶。そういった時間の重層性を小森はるかは描く。現代日本のドキュメンタリー映画作家で、彼女ほど将来が嘱望されている作家はいない。映画批評家の蓮實重彦は現在「ほとんど数えきれないぐらい女性監督」がいるが「フィクションのほうの女性監督がみんなかったるい」[1]一方で、小森はるかは小田香とともに「現在の日本映画の至宝」[2]とまで称賛され、若手の映像作家のなかでも格別な注目を浴びている。

小森はるかのキャリアは二〇一一年の東日本大震災を抜きにして語れない。東京藝術大学大学院に進学し、並行して映画美学校に映像制作を学んだ彼女は、震災後すぐに瀬尾夏美と被災地にボランティア活動に赴いて、現地の人々に話を聞き、撮影をし、活動報告会を開いた。二〇一二年の春から三

小森はるか　フィルモグラフィ

［長篇ドキュメンタリー映画］◎『波のした、土のうえ』（14、瀬尾夏美との共作）◎『息の跡』（16）◎『空に聞く』（18）◎『二重のまち／交代地のうたを編む』（19、瀬尾夏美との共作）◎『かげを拾う』（21）◎『ラジオ下神白―あのときあのまちの音楽からいまここへ―』（23）**［短篇・中篇ドキュメンタリー映画］**◎『the place named』（12）◎『あいだのことば』（12）◎『米崎町のりんご農家の記録』（13）◎『砂粒をひろう――Kさんの話していたこととさみしさについて』（13、瀬尾夏美との共作）◎『石と人』（16）◎『根をほぐす』（18）

年間、大きな津波の被害を受けた岩手県陸前高田市の隣町に引っ越し、働きながら記録活動を開始、二〇一五年には仙台に移り住む。二〇二二年に今度は新潟に拠点を移し、現在は男性の映画作家・佐藤真のドキュメンタリー映画『阿賀に生きる』（一九九二）の制作発起人を追いかけているという◆3。

「ドキュメンタリー映画」という言葉が定着しはじめた一九六〇年代中頃、映像作家の松本俊夫はそれがフィクションの対立概念か、あるいはジャンルの名称かを問われて「ドキュメンタリーの問題はノン・フィクションとしてとらえるべきでもなければ、特定のジャンルとしてとらえるべきでもなく、何よりも現実に迫る「方法の問題」としてとらえなければなりません◆4」と答えた。小森はるかのドキュメンタリー映画の方法論を捉えるうえで、佐藤真はきわめて重要な作家の一人である。

同時録音の技術が開発され、一九六〇年前後から、それまでのナレーションなどによる作為性を徹底して排除した新たなスタイルが生まれた。イギリスでは「フリーシネマ」の映画運動が起こる。アメリカではリチャード・リーコックやフレデリック・ワイズマンらの「ダイレクト・シネマ」の動きが活発になり、フランスではジャン・ルーシュをはじめとする「シネマ・ヴェリテ」が登場する。簡単にいえば、前者がカメラの存在を撮影対象の環境に溶け込ませ、観客が現場にいるかのような感覚を生み出すのに対して、後者はカメラと作り手が対象や状況に積極的に介入し、時に挑発することで臨場感を作り出す。

日本にはこの頃、小川紳介、土本典昭というドキュメンタリー映画の双璧がいた。その下の世代の原一男は、家族や知人など身近な世界へとカメラを向け、後にムーブメントとなる「セルフ・ドキュメンタリー」の先駆的作品『極私的エロス 恋歌1974』（一九七四）を撮る一方で、カメラが加担し

て主役の悍《おぞ》ましさを誘発していく革新的な『ゆきゆきて、神軍』（一九八七）を送り出した。さらに下の世代に現れたのが佐藤真だった。彼は三里塚の農民と生活を共にしながら「三里塚シリーズ」を撮った小川紳介の長期滞在型スタイルを踏襲し、『阿賀に生きる』の撮影のため三年間、現地で共同生活をした。一方、「水俣シリーズ」を作った土本典昭とも接点をもち、同じ水俣病を対象とした。佐藤真は二人の先達の方法と対象を継承しつつ、別の仕方で乗り越えようとしたのである。

ここであげたなかで、小森はるかが「方法」としてもっとも接近するのが佐藤真だろう。彼女は原一男のように撮影対象にアクションを仕掛けてリアクションを誘発するような方法は採らないし、家族や自己を対象としたセルフ・ドキュメンタリーにも関心を向けていない。『阿賀に生きる』は「水俣病の被害の実相を、川とともに生きてきた人の人生まるごとの怒りや悲しみや喜びを通して感じられるように、映像を積み重ねるということ」[5]を目指したと佐藤真は記している。ただ情報を記録するのではなく感じてもらう。表層の政治的な問題を描くのではなく、阿賀野川に根差す人々の「心」を映し取ろうとしたのだ。

小森もまた、明確に自分の世界の外部に撮るべきフィールドと対象があり、そこに長期滞在してじっくりと関係性を構築しながらカメラをまわす。とはいえ現地に移住するという点だけで佐藤真と親和性が高いのではない。彼女は土本や小川のように市民闘争のリアリティから人々を描こうとしたのではなく、悲劇を経験した土地で生きる人々の「日常」にカメラを向けた。被害者の「日常の暮らし」の美しさをフィルムに定着させる精神を佐藤真から継承し、その場所に人間が存在する気配や音、不在を捉えることを受け継いだのである。彼女は「陸前高田に暮らすようになってからも変わらず、「旅

人」としてここにいるのだということを見失わないように、度々自分たちに言い聞かせていた」という。そして遠く離れた誰かへカメラの前に流れる時間が届くことを思いながら撮影していると「心理的にも身体的にも現実との距離が生まれて、自分が半透明くらいの存在になっていく」と記す。[6] その「半透明」の目線から陸前高田の風景と人々を記録することが「旅人」としての役割なのである。

また彼女は自分たちの活動をドキュメントでもフィクションでもない「記録運動」と呼ぶ。それは編集・語り方・撮り方によって言い切らないかたちでの記録の仕方であり、作られた作品が運動体の一部となるようなあり方だ。[7] 小森の作品作りには明確な始まりと終わりがなく、企画を立てて制作を開始し、いつ撮り終えるというスケジュールが存在しない。こうした方法はダイレクト・シネマに源流をもつ、想田和弘の「観察映画」[8] と共有する点が多い。小森自身、最終的にどういうところに着地するかわからない状態で撮影がはじまり、それは自分で見つけるというより「外的なこと」だと述べている。[9]「旅人」として自らを「半透明の存在」にし、カメラの前の時間や人々の情感を画面に漂着させる小森はるかの「記録運動」とは、果たしていかなるものか。

2　手と体

小森はるかは『the place named』(二〇一二)を制作した後、瀬尾夏美との共作で被災者の三つのエピソードからなる『波のした、土のうえ』(二〇一四)を作った。移住してから震災のアーカイブ事業関係のアルバイトをはじめ、手記集を集めているときに英語で書いている人がいると地元の住民に教

えてもらって佐藤貞一さんと知りあう。他にも五人の住民の記録を進めようしていたが、蕎麦屋のアルバイトが忙しくなって、撮り続けることができたのは二名だった。最初は二人の記録を一緒に編集していたが、それぞれにまとめた方がいいと思いいたって、『息の跡』（二〇一六）と『空に聞く』（二〇一八）という作品に分けられた。[10] ここからは同時に撮影が進められたという『息の跡』と『空に聞く』に焦点を絞り、これらに通底する方法論を探っていきたい。

彼女がカメラにおさめる両作品の被写体は「表現者」である。これらの映画の主人公は、単に自分の被災経験を語り継ごうとしている人物ではなく、被災者や死者たちの声を聴き、その声を別の人に届けようと「語る人たち」だといってもいい。だから複数性を背負った「メディウム」のような存在として「表現者」はフィルムに屹立する。メディウムには何かを伝える「媒体＝媒介」という意味に加えて、死者を媒介する「霊媒師」という意味がある。二人はまさに不在の者たちの声を媒介する霊媒者《メディウム》として存在しているのだ。

種苗店を営んでいた佐藤貞一さんは津波で家と店舗を失い、その跡地に住宅兼店舗のプレハブを自力で建てて「佐藤たね屋」を再開した。『息の跡』は彼の喪失と再生を記録する。すべてを喪った佐藤さんは、落ちていた瓦礫でカートや看板を作り、ビニールハウスを建て、井戸も掘り当てた。彼は震災での被災経験を、独学の英語や中国語、スペイン語で綴った本を自費出版してもいる。「バイブル」と呼ばれる英語で書かれた手記を、佐藤さんは毎日自らの声で力強く朗読する。繰り返し映し出される朗読のシーンは圧巻だ。

冒頭の風景や看板のショットの後、まずフレームには作業をする「手」が切り取られる。植物の苗

を一本ずつ植え替える手のクロースアップ［図12－1］。慣れた手つきで苗を選り分ける作業が進む。カメラはその手の動きを捉え続ける。夫婦で営んでいた小料理屋が津波で流された後、災害FMのパーソナリティを務めた阿部祐美さんを記録する『空に聞く』でも、冒頭は彼女がCDをケースから取り出してコンポに入れ、鉛筆でメモを取り、ヘッドフォンのプラグを差し込む「手」のクロースアップだ［図12－2］。手の形や動きが、これほど個性的であるということに改めて驚かされる。どちらの作品でもカメラは「作業する手」を注視し、二人が生きてきた時間を、その皺と動きが物語ってゆく。

　『息の跡』の佐藤さんは画面内を忙《せわ》しなく動きまわり、カメラを構える小森に得得と話しかけてくる。そうかと思えば、どっしりと座って野太い声で英語の手記を朗読する強烈なキャラクターだ。し

［図12-1］『息の跡』（小森はるか、2016）

［図12-2］『空に聞く』（小森はるか、2018）

［図12-3］『息の跡』（小森はるか、2016）

［図12-4］『空に聞く』（小森はるか、2018）

かしながら映画は、端々で震災を経験した他者の身体とどこかで共振する。その一つの理由は、おそらくきわめて具体的で個性的なキャラクターを捉えつつも、時に不自然なフレーミングで首から下の作業する身体が映し出されるからだろう［図12－3］。このショットは同時に『空に聞く』の阿部さんを捉えるときにも使用される［図12－4］。切り取られる手、そして首から下の体、これらのショットが具体から抽象、個別から普遍へと位相を変える。

フレームによる具象から抽象へのこうした運動を小森はるかの画面は絶えず宿している。『空に聞く』の終盤は、阿部さんが和食料理店「味彩」を再開し、料理の準備をするシーンである。この素晴らしいショットに幾度か挟まれるのが祭りで神輿を担ぐ者たちのロングショットだ。『息の跡』でも獅子舞を踊る子供たちのシーンが挿入される。成瀬巳喜男は、しばしばちんどん屋や祭りのモンタージュを挿入して物語を意味づける効果を狙った。小森のこうしたショットは再生する二人の生の隠喩としても機能する。

さらには『空に聞く』で、毎月一一日の黙祷放送について語る阿部さんの声に重ねられる、空に舞い上がる無数の凧のショット。あるいは『息の跡』の終盤のシークェンスで、佐藤さんの本のあとがきのテロップに重ねられる風に揺れる無数のススキの穂。小津安二郎の『麦秋』（一九五一）のラストシーンで、小津にしては珍しい移動撮影によって活写される麦の穂は、先の戦争で死んでいった幾多の戦没者たちを代理していた。絶えず形を変えてゆく風景、二人が放つ声の漠たる宛先、瓦礫に落ちていた子供の玩具、抽象化される身体──。小森はるかの画面には、直接映し出されない無数の声が蠢いている。ラストシーンでは手記の「あとがき」が英語と日本語で流れるが、ここでは佐藤さんの

あの強烈な朗読の声は徹底して奪われる。これもまた小森映画に見出される具象から抽象への転調なのだ。

3　媒介者

「結婚して終わりじゃねえのか、女の子は」と『息の跡』の序盤に、佐藤さんはカメラを抱える小森に向かっていう。「歳、なんぼだっけ?」「金稼ぐの?」と矢継ぎ早に質問を浴びせ、「……終わらない」と彼女は答える。冒頭から小森はそれに最小限の言葉を返してゆく。編集で作り手の音声は省くこともできたはずだし、撮る者/撮られる者の掛け合いを使わないこともできるが、彼女は最終的にそういう選択をしなかった。この後も、畳み掛けるように話しかける佐藤さんに笑ったり相槌を打ったり、時折、質問を返したりする小森の声が記録されている。◆11

被写体と撮影者の相互行為を通して現場の語りや動きが構築される。作り手の相槌や反応が、佐藤さんの語りを引き出す瞬間をカメラは捉えてゆく（『空に聞く』でも控えめだが阿部さんと対話する小森の反応がおさめられている）。彼女の反応を排除せずに映像に組み込むことによって、撮られる者のみならず、撮る者もまたカメラの前の現実の構築に関与していることが伝えられる。被写体の語りだけではなく、それを誘発する社会的現実の構成プロセスそれ自体が生々しく描き出されているのだ。映画批評家の三浦哲哉は実験精神の塊のような佐藤さんにとって「思いついたアイディアを報告する相手がかたわらに控えていることは、なかなかにうれしいことだったのではないか」と二人の「不思議な距離感」

について言及している。[12] その様子は確かにカメラから伝わり、小森とカメラの存在が、佐藤さんのパーソナリティを引き出しているのは間違いない。

面白いのは被写体であるはずの佐藤さんが、映像作家のリアクションを引き出そうと働きかける、すなわち役割が流動的に入れ替わる点である。その時、描く者であるはずの小森はるかは、描かれる者として表象空間に組み込まれる。『空に聞く』でも「阿部さんの方がディレクターで、私がカメラマンになっているときもある」[13] と述べ、撮る／撮られるという関係の曖昧性について小森自身が触れている。『息の跡』でも佐藤さんが仕掛けることによって、こうした役割が流動していく様が明確に見て取れるだろう。

『息の跡』の魅力は、佐藤さんのバイタリティある強烈なキャラクターであることはいうまでもない。だが、それ以上に「声」がもつ揺るぎないパワーがおさめられている。美術評論家の椹木野衣は「津波の様子を自分の死後、はるか後代まで伝えるべく、得意なわけでもなかった英文と漢文を手習してパソコンで書き、自費で出版し、みずからを鼓舞するため、店を閉めたあと図太い声で独り朗読するところ」[14] が本作の凄みだと絶賛している。英文学者の佐藤元状は『息の跡』を「朗読のパフォーマンス」として「前代未聞のカタストロフィを経験した一人の人間が、葛藤やトラウマを抱えながらも、いかにその土地で逞しく生き続けていくのかを記録した親密なドキュメント」と評している。[15] 本作のもっとも印象深いところが、佐藤さんによる朗読のシーンだ。彼は手記をただ読むのではなく、誰かに憑依されたかのごとく「朗読のパフォーマンス」の上演を行う。

どこか自分の人格を遠くへ押しやり、他者が乗り移ったかのように力強い朗読を日々繰り返す。な

ぜ英語なのか。なぜ中国語なのか。それが最後のシークェンスで明らかになる。陸前高田の風景に本の「あとがき」が英語と日本語で流れる。

かつて私はふつうの　日本のたね屋だった
しかし津波の後　私の人生と周りの状況は一変した
私は被災者となった
晴天の霹靂だった
痛ましい出来事だった
母国語で書くことはできなかった
日本語だとあまりにも悲しみが大きくなるから

馴染みのない言葉の媒介性によって悲しみを遠ざけるため、彼には外国語が必要だった。言語だけではない。おそらく散文や詩を朗読するように日常の延長で「普通」に読むこともできたはずだ。けれども彼のシアトリカルな朗読のパフォーマンスには異様な力が宿り、周囲が舞台になったかのごとく場が変容し、憑依されたような身体へと変貌する。演劇的であることが不可欠であるかのように、佐藤さんは「生き残った人のバイブル」を読み上げ、そのときだけ「他者」になる。読む人が複数化するといってもいい。そのとき、彼は津波で亡くなった無数の魂を「声」に乗せ、霊媒師として死者たちを代弁する役割を担っているかのように、誰かに向かって言葉を無心に放つ。

その意味で『空に聞く』の阿部さんも佐藤さんと同じく声を届け続けた人である。夫婦で営んでいた小料理屋が津波で流され、震災後、夫は内陸で飲食店を開き、阿部さんは災害FMのパーソナリティを務めた。高台に建てられたプレハブから、彼女は陸前高田の人たちに声を届けた。ただし彼女は単に必要な情報をラジオから届けたのではない。震災に遭った陸前高田の人々の家を訪問し、マイクを卓上に置いてその声を聞き取り、そのようにして記録した声をラジオに乗せて届けた。したがって『空に聞く』は町の人々の声を聞き取り、それを阿部さんが媒介して語り直すことを捉えた作品なのである。彼女の声と語りについて小森は次のように話す。

自分にまつわる話をご本人が読んでいるけど、すごく「距離」のある声だったんです。自分の話を語るように読んでいない、まさに「テキスト」として読んでいる声だった。テキストのなかには「私が」という言葉も入っているんですけど、そこに自分自身の感情を重ねて読むのではなく、むしろ一歩ひいて「私たち」というか、別の誰かのことを話しているかのように読んでくれたんですね。[16]

インタビューをして被災者の声をまた別の誰かに声を使って届けるメディウムとしての霊媒師。『息の跡』も『空に聞く』も、メディウムとしての声や文字を使って震災の声を掬い上げ、別の誰かに伝えようとしている人を記録するという二重の構造になっているのだ。そういう意味で、廃棄物を拾い集め、使われた痕跡を手がかりとして「修復」を試みる美術作家・青野文昭さんの制作風景を追った

『かげを拾う』（二〇二一）も、きわめて小森の作家性が凝縮されたドキュメンタリーだといえるだろう。冒頭は浜辺のゴミを拾う膝から下のショットで、青野さんの影を捉え続ける。終盤、制作の跡をカメラが舐めるように映し出すショットがある。本作もまた人の気配、行為の跡を強く感じさせる作品である。誰かが残したり、捨てたりしたものを集めて別のかたちで復元させる行為は、佐藤さんや阿部さんの媒介者＝霊媒師的な営みとどこか共鳴するところがある。

[図12-5]（上）、[図12-6]（下）
『根をほぐす』（小森はるか、2018）

4 積層する土地

土地と人々の積層性を記録すること——。『息の跡』とは別に、たね屋の佐藤貞一さんが自力で震災後に建てた店舗を高台へ新設するために解体する記録がある。二〇一三年から二〇一六年まで続けてきたプレハブを解体する様子を映し出した二〇一六年六月の記録だ。『根をほぐす』（二〇一八）と題された短篇で小森のカメラは屋根に登って海へとまなざしを注ぐ佐藤さんを捉える。

佐藤さんは「前はこっから海が見えたんだぞ。今はもう全然見えねぇ」と指を差す[図12-5]。カメ

ラは切り返してその視線の先を映し出す。道路の向こう側、嵩上げされた茶色い土地が視界を塞ぐ［図12－6］。だが、厳密にはこの風景は佐藤さんの視点ショットではなく、小森の視点からカメラが捉えた風景である。劇映画ではないから当然といえば当然なのだが、この道を歩く人々が日々変化を感じながら見てきた風景でもある。そしてこれまで彼が何度も見てきたであろう海の風景を「私たち」は想像し、共有する。かつては見えていた海の景色が工事で奪われ、喪失されていったその圧倒的な時間が伝わってくるワンショット。この時間の積み重なりを小森は強く意識していると思う。

『空に聞く』でも類似する場面がある。高い場所の墓を参った阿部さんが陸前高田の町を見下ろすシーンだ。『根をほぐす』と同じく、ローアングルから捉えられた彼女が視線を注ぎながらいう——「毎月変わってるんだよね。後からここ毎月来るんだから毎月写真撮っとけばよかったたって。遅いよねぇ……」［図12－7］。小森は高台から見下ろす彼女の視点ショットで切り返すことはしない。階段を降りる阿部さんを遠景に捉えるバックショットになって、彼女が眺めてきた景色を「私たち」のものに移し替える［図12－8］。これらのショットは二人が幾度も眺望してきた刻々と変化する風景とその時間を観る者に想像させる。

通常の視点ショットならば、佐藤さんのフレーム

［図12-7］（上）、［図12-8］（下）
『空に聞く』（小森はるか、2018）

外へ送る視線のショットには、屋根の上から見下ろした俯瞰の風景ショットをつなげばよいし、阿部さんがフレーム外へと視線を注ぐショットの後には、小森がいた場所から風景を捉えたショットをつなげばいい。けれども小森はそうはしなかった。ここでは登場人物から画面の外へ送られた視線の先を、そのまま画面に定着させることを拒む営為が見られる。

その後の運転の場面も印象的だ。阿部さんのハンドルを握る手がクロースアップされると、車はスピードを落とし、彼女の声がフレーム外から聞こえてくる――「ここ踏切。……踏切渡って、すぐ右。ここが実家です」。もちろん、画面には踏切も実家も映らない。あるのは何もない道路と何もない跡地だ。「かつて＝ここに＝あった」が「いま＝ここに＝ない」風景を想像的に重ねあわせること。画面に見えている風景に、過去の風景を重層的に浮かび上がらせること。小森はるかのカメラは、つねに喪失した時間と土地を、身体を媒介にして描き出す。

小森はるかは、まなざしの主体を一人称に還元させないように風景を描く。『ユリイカ』の小津安二郎の特集号に寄稿したエッセイで小森は、小津映画の風景は「登場人物の主観でも、風景ショットでもない、誰の視線なのかも分からない宙づりの画面」で、それは「小津の映画の中でしか経験したことがない」という[17]。映画研究者の伊藤弘了は、初期に撮った中篇ドキュメンタリー映画『あいだのことば』（二〇一二）と『米崎町のりんご農家の記録』（二〇一三）を中心に、繰り返される構図のショットから差異を明らかにする「定点観測」の技法をドキュメンタリー映画のなかにさりげなく持ち込んでいると論じ、小津と小森の映像上の類似を指摘している[18]。

彼女のドキュメンタリー映画は、厖大な時間をかけ、後戻りできない、刻々と移ろいゆく時間を差

し出す。作品として切り取られる映像は、ごく一部でしかないが、小森はるかの作品は伊藤弘了がいうように「見る人の認識を拡張させる力」[19]をもった記録であり、画面の外部を強く感じさせる力があるのだ。だからこそフレーム外の積層する土地や記憶、声を強く体感させるのである。

5　演劇とテキスト

瀬尾夏美との共作『二重のまち／交代地のうたを編む』（二〇一九）は、二〇一八年九月に陸前高田で行ったワークショップのプロセスが記録されている。震災当事者ではない四名の若者が、陸前高田の人々と対話をし、瀬尾夏美が二〇三一年を想像して記した「二重のまち」というテキストを読む。この作品もまた朗読が重要なモチーフとなっており、演劇的なパフォーマンスと強く関わっている。「震災当時子供だったとか、「当事者性が低い」と感じている人たちが何かをつかもうとする、わかろうとする過程自体、そういう身体自体が、経験を継承する媒介になっていくと感じていました」[20]と作者がいうように、本作は当事者性と震災との距離、そして語りを問題にした作品であり、いわば旅人（非当事者）が聞き手から語り手となってゆく過程をカメラにおさめた「物語」なのだ。

小森はるかの初期作品『the place named』は、ソーントン・ワイルダーの戯曲『わが町』を作品に取り入れ、役者がテキストを読んでいく。テキストを朗読する演劇的身体と朗読は、小森映画を貫通するモチーフである。彼女の作品を縦軸に見ると、先に述べた佐藤真を引き継ぐ作家だが、横軸で見れば、類縁関係を見出せるのは濱口竜介になるだろう。

演劇を作り上げていく過程をインタビューのような映像を交えて描いた前半と、実際の舞台の上演を撮影した後半で構成された『親密さ』（二〇一二）、「即興演技ワークショップ in Kobe」の受講生と映画制作をはじめてワークショップや小説の朗読会が延々と続く『ハッピーアワー』（二〇一五）、「多言語演劇」をやる舞台俳優／演出家を主人公とし、テキストを朗読する本読みと上演を描く『ドライブ・マイ・カー』（二〇二一）、濱口映画には繰り返しテキストを読む場面が登場する。

小森はるかは演劇における俳優の身体の魅力に関して、「毎回わずかなブレ」や「一回性」があり、その小さなブレが変化していく点に興味を惹かれると語る。[21] ここにおいて小森作品の身体論と風景論がぴったりと重なりあう。反復と差異。ある小さな空間を映し出す日常や身体が少しずつ変化していくことを記録するドキュメンタリー的な映画として、あるいはテキスト化された身体や声（朗読）が捉えられる演劇的な映画として、小森はるかと濱口竜介は共鳴しあう。現代映画に広く見られる身体の直接的な現前性や「演劇性」を指摘する映画批評家の渡邉大輔も、演劇的な舞台装置を取り入れた『親密さ』と『the place named』に触れながら濱口映画と小森映画に共通性を見出している。[22]

小森の映画作りは、あえて大きな映像文化の文脈でいえば、ポストメディウム状況におけるジャンル混淆と送り手／受け手の境界の溶解を体現した一つの実践であるといえるかもしれない。それは撮る主体性を疑い、自らが媒介《メディウム》へと徹することで、他者の声を響かせることに繋がるだろう。そのようにして、小森はるかは声、身体、風景を通じて、震災の記憶を「記録運動」として展開し、歴史と時間の積層を描き出すのである。

（北村匡平）

◆1 蓮實重彦『見るレッスン』光文社新書、二〇二〇年、五一頁。
◆2 同前、一一一頁。
◆3 新潟水俣病の未認定患者の運動に奔走し、佐藤真に阿賀野川を舞台とした記録映画を作ってほしいと嘆願した旗野秀人さんのこと。小田香・小森はるか・草野なつか「理想の瞬間はなかなか訪れない」、『文學界』二〇二二年一二月号、三七頁。
◆4 松本俊夫『映像の発見』三一書房、一九六三年、六六－六七頁。
◆5 佐藤真「記録映画『阿賀野川』(仮)のテーマならびに志向するもの」、『日常と不在を見つめて――ドキュメンタリー映画作家・佐藤真の哲学』、里山社、二〇一六年、六－七頁。
◆6 小森はるか「Production Note 旅人を撮る」、『Field recording：東北の風景をきく』第3号、アーツカウンシル東京、二〇二〇年、四〇－四一頁［傍点引用者］。
◆7 小森はるか＋瀬尾夏美「語らずにおれない体験をみんなで持ち合うために」、『美術手帖』二〇二一年四月号、八四頁。
◆8 想田和弘は自身の方法論について「観察映画の十戒」としており、台本を書かずテーマや落とし所を設定しないこと、カメラをなるべく長時間回すこと、長めのショットで編集して余白を残す点など共通する部分は多い。詳しくは、想田和弘『なぜ僕はドキュメンタリーを撮るのか』講談社現代新書、二〇一一年。想田和弘『カメラを持て、町へ出よう――「観察映画」論』集英社インターナショナル、二〇一五年を参照のこと。
◆9 小森はるか＋瀬尾夏美［インタビュー］(聞き手＝森山直人)「言葉と映像――聞くこと、話すこと、残すこと」、『舞台芸術』vol. 25、二〇二二年、五六頁［傍点引用者］。
◆10 詳しい経緯は以下を参照。小森はるか［インタビュー］(聞き手＝寺岡裕治)「伝えたいってことはなんなんだろう?」」、『キネマ旬報』二〇一七年二月上旬号、八〇－八三頁。また『息の跡』は二〇一五年の山形国際ドキュメンタリー映画祭で上映された後、再編集を経て劇場公開された。本稿で対象とするのは後者の劇場版である。
◆11 監督と被写体の距離感に関して、小森は「最初は、距離感を見せようとは思ってなかったんですよね。カメラ

を持ってる自分と佐藤さんがやりとりをしているのが映るのは、作品として良いと思っていなかった。でも一人でカメラをまわしているから会話していくうちに自然と声が記録されていって。編集の段階で自分の声はオフにしようと思っていたのですが、そうじゃない方が面白いというふうにアドバイスを受けたりして……」と述べている。小森はるか・佐々瞬・伊達伸明「ナラティブの記録と飛躍」、清水健人・脇山妙子編『ナラティブの修復』左右社、二〇二二年、四三頁。

◆12 三浦哲哉「記録すること、ものをつくること、その原点」、『息の跡』公式プログラム、二〇一七年、一二頁。

◆13 小森はるか「インタビュー」(聞き手・構成＝伊藤元晴、山下研、若林良)「小森はるかインタビュー(『空に聞く』)」、『エクリヲ』二〇一九年九月二一日、http://ecrito.fever.jp/20191026221509(二〇二三年五月四日取得)

◆14 槻木野衣「神話と日常とのあいだの目の眩むようなギャップと時空の重なり」、『キネマ旬報』二〇一七年二月上旬号、七八頁。

◆15 佐藤元状「『息の跡』、あるいは朗読について」『三田文学』二〇二三年春季号、二六二―二六三頁。

◆16 小森はるか、前掲「小森はるかインタビュー(『空に聞く』)」。

◆17 小森はるか「日常の先で眼差しを交わす」、『ユリイカ』〈総特集＝小津安二郎〉二〇一三年一一月臨時増刊号、二九―三〇頁。

◆18 伊藤弘了「映像を接ぎ木する――『あいだのことば』と『米崎町のりんご農家の記録』にみる小森はるかの原点」、『エクリヲ』二〇一九年一〇月二六日、http://ecrito.fever.jp/20191026221509(二〇二三年五月四日取得)

◆19 同前。

◆20 小森はるか＋瀬尾夏美、前掲「語らずにおれない体験をみんなで持ち合うために」、八一頁。

◆21 小森はるか＋瀬尾夏美、前掲「言葉と映像」、七〇頁。

◆22 渡邉大輔『新映画論 ポストシネマ』ゲンロン、二〇二二年、一〇八―一〇九頁。また小森自身もインタビューで語る人のみならず聞く人も表に出す重要性について述べ、濱口竜介の影響について言及している。小森はるか、前掲「小森はるかインタビュー(『空に聞く』)」。

清原惟論

マルチバースで交感する女性身体

1　男性の不在／女性の共在——『わたしたちの家』

清原惟の『わたしたちの家』（二〇一七）は、夜の暗い部屋の中で、白い服に身を包んだ女性たちが手を取りあい、輪になってダンスするシーンから開始される。夜の暗闇で女性たちがダンスするシーンからはじまる映画といえば、プールサイドで少女たちが軽快な音楽にのって踊り狂う、相米慎二の『台風クラブ』をあげずにはおれない。だが、相米映画では乱舞する少女たちの身体にプールの中から視線を注ぐ少年がいたのに対して、清原映画においてダンスする密室には、男性は不在である。その狭い空間では爽快なダンスミュージックに身振りを同期させるようにして、少女たちが楽しげに踊っている［図13－1］。

男性の不在は何も冒頭に限った話ではない。『わたしたちの家』には二人の女性が二組登場する。

清原惟　フィルモグラフィ

［長篇映画］◎『ひとつのバガテル』（15）◎『わたしたちの家』（17）◎『すべての夜を思いだす』（22）　**［短篇・中篇映画］**◎『しじゅうご円』（15）◎『音日記』（16）◎『波』（17）◎『火星の日』（17）◎『網目をとおるすんでいる』（18）◎『これが星の歩きかた』（20）　**［オムニバス短篇映画］**◎『三月の光／MADE IN YAMATO』（21）

この二組とは、シングルマザーの桐子とその娘のセリ、もう一方は突如、記憶を失くしてしまったサナと一人暮らしをしている透子。この二組は確かに同じ家に住んでいるのだが、多元宇宙《マルチバース》のごとく異世界で生活しており、お互いにもう一方の女性たちの存在は知らない。父を失い母の恋人を拒絶するセリと、サナを家に迎えて同棲をはじめる透子に、男性性はまったく必要とされていない。それどころか、彼女たちの住む家に男性が侵入することを忌避するような振る舞いをする。

セリは母が新しい恋人と再婚しようとすることに反発し、彼が買った花瓶が家に持ち込まれると「変な形」と言い放ち、花びらをむしり取る。終いにはその花瓶を投げて割ってしまう。誕生日会に招かれた男性にタバスコを入れたワインを振る舞いもする。もう一方のサナと透子の関係は、単なる友人同士とはいいがたい親密な「女同士の絆」が描かれている。透子は秘密裡に陰謀の究明のような活動を行っている。あるとき彼女の家にサナと喫茶店で知りあった突然の闖入者が現れる。その男は夜遅くに訪れてサナがシャッターをあけるや、すぐさま家の中に勝手に入り込む。「帰って！」と透子が男の侵入を拒絶するが、突然停電になって視界がまったく見えなくなる。男はフレームアウトし、真っ暗な闇の中、このカップルは手で顔に触れあい、互いの存在を確かめあう［図13-2］。その間に男は二階に勝手にあがって何か詮索しようとしている。透子らが男を追い詰めようとすると、突如として彼の頭に花瓶が投げつけられる。その花を生けた花瓶は、もう一つの同じ家に住むセリが放り投げたものであった。

要するに、この作品で二組の女性たちの家から拒絶され、排除され、フレームアウトされるのは男性性にほかならない。異なる世界に存在するかのような二つの家は、セリが障子にあけた穴によって

微かに繋がりはじめる。セリとサナは覗き穴からもう一つの同じ家を互いに見あう［図13−3］［図13−4］。最後にはセリが投げ捨てた花瓶はサナの世界へ届けられ［図13−5］、サナが記憶を失い、ずっと開けられずにいたプレゼントは、セリのもとへとギフトとして届けられる［図13−6］。

同じ建築の空間に共在する彼女たちは、互いに姿は見えなくとも、互いの幽霊的な存在をどこかで感じているのである。清原自身は「ジェンダー的な意識を強くもっていたっていうわけではありません」◆2と述べているものの、男性性を排斥しつつ女性が占める二つの生活空間を描く彼女の作品には、ジェンダーの問題系が横たわっているといっていいだろう。

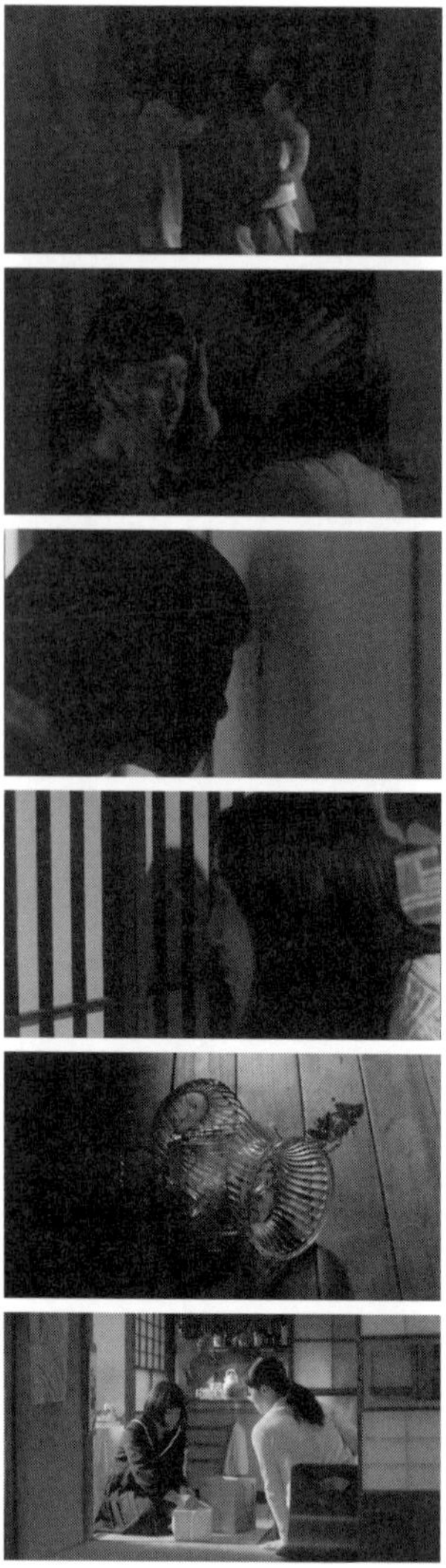

上から［図13-1］–［図13-6］
『わたしたちの家』（清原惟、2017）

2　身体の同期と交感──『すべての夜を思いだす』

長篇二作目となる『すべての夜を思いだす』（二〇二二）は、多摩ニュータウンに住む三人の世代を超えた女性たちの物語である。休職中の知珠はハローワークに行くが希望の職が見つからず、数年前に近所に引っ越してきた友人を訪ねようとバスに乗って歩いて向かう。ガスメーターの検針員として働く早苗は、多摩ニュータウンの団地を歩いて検針している。公園でダンスの練習をしている大学生の夏は亡くなった友人の大の命日に彼の家へと向かい、その後、大と同じ小中学校の同級生である文と会う。多摩ニュータウンに住む女性たちが街の中を歩くことで、自らの人生を見つめ直す一日を切り取った作品である。

清原映画は生活空間を描く。『わたしたちの家』における「家」、そして『すべての夜を思いだす』の「街」──。彼女たちはロードムービーのように外部に何かを探し求めて移動するのではなく、生活と密接した空間の内部を彷徨い、その場所を深く知ることになる。そのプロセスのなかで、女性同士のささやかな交感が描き出されるのだ。『すべての夜を思いだす』のプレス資料で、清原惟は次のように述べている。

一昨年、コロナ禍が始まったばかりの最初の緊急事態宣言の時は、ほとんど家で過ごす生活をしていました。移動するのにも電車を使わず、自転車で移動していたのですが、そうすると電車で

10分くらいのところに住む友人に会うのも、1時間くらいはかかります。しかし、それは時間がただただ伸びた、ということではなく、その道中でまったく新しい景色が見えるという体験でもありました。そして、距離があることで生まれる、様々な感情があることにも気づきました。会いたい人に会えない距離や、会っていても距離はあるということ。だれかに会いに行くための距離、というものについて考える日々からこの映画の着想を得ました。◆3

このステートメントは、一つ前の映画の企画で書き、事情があって撮れなくなったが、本作において新たな形で作品の根幹になっていると思って引用したものだという。ここには清原映画を貫通する重要な主題がある。すなわち、「道中でまったく新しい景色が見えるという体験」である。『わたしたちの家』において古い日本家屋は、同じ建築物に住む二組の女性たちの前に、まったく異なる空間として立ち現れ、終盤にいくにつれて、生き物が呼吸するように家の深部/暗部を覗かせる。『すべての夜を思いだす』で知珠は友人の家を訪ねるためにバスに乗り、彷徨うように目的地へと足を運ぶ。早苗は仕事柄、団地の中をひたすら歩く。夏もまた自転車で走り、友達と街を歩くことで移動し続ける。本作はいわば、女性たちが跋渉《ばっしょう》する映画だ。前作が家の記憶を手繰り寄せたように、本作では街を歩くことで新たな風景と出会い、土偶を見に博物館に行くことからもわかるように、その街に堆積する記憶に触れることになるだろう。

清原映画にあって、女性同士の交感はいかに映画的に描かれるのか。『わたしたちの家』で子供服を直すために、サナと透子が二人で縫い物をするツーショットがある［図13-7］。小津安二郎の『父あ

り』（一九四二）における名高い親子の釣りのツーショットのように画面は幸福に満たされてゆく。二人で手を動かしながら、突如、透子が童謡「ピクニック」を歌いはじめると、楽しくなって家の中を駆けまわるシーンだ。ここは映画で不安な面持ちしか見せていなかったサナがはじめて笑顔を見せる場面でもある。見知らぬ者たちは「編む」という身体のリズムを同期させる行為を通じて、一気に親密な距離を獲得する。男女、あるいは男同士の営みとしては、現在のところなかなか成立しない行為だろう。『すべての夜を思いだす』においては、ダンスをしているグループを見て夏と文が明るく踊り出すシーンで、身体の運動が同期する。その後、二人で大と過ごした夜をやり直そうと花火をするツーショットでも親密な距離がワンフレームで描かれている。

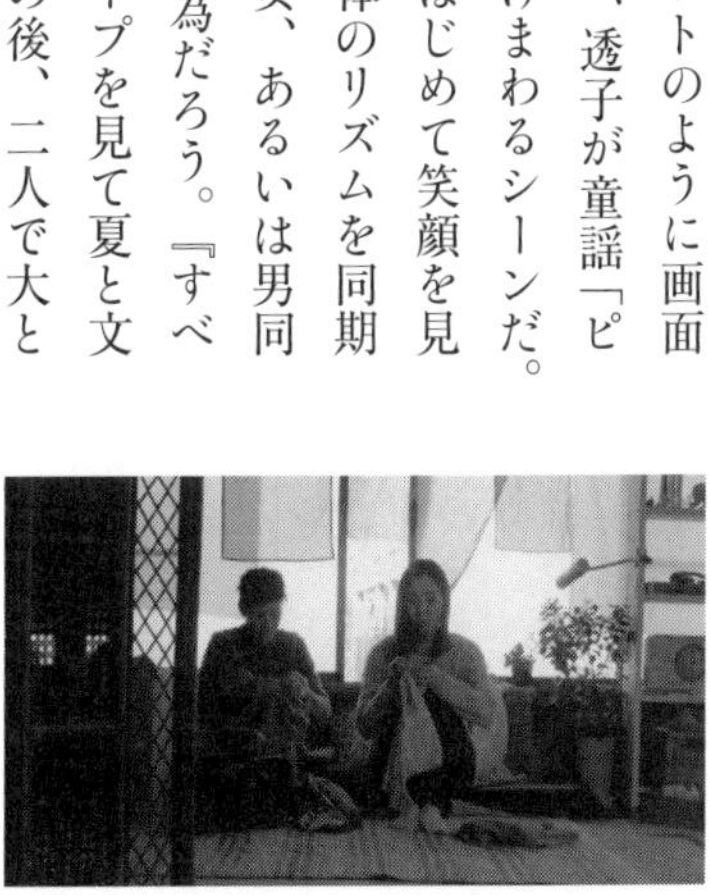

［図13-7］『わたしたちの家』（清原惟、2017）

清原映画では他人同士が行為を通じて、理解しあうというショットが挿入される。前作では「編む」という行為がそれにあたる。そして今作では、夏が公園でダンスをしているところに偶然立ち寄った知珠が突然夏を見ながら模倣して踊りはじめる仕草——その女性たちの身体の同期はワンフレームで手前と奥に配置された、一度目撃すれば忘れがたい強烈なショットだ。まったく赤の他人であるにもかかわらず、行為を通じて何かを受け取りあう。知らない人にダンスを模倣された夏は、後に友人にそのことを話し、「嫌な気持ちにはならなかった」とつぶやく。女性同士が画面内で身体の運動を同期させるショットは、清原映画において重要なモチーフとして繰り返し描かれる。それは別々に生き

ていた者たちの世界が、重なりあう瞬間なのだ。

3 ジェンダーとフレーム——世界／身体が触れあう瞬間

改めて確認しておけば、清原惟のスクリーンでは、バラバラに生きる女性たちの世界が重なりあう。『わたしたちの家』で家に住む女性たち、『すべての夜を思いだす』で街を歩く女性たち。明らかにこの映画作家は、シスジェンダー・ヘテロセクシャルの異性愛に関心を向けていない。むしろ女性同士の——性愛とは別の——親密な関係性を繊細に描き出そうとしている。二〇世紀の映画の大半は、ホームドラマにせよ、ロードムービーにせよ、その中心には男性が据えられ、映画は男性中心主義と結託して家や街を描いてきた。だが清原はこの家父長的空間を描き直す。『わたしたちの家』のサナと透子についての清原の次の発言は、『すべての夜を思いだす』にもあてはまるものだろう。

「友人って言ってしまえばそれで終わるんだけど、それでも何か名前がつけられないような関係性がある気がしていて。例えば4人とかでいると、なんというか……その場が家みたいな感じがしてくるような、何か空間が立ち上がってくるような感覚があるんです。そこでは自分がここにいることがすごい許されているような感じとか、そういうものがあったりして[4]」

『わたしたちの家』で切り取られる家の中や食卓の風景は、ややローポジションに据えられたカメ

ラの映像や［図13－8］、同じポジションから反復されるショット［図13－9］［図13－10］、あるいは時折挿入される瓶や廊下のエンプティショットからも［図13－11］、明らかに小津安二郎の映画を彷彿とさせる。

［図13-8］－［図13-11］
『わたしたちの家』（清原惟、2017）

しかしながら、この空間には小津映画に登場する家父長的な人物は存在しない。清原映画でスクリーンタイムのほとんどを占有するのは、ほかならぬ女性たちである。この徹底されたジェンダーバランスの偏りは清原映画を語るうえで抜きにはできない。なぜなら、この空間に家父長的な男性が一人でもいれば、まったく別物の空間となり、異なる共同体を描くことになるからだ。『すべての夜を思いだす』でも、主要な人物に男性はいない。プロットに関わる役割として登場する男性は、ガスの点検に訪れた早苗が行方不明になって対話する老人くらいだろう。

*

清原惟は武蔵野美術大学映像学科在学中に飛田みちるとの共作『暁の石』（二〇一四）が、ぴあフィルムフェスティバルでＰＦＦアワード２０１４に入選、卒業制作の『ひとつのバガテル』（二〇一五）が同じくＰＦＦアワード２０１５に入選し、東京藝術大学大学院映像研究科の修了制作として撮った、はじめての長篇作『わたしたちの家』がＰＦＦアワード２０１７グランプリを受賞したが、二作目の長篇を撮る前に『網目をとおる すんでいる』（二〇一八）という短篇を撮っている。この作品でも、『わたしたちの家』における透子とサナのごとく、幼馴染でいつも一緒にいる二人の少女たちの友情とも恋愛ともいえない女同士の特別な感情が描かれる。清原映画において、マジョリティのシスヘテロ男性は、ほとんどフレームにおさまることはないのだ。

映画批評家の渡邉大輔は、ポストシネマの重要な作品として『わたしたちの家』を取り上げ、「インターフェイス的平面」の接触性を画面から見出す。さらに赤と青と対照的な色彩設計で描き分けられていた二つの世界が、物語の中盤から徐々に交錯し、浸透していくと的確に分析している。[5]こうした二つの世界の境界が重なりあうことが、障子の穴や色調によって映画的に巧みに描き出されているのだ。加えていえば、ここで重要なのは別の世界の浸透だけでなく、女性性の交錯の仕方である。

『わたしたちの家』のサナは透子の服を着て、二人の存在が重なりあう。一緒に縫い物をする。男性が家に侵入したときに暗闇の中でサナと透子が抱擁する（セリと母親も暗闇の中で抱擁する）。『すべての夜を思いだす』では、先に述べたようにワンフレームで二人の女性のダンスが捉えられる。一緒に花火をする。別々の世界の境界が接触すること、女性同士の身体が触れあい、あるいは運動を通じて同期すること。清原惟の映画は、世界／身体の重なりあいが、多層的に描かれているのだ。[6]

最後に清原映画の人間以外の要素にも触れておきたい。彼女の映し出す建築物や街の風景は、ただの人物の背景ではない。『わたしたちの家』における建築物は、あたかも生き物であるかのような存在感を放つ。『すべての夜を思いだす』の街もスタティックに切り取られるのではなく、次第に生命を帯びたように蠢きだすだろう。[7] だから火や森、海や風、階段や障子といったモノもまた、カメラと生々しい関係を取り結び、人間と同じように画面を息づかせるのだ。そして彼女の差し向けるカメラのまなざしは過去へと注がれ、そこに積み重なった過去——ロラン・バルトのいう「そこに＝かつて＝あった」という意識——がつねにスクリーンから顔を覗かせるのである。

（北村匡平）

◆1 『わたしたちの家』では、男性性を象徴するものが家の内部へ持ち込まれると、物語は劇的な展開を見せる。セリの住む家庭に母の恋人が買った花瓶が入り込む。すると怪訝な表情を浮かべ、後に母が恋人と結婚して家に住まわせようと思っていることを伝えると、突如、セリはジャンケンをしようと申し出て、家に住む権利を奪いあおうとする。結果、自分が負けて家出をする。そしてその花瓶は終盤、セリが投げつけてサナたちの家に侵入した男の頭に直撃して割れてしまう。

◆2 清原惟（聞き手＝片上平次郎）「映画『わたしたちの家』上映会&清原監督講演会」、『立教大学ジェンダーフォーラム年報』第二一号、二〇二〇年、七四頁。

◆3 清原惟『すべての夜を思いだす』プレス資料、二〇二三年。

◆4 清原惟、前掲「映画『わたしたちの家』上映会&清原監督講演会」、七五頁。

◆5　渡邉大輔『新映画論 ポストシネマ』ゲンロン、二〇二二年、三九三－四一七頁。

◆6　本論の内容とは逸れるが、清原の作家性として夜を描くときの光源を捉えるショットの素晴らしさをあげておきたい。『わたしたちの家』の序盤にはフェリーから街の光を捉えた美しい移動撮影があり、セリが誕生日パーティーの後にゴミを火に焚べる絶妙な長回しがある。『すべての夜を思いだす』でもバスの車窓から夕日の逆光を捉える優れたショットや、夜の花火や自転車のライトの光源を捉える美しいショットがある。

◆7　こうした手法による瑞々しい映像感覚は、清原が敬愛するジャック・リヴェット、あるいはエリック・ロメールなどヌーヴェル・ヴァーグの作家たちによる、ロケーション撮影の効果を活かしたアプローチの影響を感じさせる。

風間志織論

日常の細部を照らし出すフィルム

1　木漏れ日と戯れる草、木、花

陽だまりのなかでそよぐ風に吹かれた草木や花。日差しは乱反射して世界を快くしている生き物たちの共存を奏でる。『メロデ Melodies』（一九八九）は自然を瑞々しく活写したショットの連なりによって幕を開けてゆく。風間志織の映画にとって物語はあくまで現実を切り取った網目を縫うようにか細く存在するにすぎない。風間の映画を観るとき、観客は表層上の物語を追うのではなくただそこにある風を肌に感じ、温度に手で触れ、光に浴びせられる。奇を衒ったモンタージュやカメラワークのダイナミズムによって意味を生成してゆくのではなく、じっと瞳を凝らすような風間のカメラは細部を掬い上げようとする静性をつねに纏う。日常が細部により成り立つ事実に反して、わたしたちはあまりにも多くの細部を日々取り逃がす。風間志織は小さな、しかしかけがえのない細部を映画の表象

風間志織　フィルモグラフィ

［長篇映画］◎『メロデ Melodies』（89）◎『冬の河童』（95）◎『火星のカノン』（01）◎『せかいのおわり』（04）◎『チョコリエッタ』（14）**［短篇・中篇映画］**◎『お楽しみは悲劇から』（82）◎『0×0（ゼロカケルコトノゼロ）』（83）◎『イみてーしょん、インテリあ。』（85）◎『ホー、猿の光り』（85）◎『恋、した。～バージンチチ・ラプソディ～』（97）**［オムニバス短篇映画］**◎『現場主義／ワンピース忠臣蔵』（96）

のなかで改めて差し出そうとする。

風間映画において暗闇は暗闇である。なんの変哲もないこの同語反復はしかし、多くの映画では暗い空間でも人間の姿に人工的な光が照らされて微細な表情までもが視認可能になっている事実を再認識させる。風間映画の登場人物は暗い場所ではただただシルエットになり変わる［図14－1］。観者から露わになった顔貌をつねに凝視されながら、その心情の内を明かさなければならない映画に映される人間という業から逃れる彼らは、現実に光が届かない場所であればシルエットと化し自らを包み隠す。『メロデ』はアキラから家の留守を頼まれていたひーちゃんが、そこに風呂を借りに来たクンと出逢って繰り広げられる三角関係の恋愛譚を綴ってゆく。アキラとひーちゃんがクンに思いを寄せているようにも見えるなか、クンはどちらにも優しくどっちつかずのままでいる。そうしたプロットにあって、この三角関係の当事者たちは暗闇に身を沈めながら本心をひた隠しにする。

モノローグもなく、そしておそらく明け透けに心の内を語っているわけでもない登場人物たちの感情は映像表現そのものに託される。たとえば仕事先の店のガラス越しにひーちゃんを映したショットは、そこを行き交う人々や車のガラスへの反映がクンに惹かれてゆく彼女の去来する感情を代弁する［図14－2］。終盤でそれはひーちゃんの目の前を車が横切るショットへと変化し、彼女の気持ちがよりはっきりと断絶されたような印象をもたらす［図14－3］。陽気な性分のクンはおどけてみせるばかりだが、ひーちゃんがアキラとクンが関係をもったのではないかと誤解してその場を飛び出してゆき、追いかけた彼はひーちゃんに拒絶されて車に戻る。フロントガラス越しのクンには植物模様の影が落ちてそこをワイパーが何度も粗野に往復し、クンのざわめきだった苛立ちが具象化される［図14－4］。

永遠に続くかのように思われた三角関係への闖入者たるアキラの婚約者の登場は飛行機が滑走路に降り立とうとするショットによって迎え入れられ、まさにその獰猛な轟音が彼らの不／調和を搔っ切るかのように差し込まれる。ラストショットではアキラが先を歩く婚約者の後を追いながら背中へと手を伸ばす［図14－5］。そこでは摑もうとして摑めずに行き場を失った〈手〉だけが、意味深長にフィルムへと投錨される。かくして三角関係は答えを風のなかへ放り込んでしまう。直ちに「さて、もう一度始めよう」と手書き文字による字幕が表示され、映画は終わらないメロディを奏でてゆく［図14－6］。

エリック・ロメール監督作『緑の光線』（一九八六）から影響を受けた『メロデ』を「女の人にしか撮れない映画」とする評言に対して、風間は次のように述べた。「「女でしか生きてねぇからわかんねえや、そんなこと」って感じですね（笑）。言えるものなら、「実は男なんだよー」と言ってやりたい気もする（笑）」[◆1]。そう飄々と答えてみせる風間の発言には、「その性別でしか撮れない映画」への疑義を看取できる。「実は男」であったとしたら、その発言者の作品に対する見解はどう変わるのか、

上から［図14-1］－［図14-6］
『メロデ』（風間志織、1989）

あるいは変わらないのか。それは作者の性別を事前に知っているがゆえの思い込みではないのか。翻ってロメールの『緑の光線』に「男の人にしか撮れない映画」という評言が違和感なく成立するのか。とくに女性ばかりが作品と性別を結びつけられることの恣意性がそこで俎上に載せられる。

続く『冬の河童』（一九九五）も『メロデ』の自然の煌めきに満ちた独自の美学を概ね引き継ぐ。『冬の河童』は第二四回ロッテルダム映画祭にて観客人気投票一二六作品中一二二位ながら、TIGER AWARD新人賞に輝いた。◆2 ファーストショット、映画はまず画面全体を光が乱舞する水で浸す［図14-7］。次のショットでは庭にある大きな池の水の揺らめきが家に反射している。この反射は映画のなかで幾度となく反復される。『冬の河童』は異母兄弟である一太郎、タケシ、父親の愛人に連れられてきたツグオ、一太郎とタケシの従姉妹であるサケ子が一週間後には売りに出される古い日本家屋でいっときを過ごす。どうやらサケ子はかつてタケシに想いを寄せていたようでツグオは現在進行形で一太郎を懸想しているらしいが、『冬の河童』は物語要約に適さない。この映画はそうした複雑な人間関係が錯綜する設定をもちながらも、本質的には日常生活においてふと心を奪われてしまうようなさりげない美しさを現前させるためのフィルムであるように思われる。白眉であるサケ子の入浴場面では湯船から光が天へと立ち上ってゆくような幻惑的な照明の奇跡をカメラが捉えており、物語を大きく

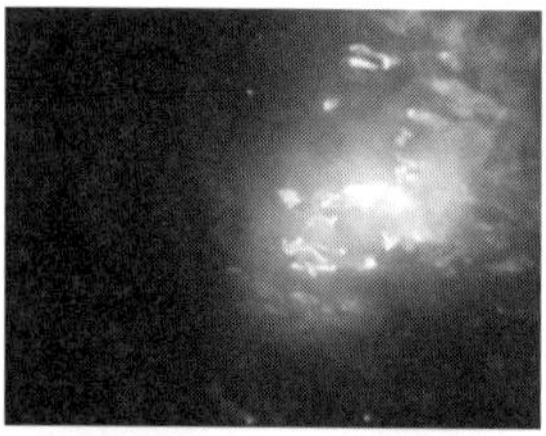

［図14-7］（上）、［図14-8］（下）
『冬の河童』（風間志織、1995）

動かすわけでない生活の何気ない営みであっても作家が緻密に空間設計を施していることを証し立てている［図14−8］。

2 平凡な日常を落下させる穴

微温的な恋愛模様が静謐な雰囲気とあたたかな緑で彩られた『メロデ』、『冬の河童』とは対照的に、初期のアヴァンギャルドな作品『イみてーしょん、インテリあ。』（一九八五）は過激な衝動に魘されている。高校の文化祭にて白血病の少女を描いた『0×0（ゼロカケルコトノゼロ）』（一九八三）を制作し、ぴあフィルムフェスティバル（PFF）で入選。『イみてーしょん、インテリあ。』が、一九八四年に開始した16ミリ映画制作援助企画であるPFFスカラシップの第一回作品となった。PFFは女性の映画作家の輩出にとりわけ力を入れているが、風間志織はその先駆けだった。『イみてーしょん、インテリあ。』には病気で入院している母のいる一七歳の高校生ふたみを主人公に、理路整然と進む筋書きらしい筋書きはなく、打ち上げ花火やドロドロと流れるセメントによるイメージなどのブリコラージュが目を見張る。「この間、頭を開いて脳みそを見たんだ。何色だったと思う?」「目玉色!」といった少女たちの荒唐無稽な会話が矢継ぎ早に飛び交い、おもちゃ箱をひっくり返してまた雑多に詰めてゆくかのようなタッチの映画に仕上がっている。

ふたみは母が死す日を「せかいのおわり」と表現する。まだ幼い高校生の少女にとって「世界」は内向的で半径五メートル以内の個人的な出来事のみで形成されていた。しかしその「世界」は、

二〇〇四年に風間が手がけた『せかいのおわり』に至っては社会へと拡大されることになる。ふたみが地面に落ちている楕円形の鏡を覗き込むと、はたから別の少女が「落っこちるよ」と警句を発する［図14－9］。『せかいのおわり』はさまざまな様態を呈する〈穴〉を巡る映画だが、『イみてーしょん、インテリあ。』は風間的モチーフである〈鏡〉と〈穴〉が融合して新たな次元への入り口を示唆していた。

二〇〇一年に起きたアメリカ同時多発テロ事件の脅威をもって撮られた『せかいのおわり』は、恋人の男性の家を転々としているらしい幼馴染のはる子、はる子に不毛な片想いをしている慎之介、慎之介と同居生活を送りながらかつては彼に恋心を抱いていたという店長こと三沢の三角関係を描く。とはいえ風間自身が「どんどん悪い方向に向かっている世界の中で、〝私は戦わない〟という意思表示をしたかった」◆3と述べるように、『せかいのおわり』は恋愛映画の体裁を取った風間流の「反戦映画」ともいえるだろう。劇中ではは る子が空を飛行する飛行機に指で模した銃を向けて「バン」と呟くと、空想のなかでその飛行機が爆発するというテロを直接的に想起させるショットまで差し込まれている［図14－10］。映画はつねに「急に終わってしまう世界」の可能性を貫流させる。はる子が仕事先の美容室に客として訪れた中本と交際しはじめ、幸福の絶頂にいた矢先に中本の妻が家に戻ってきて呆気なく終わってしまう挿話もその系譜に連なる。はる子は美容室を辞めて兎の着ぐるみで路上に立つアルバイトに就くが、頭をボフッと被った瞬間に視界が一変して閉ざされてしまう着ぐるみもまたある種の「せかいのおわり」をもたらす。この映画の幕開け自体、キャリーケースを引き連れたはる子が足を踏み入れていったのはほかならぬトンネルであって、長く続く〈穴〉への道の予示がすでに

上から［図14-9］－［図14-13］
『せかいのおわり』（風間志織、2004）

そこにはあったのだった［図14－11］。

　中本への復讐のために落とし穴を掘る作戦を画策したはる子は、家でほかの女性と会っていた慎之介を連れて外へと飛び出す。不法投棄の現場に遭遇したふたりはそこに置いてあったソファに腰掛け、慎之介が買い出しに離れた次の瞬間、ショットが切り替わると外界の音は後景化して静まり返る。ぽつんと佇むはる子の姿は、世界にたったひとりだけ取り残されてしまったような心許なさを湛える［図14－12］。世界の果てを感受したはる子は恐怖による気の迷いからか、慎之介と関係をもちかけるものの挫折してしまう。一方、慎之介に置き去りにされた女性は腹いせに食べていた大きな容器のアイスを水槽に沈める。水中の狭い世界を生きていた熱帯魚たちはそこで一巻の終わりを迎えた。慎之介ははる子と結ばれずに終わってしまった夜を明かし、階段を上る。慎之介が身を置く四角くり

抜かれた家の階段の空間と水槽に沈んだアイスの四角い容器を、風間は視覚的類縁性で撓《か》ち合わせる［図14-13］。もうひとつの「せかいのおわり」を目の当たりにした慎之介は突発的な破壊行動に出るが、そこで三沢が不意に慎之介に口づけをして止める。

最後の場面、一悶着ののち久々に再会した慎之介とはる子が歩く様子を映す静止したカメラは、はる子がある地点まで辿りつくのを見計らっていたかのように遅滞して蛇のように横移動しはじめる。慎之介ははる子を用意していた落とし穴に突き落とす作戦にまんまと成功し、自分もそこに入ってゆく。ふたりが並んで見上げた先には、丸く切り抜かれた晴れ晴れとした青空があった。はる子が憎しみのために掘ろうとした落とし穴は結局掘られず、誰かを陥れる装置として成立しない。風間の「戦わない」という意思がそこに鳴り響く。ふたりで肩を並べるその落とし穴はむしろ「意外とあったかい」シェルターのようでもある。

『せかいのおわり』において連鎖するモチーフである〈穴〉は、即座に「せかいのおわり」を意味しない。映画は見えない落とし穴にいつ落下してしまうかわからない恐怖と隣り合わせのまま生きる者たちが、忌避すべきものだったはずの穴に安住してしまう逆転的解決を得たのだった。それは他人を陥れようとした者が因果応報的に痛い目に遭うといった道徳的帰着などではない。この結末が楽観的で優しいのは、ひいてはあれだけ暗闇を恐れていた中本にも、はる子に不誠実だったにもかかわらず意外と穴は怖い場所ではなかったのだと迂回してメッセージを飛ばしてみせるからである。これは風間なりの平和主義であり、映画が伏在させていた「せかいのおわり」への未知なる恐怖はそうして日常の平凡さに埋没してゆく。

3　宇宙にぽつりと浮かぶふたつの燈

映画研究者の久保豊は二〇二〇年に早稲田大学演劇博物館で行われた「Inside/Out ——映像文化とLGBTQ+」企画展関連図録のなかで「ゲイ男性やレズビアン的欲望を掻き立てるような関係性が描かれる」[4]のが風間映画だとし、その作家性を「同性間の強い親密さを描くことに長け」ていると評した。[5]同書では「エイズ・パニック」と「ゲイ・ブーム」以前以後」と題された第三章にてオープンリーゲイとしてキャリアを開始させた映画作家の橋口亮輔と並んで風間が名を連ねている。風間の『火星のカノン』（二〇〇一）には既婚者男性の公平と恋愛する絹子と彼女に想いを寄せる聖のふたりの女性同士の関係性が描かれている。

タイトルに冠された「火星」の象徴性を忠実になぞるようにして、映画は画面にたえず赤い光を灯す。高速道路沿いに断続的に設置された赤いライト、暗い室内でぼうっと灯るライターの炎、路上に赤い布を敷いて商売する真鍋のかたわらに揺れる蝋燭の炎、絹子の病気のお見舞いで家に持ち込まれた赤い照明の巻かれた鉢植え［図14-14］など、それは枚挙に遑がない。聖と絹子がふたり乗りした自転車を疾走させる交差点の信号機もまた、本来なら「青」で渡っているはずにもかかわらず「赤」が表示されているという作為性から、作家が赤い照明を積極的に画面に招き入れようとしている意図は明らかだろう［図14-15］。このように、細部に主題系を華やかに宿らせる手つきは風間志織の作家性のひとつだといえる。聖と絹子が腰掛けるフェンスの床に赤い光が無数に煌めく建物の屋上の場面は『火

星のカノン』でもっとも多幸感に溢れている［図14−16］。

本作劇場用パンフレットの評には「聖が絹子に惹かれていったのは、絹子のプライドの高さを見て取ったからだろう。「レズビアン」という言葉は映画の中には出てこないが、聖はむしろ、世間普通の恋愛をしたくなかっただけのように、見える」[◆6]とあるが、聖が絹子に惹かれていったのは聖がレズビアンであったからであり、それは「世間普通の恋愛をしたくなかっただけ」だからではなく、ただそうであるだけという話でしかないように思える。レズビアンが女性に惹かれてゆくのも、レズビアンというアイデンティティを自認しているのも、そこに尤もらしい「理由」を与えてみたくなるのは、ただそうであるだけだと受け入れられない異性愛主義に基づく無意識的な偏見に由来するのではないか。『冬の河童』で同性相手に人知れず想いを募らせていたツグオも、『せかいのおわり』で周りを冷静に見守るバイセクシュアルの三沢も、風間映画においては異性愛主義に与しない登場人物もまた物語的必然性を背負わず、ただほかの者たちと肩を並べて生きているに過ぎない。『火星のカノン』と同年で

上から［図14-14］–［図14-16］
『火星のカノン』（風間志織、2001）

ある二〇〇一年製作の女性同士の恋愛を描いた日本映画としてはたとえば高校生の片想い譚である『blue』（安藤尋監督）、老年期の女性同士が恋愛へと発展してゆく『百合祭』（浜野佐知監督）、同居している女性ふたりが互いの恋愛感情を認め合う『贅沢な骨』（行定勲監督）などがある。『贅沢な骨』はセックスワーカーのミヤコと彼女が養うサキコが同居生活を送る。喉の奥に食べた鰻の骨が刺さったまま、口をパクパクとさせる行為を繰り返すミヤコは劇中で彼女たちがミキサーを水槽がわりにし飼っている金魚を擬態しているようである。水槽にはないはずの鋭い刃を備えたミキサーに住まわされた脆弱な金魚は、つねにその身を切り裂きかねない凶器に曝され続ける。ミヤコは男性との性行為でサキコへの欲望を晴らしていたことを終盤になってようやくサキコへと伝えるが、地上に放り出された魚が窒息してしまうように突然命が尽きてしまう。それはレズビアンが生きていけない異性愛至上主義の社会を告発する比喩表現なのか、いずれにしても女性同士の生活は破綻を余儀なくされる。前年製作の『LOVE/JUICE』（新藤風監督）も女性ふたりの同居生活を扱うが、レズビアンがヘテロセクシュアルを自認する同居人に失恋してふたりの生活は維持されない。『blue』もまた、淡い恋心を介在した卒業を控える高校生たちが上京してふたりで住もうと語り合うがそれは口上の絵空事に留まる。

風間は矢崎仁司の現場に一時期スタッフとして入っていたこともあったが、クィアな感性に長けた矢崎による『風たちの午後』（一九八〇）は美津に恋愛感情を抱く夏子の一途な片想いを鮮烈に描出してゆく。夏子は美津が付き合っている男性と寝る代わりにもう美津と会わないよう裏で取引するものの、夏子の願望が成就することもなく悲劇的な展開へと向かう。『風たちの午後』を評した映画評論家の石原郁子がその「水のきらめき」[◆7]に触れているように、矢崎と風間における同質性とは女同

士の愛の不／可能性のみならず、心象風景を映し出す〈水〉という符牒にも立ち現れる。もっとも、二〇一四年に『チョコリエッタ』を世に送り出して以降、フィルモグラフィの更新されない風間に対して矢崎は二〇二〇年に撮った『さくら』のなかで、自身の『風たちの午後』へと反旗を翻すかのように高校生にレズビアンとして生き抜く覚悟を「宣言」させてみせたのだった。

この『風たちの午後』をはじめとしてここに挙げた日本のレズビアン映画はいずれも女性同士の関係性において必ず男性が介入してくる。『火星のカノン』も例に漏れず絹子と聖のあいだには男性が密接に絡んでくるが、ほかの作品群と一線を画すのは女性同士の生活が断念されるのではなくむしろそれがいままさにはじめられようとしている予兆で幕を閉じてゆくところにあるだろう。しかし絹子は聖とベッドの上で素肌を寄せ合いながら、公平との甘い夢を見て笑みを浮かべながら涙を流す。この両義的な結末は、女性同士の愛が男性との愛の挫折に起因するといった解釈へと蠱惑的にいざなうかもしれない。それはある意味で『火星のカノン』の時代的な限界と残酷を示してもいる。しかし異性愛の失敗の結果として結論づけてしまうのは、レズビアンのアイデンティティや欲望が男性の有無にかかわらず自律して存在することをひいては否定しかねない。映画でも女性の性愛や恋愛はつねに男性と関連付けられて、もしくは男性を前提として多く語られてきた。

『火星のカノン』は都会的なネオンが無数の星々へと幻視される、広大な宇宙にただふたりきりになったかのような屋上の映像にもっとも残像効果を施す。『せかいのおわり』でも慎之介とはる子が世界の果てでたったふたりきりになったかのような瞬間が発現されていたように、喧騒を撤退させてひとり、ないしはふたりだけをぽつんとスクリーンに取り残してしまう無音の質感を付与するのは風

間の作家性のひとつに数えられる。だからこそこの終幕では、宇宙にふたりきりのようだった輝かしい屋上の女たちが強固に蘇ってくる。

「レズビアン&バイセクシュアル、セクシュアルマイノリティのための雑誌」である『アニース』の一九九六年創刊号では、女性同士の関係が描かれる映画リストにおいて『メロデ』が「友情それとも愛情?! ちょっと疑問だけど、見方によっては♀♀よ!」の枠にカテゴライズされていた。『火星のカノン』を経て遡及的に『メロデ』を読み返したとき、そこにはアキラが真に摑めなかったのはいったい誰だったのか、という新たな問いをも生起されてくるかもしれない。

4 それでも映画へと続く「道」

風間志織の映画は世界に取り残されてしまったかのような孤独な感触が眼球を撫でる。『チョコリエッタ』（二〇一四）のファーストショットに帯びる風間的な符牒の数々——星、赤い光、宇宙、火星〔図14-17〕。母の死がすなわち「せかいのおわり」なのだとした『イみてーしょん、インテリあ。』のふたみの提言を正しく引き継ぎ、『チョコリエッタ』の知世子は母の事故死によって「せかいのおわり」を迎えた。より正確を期すればそれは「にんげんのおわり」であり、知世子は「犬」になったのだった。フェデリコ・フェリーニ監督作『道』（一九五四）のヒロインであるジェルソミーナを演じたジュリエッタ・マシーナに倣って、知世子は亡き母から「チョコリエッタ」と名付けられていた。

知世子は『道』を借りるために変わり者で映画好きの先輩の正宗のもとを訪れ、ふたりは映画を撮

りに旅に出てゆく。少年は人を殺さないために映画を撮り、少女は死なないために映画に撮られる。少女は撮られる側でもあるが、カメラを構えもする。そうした知世子の姿に、映画界に彗星の如く現れるや「天才少女監督」と謳われ、高校生でカメラを手にした風間自身を重ね合わせるのはいかにもたやすい。ふたりは旅の途中で色彩を失った簡素な作業着に衣替えし、「立ち入り禁止」区域にも足を踏み入れる。そこでは容易に「フクシマ」が連想され、製作の三年前に起きた東日本大震災の記憶が嵌入するだろう。『チョコリエッタ』には少女にとって大切だった母と飼い犬の死という「小さな物語」と、震災という「大きな物語」が二重化されている。

　同時多発テロ後に撮られた前作『せかいのおわり』の二〇〇四年から、『チョコリエッタ』までおよそ一〇年の時間が経過していた。そこでは『メロデ』や『冬の河童』に顕著だった牧歌的な自然の美しさはその残滓を時折覗かせながらも影を潜め、コンクリートに表徴される灰色、寂れた商店街、廃棄物だらけの河川［図14–18］などがスクリーンを占有してゆく。しかしそうしたなかでも知世子は懸命に美しい木々た

上から［図14-17］–［図14-20］
『チョコリエッタ』（風間志織、2014）

ちと陽光に向かってカメラを掲げ続ける［図14-19］［図14-20］。それでも世界は美しい、のだと風間の映画は伝えようとする。現実世界の美しさを愚直なまでにただそのまま、矩形に切り抜く。それは時間が経っても、あらゆるすべてが変わってしまっても、決して褪せることのない風間映画の美質にほかならない。

風間は大島真寿美の原作小説から時間を進め、『チョコリエッタ』の時代設定を原発事故から一〇年後の二〇二一年へと翻案した。そのため二〇二一年の九月には『チョコリエッタ』、デジタルリマスターされた『せかいのおわり』と『火星のカノン』の三作品が組まれた風間志織特集上映が開催された。二〇〇〇年代半ばに「二二歳で撮った8ミリ作品『メロデ』ですでにひとつの完成型を見せてしまった風間志織は、極めて早熟な映画監督だった」◆8といわれていたこの寡作な作家が、早熟だったあまりに二〇一四年でその映画人生に終止符を打つのは惜しい。現時点での風間志織の最後の映画が、映画についての映画であり、映画への愛に迸っていたことを、私たちは今日においても忘れるべきではない。

（児玉美月）

◆1　風間志織［インタビュー］「新・今月の主役5 風間志織」、『広告批評』一九九五年五月号、六七頁。
◆2　『キネマ旬報』一九九五年五月上旬号、五八頁。
◆3　『せかいのおわり』劇場用パンフレット。

◆4 『Inside/Out――映像文化とＬＧＢＴＱ＋』二〇二〇年、早稲田大学坪内博士記念演劇博物館、二九頁。
◆5 同前、三四頁。
◆6 『火星のカノン』劇場用パンフレット。
◆7 石原郁子『菫色の映画祭――ザ・トランス・セクシュアル・ムーヴィーズ』フィルムアート社、一九九六年、二一六頁。
◆8 中西愛子「〈ゼロ世代〉の監督たち 風間志織」、森直人編『日本発 映画ゼロ世代――新しいＪムーヴィーの読み方』フィルムアート社、二〇〇六年、五二頁。

浜野佐知論
男根的《ファリック》要請とフェミニズム的欲望の闘争

浜野佐知　フィルモグラフィ

[長篇映画]◎『十七才すきすき族』(72)◎『小田かおる 貴婦人○嬢の悦楽』(95)◎『第七官界彷徨―尾崎翠を探して』(98)◎『女修道院 バイブ折檻』(99)◎『ノーパン女医 吸い尽くして』(00)◎『いじめる女たち―快感・絶頂・昇天―』(00)◎『いじめる人妻たち 淫乱天国』(00)◎『百合祭』(01)◎『やりたい人妻たち』(03)◎『こほろぎ嬢』(06)◎『セクハラ女上司 パンスト性感責め』(10)◎『百合子、ダスヴィダーニヤ』(11)◎『和服姉妹 愛液かきまわす』(11)◎『SEXファイル むさぼり肉体潜入』(12)◎『喪服令嬢 いたぶり淫夢』(12)◎『熟女ヘルパー癒しの手ざわり』(13)◎『BODY TROUBLE～男が女になるビョーキ?』(14)◎『僕のオッパイが発情した理由』(14)◎『女詐欺師と美人シンガーお熱いのはどっち?』(15)◎『雪子さんの足音』(19)他多数

1　ピンク映画へ

浜野佐知は一九七二年、二二歳の頃に自ら脚本を書いたピンク映画『十七才すきすき族』で監督デビューを果たす。浜野のフィルモグラフィには『痴漢電車 ミニスカートに御用心』（一九八八）といったフォトグラファーの女性を主人公にしたピンク映画もあるが、浜野自身も写真の専門学校へ通うために一八歳で上京した。しかし当時の大手映画スタジオに就職できたのは大学を卒業した男性だけだったために、浜野はピンク映画を観たこともなかったが低予算でピンク映画を撮る独立プロへと進まざるをえず、若松孝二率いる若松プロの門を叩く。ちょうど七〇年代から八〇年代はピンク映画の需

要が急激に伸びた時代でもあった。そうして妥協案としてピンク映画の世界へと飛び込んだ浜野であったが、のちにはあまりに多作なため「的場ちせ」の別名を得るまでになる。世界の女性映画作家を網羅的に論じた書籍『女性監督映画の全貌』(二〇〇一)では「世界の女性監督・日本」の章が「初期」、「話題の人・独立プロ」、「ドキュメンタリー」の三つにセグメントされており、浜野は「話題の人・独立プロ」に名前を連ねている。同書において浜野は、「時代の変化であり変化の波頭に立つユニークな女性映画人の1人である」と評された。[1]

女性の主体的なエロを撮る——これは浜野のピンク映画において、最も核となるマニフェストである。浜野によれば「男の欲望のために女性の肉体を商品化する」のがピンク映画であり、浜野は女性差別的な表現が無批判に生産され続けてしまう男性しかいないピンク映画のジャンルにこそ、女性の監督が必要だと考えた。[2]たとえば『セクハラ女上司 パンスト性感責め』(二〇一〇)などは、浜野のピンク映画における思想が際立って詰まった一本であるように思える。主人公の早苗は部下の白石に出世をちらつかせて性的奉仕を強要する。しかし早苗はもともと新入社員だった頃に上司である八日市から性暴力を受けていたという挿話が差し込まれ、観客は彼女がそのトラウマ的経験から今度は部下に対してかつての上司と同じことを繰り返すようになったのだと理解する。浜野自身もまた、男社会でハラスメントを日常的に受けながら、数少ない「女性監督」として映画界を生き抜いてきた。それがいかに壮絶であったかは、自伝『女が映画を作るとき』(二〇〇五)及び『女になれない職業』(二〇二二)にて窺い知れる通りである。

『セクハラ女上司』の性描写の特徴として、一貫して早苗が「ザーメン返し」を披露する点を挙げ

られる。AV業界で流行していたという射精を女性の口で行う「口内発射」を逆手に取って、むしろ女性のほうが放出された精液を男性に飲ませてしまう「ザーメン返し」は、浜野のピンク映画において頻出の描写となっている。[3] これはまた、ジャーナリストの亀山早苗が浜野のピンク映画における技法的特徴として挙げる三つ――「女性の股間のアップ」、「パンフェラ」(下着の上からするフェラチオ)、「ザーメン返し」の内の一つである。[4]『喪服令嬢 いたぶり淫夢』(二〇一二)でも牢獄内で寝具に手錠で繋がれた男が女から攻められ続け、女の口に含んだ精液を顔にかけられる。そのほかにも『やりたい人妻たち』(二〇〇三)や『やりたい人妻たち2 昇天テクニック』(二〇〇三)など枚挙に遑《いとま》がない。早苗は白石の顔の上に跨がり、膣内に出された精液を彼の顔に垂れ流す。それを白石は強制的に舐めさせられる。その後も早苗は吐き出された精液を男の顔に塗りたくる。多くの場合、そうした行為を男たちは直ちに忌避するのではなく享受しているように見える。

早苗が責任者を務める支社の横領疑惑を耳にした八日市は早苗の部下である梨佳に彼女の役職を渡すともちかけるが、早苗は梨佳にいかに八日市が狡猾かを知らしめる。男性中心社会では八日市のような下卑た男であっても利用するべきだと考える早苗は梨佳を巻き込み、三人の複数プレイへと突入してゆく。早苗と梨佳はオフで観客にだけ聞こえる心の声で「女同士一緒に戦いましょう」と八日市の白いブリーフに隠されたペニスの前で誓い合うが、このショットは浜野のピンク映画を端的に表徴するものでもあるだろう[図15-1]。浜野のピンク映画では、つねにピンク映画産業を担う男性観客の欲望を充足させるための目配せと女性の主体的な性を撮ろうとするフェミニズム的な欲望とが、張り詰めた緊張関係のなかで拮抗しているように思われるからである。そこでは早苗と梨佳は男性中心社

会における女性同士の連帯を誓い合うと同時に八日市のペニスを下着の上からふたりで左右からフェラチオし、性的快楽を与えている。そのとき早苗と梨佳の声はオフであり、映画内の意味に則して考えれば男性にその宣誓は聞こえておらず、あくまでも女性同士の結託は男性の性的快楽のそばで秘密裏に交わされる。その構図は画面上で巧妙にフェミニズムを実践する浜野と無頓着に視覚的快楽に身を委ねる男性観客の関係へと重ねられるかもしれない。最後の場面では早苗と梨佳が床に寝そべる八日市の股間と顔にそれぞれ跨り、まさにこの映画の物語的主題である「出世」を形象化するように男を跳躍台にして上昇志向の強い女たちが昇天してゆく［図15－2］。ラストショットは笑みを浮かべた早苗のカメラ目線のクロースアップであり、そこではもはや男の存在は排され、女の勝利宣言だけが燦然と掲げられる［図15－3］。

浜野のピンク映画には明らかにフェミニズムの理論／議論が下地にされていると考えられる作品が数多くある。浜野と協働する脚本家の山崎邦紀がフェミニズムに強い関心があり、上野千鶴子をはじめとして大変な読書家であったのがその理由の一端を担っているのだろう。『BODY TROUBLE〜

上から［図15-1］－［図15-3］
『セクハラ女上司 パンスト性感責め』
（浜野佐知、2010）

男が女になるビョーキ?』(二〇一四)には主人公が研究室を訪れる場面で、イヴ・K・セジウィック『クローゼットの認識論』、竹村和子『ポストフェミニズム』、ジュディス・バトラー『ジェンダー・トラブル』、パット・カリフィア『パブリック・セックス』、ダナ・ハラウェイ『猿と女とサイボーグ』などフェミニズムやクィアの名著の数々を映し出すショットもある[図15-4]。

先に挙げた『やりたい人妻たち』では序盤で亜矢が性行為を無理強いしてくる夫に対し、「これはレイプよ」とはっきり伝える。しかし婚姻関係を根拠に夫は「お前の体はお前のもの」と反論して聞く耳をもたない。そうして亜矢は夫が自分のした行為は性暴力に値すると認めない限り家に戻らないと決意し、ほかの男たちと次々に肉体関係をもってゆく。当然ながら配偶者間であっても合意なく性行為を強要すれば性暴力になりうるが、夫婦間では「レイプ」は成立しないという考えは未だ根強い。この映画にはそうした現実の社会問題が物語に導入されている。よって劇中に差し込まれる亜矢の自慰描写は観客の欲望に応答しつつも「私の身体は私のもの」というスローガンを伏在させ、女の性的快楽には必ずしも男は必要ないのだとするフェミニズム的主張としても立ち上がってくる。乱行に耽る男女四人による最後の場面が、恍惚とした女ふたりのクローズアップで終わるのはこの映画が女たちの物語であることをまざまざと伝えるだろう。ラストは侘しくカメラに背を向けて立ち去ってゆくしかない男のショット[図15-5]と、ひとり颯爽とカメラに向かって歩いてくる女のショット[図15-6]が交

[図15-4]『BODY TROUBLE〜男が女になるビョーキ?』(浜野佐知、2014)

互に繋がれてゆく。

続くシリーズ二作目である『やりたい人妻たち2』では専業主婦を過激に批判する本を出版して売れようとする作家と、その作家に対して反撃してゆく専業主婦たちとの攻防戦が描かれた。これは一九九〇年代に勃発した専業主婦論争の火種となった石原里紗による著書『ふざけるな専業主婦――バカにバカと言って、なぜわるい!』が着想源になっているのだろう。「女の敵は女」と脚本に台詞としても書かれているが、アンチフェミニズムの作家と専業主婦の敵対関係が連帯関係へと転じ、最終的には女性の自立という主題へと帰着してゆく。

2　一般映画とピンク映画のはざまで

ピンク映画界にもデジタル化の波が押し寄せるなか、浜野はリソースが尽きる限界まで映画作家としてフィルムでの撮影にこだわり続けた。そしてデジタルで撮るしかないのならばデジタルでしかできない作品を、という志から出発したのがR18のピンク映画とR15の旦々社による自社作品を同時に制作する企画だった。『BODY TROUBLE』はピンク映画の『僕のオッパイが発情した理由』(二〇一四)に、

[図15-5](上)、[図15-6](下)
『やりたい人妻たち』(浜野佐知、2003)

前世が男性だった記憶をもったまま女性へと輪廻転生した登場人物のエピソードなどをつけ加えて仕上げられた。いわゆる「性転換」ものだが、この映画が二〇一五年に中国国際女性映画祭で組まれた浜野佐知特集上映でスクリーンにかかったとき、観客から「性同一性障害の人がこの作品を観た時のことを考えて制作したか?」と質問が投げかけられたという。[◆5]日本では二〇一八年にお茶の水女子大学がトランスジェンダーの学生を受け入れると発表し、そこからトランスジェンダーの女性に対する差別言説がますます苛烈化するようになったいま、中国の観客による件の質問はより切迫性を孕むようになったと言わざるをえない。そうした側面に留保しつつも、『BODY TROUBLE』には浜野映画独自の美学が凝縮されており、フィルモグラフィにおいて重要な一本として位置づけられるだろう。

引きこもりだった裕美が周囲から女性と見做される姿に「変身」してまず気づいたのは、いかに女性にとって日常生活の至るところに危険性が潜んでいるかである。普段着でお金を下ろしに行くだけのコンビニエンスストアでも突然痴漢に遭い、家では不法侵入者から性暴行を受けてしまう。無理強いの性行為後に女性が快楽を覚えはじめる、あるいは男性に恋愛感情を抱くようになるなどの「レイプファンタジー」を浜野自身「男の性的妄想」と形容して唾棄するように、[◆6]この映画における性暴行はたんなる暴力そのものでしかないように演出されている。状況は夜間の室内そのままに暗く、女性俳優の肉体が照明に照らされて露わにされるわけでもなく、「喘ぎ声」と捉えられるような芝居もない。カメラワークに関しては、まず裕美のPOVショットによる暴行に及ぶ男の顔のクロースアップが差し込まれる［図15－7］が、そこで想起されるのは複数人による性暴力事件の裁判を扱う『告発の行方』(ジョナサン・カプラン監督、一九八八）である。『告発の行方』では凄惨な性暴行事件が起きた現場

の回想場面で、被害者女性を暴行する男たちの顔のクロースアップが彼女のPOVショットで映し出されてゆく。それをたとえば韓国の映画監督であるピョン・ヨンジュは、被害者のPOVショットが決して観客を傍観者に置かず、女性の目線で現実を直視させる機能を果たしていると考察した。◆7 続けて主観ショットが暴行される女側から暴行する男へと移行し、立場が逆転したことを暗に伝えながら正当防衛で男を殴る裕美の顔がクロースアップで映される［図15-8］が、それは「レイプファンタジー」のクリシェにあるような拒絶の先に期待された恍惚の表情などではない。したがってこの場面ではそうした映画技法によって性暴力の男の悍ましさ、女の怒りがとりわけ強調されている。

男性でありかつ自宅の屋根裏に籠っていた裕美は突如としてそうした危険な外の世界へと晒される。この社会では「女性」として生きる経験と「男性」として生きる経験ではまったく異なることに気づいた裕美は、インターネットで「性別転換現象」についての知見を授けてくれる「猿渡超心理学道場」へと辿り着く。その道場を仕切る猿渡の助手であるつばめに「女性らしさ」を教わってゆく過程で裕美はつばめに恋心を抱き、やがてふたりは結ばれる。そこでじっとりと触れ合う女性ふたりの乳輪を捉えるカメラは、オープンリーのレズビアンであるドナ・ディッチ監督による『ビビアンの旅立ち―離婚そして新しい出逢い―』（一九八五）の慎ましくも官能的な性描写をも彷彿とさせる。ピ

［図15-7］（上）、［図15-8］（下）
『BODY TROUBLE～男が女になるビョーキ?』（浜野佐知、2014）

ンク映画とは「一方で男中心の性的価値観との戦いの現場でもあり、また女たちの肉体に対する視覚的な愛撫でもあった」[8]という浜野は、自らのセクシュアリティを「バイセクシュアル」と自認しているが、「肉体的なことに限っていえば、私は女の人の方が好きですね。とりあえず、女という肉体に惹かれてしまう」[10]のだという。当然ながら浜野のピンク映画においても異性同士の性描写が支配的ではあるものの、浜野は女性へのまなざしや女同士の性のニュアンスに繊細な感受性をもっているように思われる。

浜野はゲイポルノも手がけているが、男性観客を想定するピンク映画では男同士の絡みはほぼ描かれない。一方であくまでも作品が異性愛の力学によって駆動していたとしても、女同士の絡みは男性観客に対して見せ物化するために描きやすい。実際、『すけべ教師 引き抜く快感！』（一九九七）や『痴漢電車 ミニスカートに御用心』などをはじめとして多くの作品で唐突に女同士の絡みがはじまるが、自身のバイセクシュアリティ／レズビアニズムを生かせたのもまた、ピンク映画が浜野にとって主戦場たりえた理由のひとつなのではないか。『BODY TROUBLE』及び『僕のオッパイが発情した理由』の女ふたりが結ばれる展開において重要なのは、猿渡に抑圧されていたつばめが裕美との出逢いによって新たな人生を自らの足で踏み出そうとする結末にある。男性権威のもとで心身ともに虐げられていた女性が、別の女性との新たな出逢いによってそこから脱するという構図は浜野映画において繰り返し描かれている。

一方『僕のオッパイが発情した理由』は裕美が男性の姿に戻った夢を見て飛び起きるとやはり女性の姿のままで、「ぼくはチンコに戻りたくないんだ！」と安堵するところで幕を閉じる。つまると

ころ化粧室で用を足そうとして「ない！」と驚く場面から開始されるこの映画は、ペニスの有無についての言及で始点と終点が結ばれている。亀山が浜野のピンク映画における技法的特徴として挙げた「パンフェラ」に象徴される通り、多くの作品で男たちのペニスはたびたび白いブリーフによって覆われたままで現前される。キンバリー・イクラベルジーによれば、浜野のピンク映画において「映画が伝える愛おしく愛撫される男根は抑制された男根の姿」であり、「女性の登場人物たちは、決して晒されることのない男根に快楽を見出している」という。さらにイクラベルジーは『やりたい人妻たち』を例に挙げつつ、ペニスそのものが登場しないことや女性たちがそれを自由にコントロールする様は、「まさにペニスそのものが封じ込められていることを強調するためだけに用意された戦略としても理解できる」と主張する。[11] 浜野のピンク映画において不在にされ、性具《ディルド》で代替され、下着で覆い隠されるペニスは、『BODY TROUBLE』及び『僕のオッパイが発情した理由』に至っては完全に消し去られた。いわば男根的な社会からの脱却という主題と男根そのものの視覚的欠如とが結びついた両作品は、浜野映画における「抑圧された男根」なるモチーフを極端な形で変奏したといえるかもしれない。

　浜野のピンク映画には、「女性の性を女性のもとに捉え返す」という意思が明確に宿っている。しかしピンク映画が想定する観客層は男性中心のため、そこで当然ながら頭を擡《もた》げるのは興行的な問題だろう。それに対して浜野は興行サイドから文句が来たことはないとし、かつては女性の監督が撮るピンク映画は受けないと考えられていたため名前を「浜野佐知子」からジェンダーの特定されない「浜野佐知」へと変えさせられさえしたものの、蓋を開けてみれば女性の方が官能的な作品を撮れる

と評価されたのだという。[12] 明らかにフェミニズムが作品の伏流にありつつも、同時に男性観客をも取り込むのが浜野のピンク映画といえるだろう。

3 一般映画へ

一九九六年に開催された東京国際女性映画祭（元カネボウ国際女性映画週間）は、日本で最も多作の女性監督を田中絹代だと紹介した。数えきれないほどの女性たちをスクリーンに可視化させてきた浜野は、ほかならない彼女自身が日本映画界において不可視化されていたのだった。浜野はすでに三百本をゆうに越す映画を撮っていながら、それがピンク映画であったために映画監督として見做されなかったと衝撃を受けた。浜野はそうして「日本の女性映画監督」として認められるべく、一般映画の製作にも参入してゆく。浜野はそのとき、五〇歳を迎えようとしていた。

一般映画に移行しても、なお浜野の作家性には一貫性が顕在している。浜野がピンク映画において繰り返し描いてきた女性同性愛は、一般映画に至ってより先鋭的に映画の主題になりさえした。徳島県鳴門市で専業主婦の母親と職業軍人の父親の間に生まれた浜野は、貧しかったためにその後静岡へと移り住む。転校先の小学校ではまだ女子がひとりも合格していない中学校を受験すると決意したところからも、女性などほとんどいなかったピンク映画界で奮起した浜野の反骨精神が窺える。階級差のある生徒たちに馴染めずにいた中学時代、芳江という名の開業医の娘と仲を深めてゆく浜野は思いがけない事態に遭遇した。ある日職員室に呼び出された浜野は、担任教師から彼女たちが「エス」

（Sister の頭文字を取って女性同士の親密性を指す言葉）ではないかと芳江の母親が心配しているのだと聞かされる。[13] ここで受けた「同性愛差別」と捉えて然るべき原初的体験は、おそらく浜野の映画製作にも大きな影響を与えたに違いない。

浜野が手がけた一般映画は『第七官界彷徨―尾崎翠を探して』（一九九八）、『百合祭』（二〇〇一）、『こほろぎ嬢』（二〇〇六）と、すべて自主制作であった。桃谷方子による同名小説を原作とした『百合祭』は、下は六九歳から上は九一歳まで高齢女性ばかりが住まうアパートの一室で起きた戸塚の急死から幕を開ける。そこに女性たちを喜ばせるのが得意な七五歳の三好が引っ越してくるや、アパートの住人たちは一斉に色めきだってゆく。主人公である七三歳の宮野もまたそのひとりであり、三好に口説かれて身体を預けてしまう。「硬さ」よりも「柔らかさ」に充足感を覚える宮野だったが、三好の妻が亡くなったのは嘘だったと発覚し、やがてバーを長年経営してきた横田と関係をもつ。

映画ではほかの主たる登場人物の名もなき「おばあちゃん」としてしか描かれてこなかったような高齢女性が『百合祭』では誰の「おばあちゃん」でもないひとりの人間たる主人公となり、かつ性のテーマを前景化させている。たったひとりの男性に女性たちが群がるという異性愛主義的なハーレム構造にもかかわらず、終盤では原作にはなかった女性同士の愛の交歓へと流れてゆくのはいかにも浜野映画らしい。宮野がカメラ目線で観客に向かって直接的に語りかける格好で発せられる「昨日の夜、私たちがどんなイヤラシイことをしたか、誰も知らないでしょうね」という台詞は、『百合祭』においても強い印象を与える。浜野が東京レインボープライド（当時・東京レズビアン&ゲイパレード）に参加したときには、ゲイカップルから「私たち」を「ぼくたち」に変えてこの台詞を言うのが流行ってい

るのだと声をかけられたという。[14]とはいえ異性愛と同性愛を一本の映画のなかで同時に描こうとすると、そこには難しい問題をも招き込む。たとえば研究者の溝口彰子が鋭く指摘するように、「異性間の性行為があるにもかかわらず、女性間はキスに留まる」[15]という非対称性は否定できない。しかしそれをピンク映画においてそれまで女同士の赤裸々な性描写を有り余るほどスクリーンに息づかせてきた浜野にあって、一般映画ではむしろ観客に自由に想像させる余地を残し、「描かない」エロティシズムを選び取っているともいえるかもしれない。あるいはドイツのハンブルグL&G映画祭での上映時には、ディスカッションで観客から「ほとんどはヘテロの描写でレズビアン関係は取ってつけたようだ」との批判が出た。これに対して浜野は「次作では女性同士の愛をテーマにした映画を撮りたいと思っている」と応答したのだった。[16]そうして浜野はここからより女性同士の愛へと舵を切った一般映画を世に送り出してゆく。それが『こほろぎ嬢』、『百合子、ダスヴィダーニヤ』(二〇一一)である。

「助監督時代に女性と暮らした一時期もあったが、私はどうやら女の方が好きだったらしい」[17]と述懐する浜野が、「男が女を愛するように女を愛する」と公言して堂々と女と暮らした実在のロシア文学者である湯浅芳子に惹かれたのも、まったく不思議ではない。湯浅芳子と戦後民主主義文学を牽引した作家である中條百合子の出逢いを描いた『百合子、ダスヴィダーニヤ』では、ほかの男性と結婚していた百合子と芸者の女性と長く暮らしていた芳子がすぐにお互いを思い合うようになる。同性愛者を自認していた芳子に対し、そうではなかった百合子が突風のように巻き起こった感情を一時は「友情／友愛」と結論づけるものの、次第に「恋愛」であると認めてゆく。最後にテロップで表示される通り、百合子がほかの男性と再婚したため実際はふたりの共同生活は七年間で幕を閉じた。しか

し映画はふたりが新たな生活に希望と不安を抱く地点までしか描かず、百合子と芳子の日々は永遠に終わらない夢のようにフィルムに刻印されている。それは女同士がふたりで生きてゆくのが決して不可能ではないはずだという浜野なりの未来への賭け金だったかもしれない。このあと浜野は『雪子さんの足音』（二〇一九）で再び女性の老年期に焦点を戻し、下宿を営む雪子とそこに住まう作家を志す大学生の薫との擬似的な祖母と孫関係、さらにはほかの下宿人である香織を含む擬似家族関係を模索してゆく物語を描いた。

4　「女性監督」と「女性映画祭」

浜野と女性映画祭の結びつきは深い。大作の商業映画でもなく過激な主題を扱うことも多かった浜野映画にとって映画祭の場は貴重な上映機会であるだけでなく、キャリアにおいてピンク映画から一般映画への重要な契機をもたらした。過去に浜野は東京国際女性映画祭のゼネラル・プロデューサーを務めた高野悦子にインタビューしているが、高野によれば当時、女性映画祭の取り組みに対して「女性監督の作品だけ集めて何ができる」「女性映画祭なんて、今ごろ何を言ってる」「女性が女性を差別する」といった批判的な記事が出たという。◆18 現在日本で唯一の国際女性映画祭である「あいち国際女性映画祭」の場で、記者から中国人監督へと投げかけられた「女性映画祭なるものはあなたの国にはないと思いますが、こういう映画祭をどう思いますか？」の質問に対して浜野は、アジア各国では歴史のある女性映画祭が活発に活動しているのであって、むしろ最も遅れているのが日本なのだと

反駁した。[19] かつて『女が映画を作るとき』のなかで浜野は、若い世代の女性作家たちは差別や抑圧を受けるどころかむしろ女性であることによって男性たちが応援してくれたと話し、女性映画祭には背を向けているように感じるとも語った。[20] そうしたフェミニズムを時代遅れの概念として必要ないと了解している若い世代の反応に、浜野は疑問を呈する。

「映画祭」や「監督」に「女性」と冠することに関して浜野は、二〇〇一年に開催された京都精華大学総合講座「女性と芸術」で次のように語った。

いま、時代は逆行している、という危機感が私にはあります。たとえば、もういいかげんに「女性監督」とか、「女性映画祭」とか「女性」という冠をつけるのはやめよう、という意見があります。「私は女性でも男性でもない。私は〝映画監督〟なのだ」と言って仕事をしている女性の監督もいます。映画には、女性、男性の区別はない。いい映画か悪い映画があるだけだ、という意見もあります。だけど、私はそれは違うと思うのです。絶対的に男と女は表現する場において平等ではない。とくに映画においては、企画、制作、上映の全てにおいて女性監督が男性監督と同等の立場にあるとは思われません。平等であるのなら、あとは作家として勝負するだけなのだから、「女性」という冠は必要ないと思いますが、最初のスタート地点から差別がある以上、私はまだまだ女性監督の地位を男性監督と同等とするために、「女性映画祭」が女性監督を後押しし評価するといった、「女性」というくくりの中での頑張りは必要なのだと思っています。[21]

浜野は日本の映画界に「女性監督」がきわめて少なかった時代から孤軍奮闘し、後世に女性たちの居場所を切り拓いてきた。ゆえに浜野のこの言葉は重みをもつ。ここから実に二〇年以上が経過したいま、果たして浜野の主張はどう響くだろうか。映画界における女性映画人がますます増えつつある状況下で、パイオニアである浜野の多大な功績を決して忘れるべきではない。フェミニズムやクィアを巡る言説が活況を呈してゆくなか、まだまだ論じ尽くされていない浜野の膨大な数の映画は、つねに未来の観客へと開かれている。

（児玉美月）

◆1　風吉田真由美・林冬子・松本侑壬子・高野悦子・大竹洋子・小藤田千栄子『女性監督映画の全貌』パド・ウィメンズ・オフィス、二〇〇一年、二五七頁。

◆2　浜野佐知［講演］「女性と表現」、三木草子＋レベッカ・ジェニスン編『表現する女たち――私を生きるために私は創造する〈京都精華大学総合講座「女性と芸術」から〉』電子本ピコ第三書館販売、二〇一〇年、五五頁。

◆3　浜野佐知『女になれない職業――いかにして300本超の映画を監督・制作したか。』ころから、二〇二二年、一一頁。

◆4　亀山早苗「ルポルタージュ・時代を創る女たち　浜野佐知：ピンク映画の反逆児」、『婦人公論』二〇一三年一月七日号、一二二頁。

◆5　浜野佐知、前掲『女になれない職業』、二一四頁。

◆6　同前、九頁。

◆7 ビョン・ヨンジュ『アジアで女性として生きるということ――韓国女性映画監督・ビョン・ヨンジュの世界』田端かや監訳、椿朋子訳、家族社、二〇〇三年、五六―五七頁。
◆8 浜野佐知『女が映画を作るとき』平凡社、二〇〇五年、四一頁。
◆9 北原みのり「〈現代の肖像〉映画監督 浜野佐知」、『AERA』二〇〇六年一〇月三〇日増大号、六四頁。
◆10 斎藤綾子・浜野佐知・伏見憲明［鼎談］「どうして愛が必要なの？」、『思想の科学』、一九九四年六月号、四二頁。
◆11 キンバリー・イクラベルジー「女が映画を作るとき――浜野佐知の終わりなき再生産労働」鈴木繁訳、『映画とジェンダー／エスニシティ』ミネルヴァ書房、二〇一九年、二〇九頁。
◆12 斎藤綾子・浜野佐知・伏見憲明［鼎談］、前掲「どうして愛が必要なの？」、四〇頁。
◆13 浜野佐知、前掲『女になれない職業』、二二頁。
◆14 同前、一三六頁。
◆15 『百合祭』リーフレットより。
◆16 浜野佐知、前掲『女になれない職業』、一三四頁。
◆17 浜野佐知、前掲『女が映画を作るとき』、四一頁。
◆18 同前、一六八頁。
◆19 浜野佐知、前掲『女になれない職業』、二四四―二四五頁。
◆20 浜野佐知、前掲『女が映画を作るとき』、一二三頁。
◆21 浜野佐知［講演］、前掲「女性と表現」、六五―六六頁。

田中絹代論

欲望する身体とセクシュアリティ

田中絹代　フィルモグラフィ
[長篇映画]◎『恋文』(53)◎『月は上りぬ』(55)◎『乳房よ永遠なれ』(55)◎『流転の王妃』(60)◎『女ばかりの夜』(61)◎『お吟さま』(62)

1　ジェンダーバイアスとミソジニー

田中絹代が映画監督としてデビューする一九五三年、月刊誌には「女流監督第一号」という見出しが踊った。記事の冒頭は「日本映画初めての本格的女流監督、田中絹代さんの撮影がいよいよ開始された」と記されている。[◆1] 彼女が三作を世に送り出した後も、週刊誌の記事では、「日本で女流の映画監督といえば、だれでも田中絹代を思い出すし、そして、彼女のほかにはまだ女流監督は一人も出ていないと思い込んでいるにちがいない」と書かれ、戦前の本当の第一号であった坂根田鶴子の紹介へと続くこの言説は、[◆2] 戦前から日本を代表するスター女優であった田中絹代の監督デビューがイベント化されたのに対して、坂根田鶴子が歴史から消されかけた存在であったことを物語っている。

田中絹代は、戦前にすでに高い人気を誇る松竹の看板女優となり、空前の大ヒットを記録した『愛

染かつら』（野村浩将監督、一九三八）で一躍国民的スター女優となった。その後も戦後のスランプを経て溝口健二の作品で国際映画祭を通じ、国外にまで知られる格別な地位を確立していた。その日本の大スターの監督デビューは映画界の一大イベントだったのである。

『近代映画』は誌面のインタビューで、占領期にアメリカに渡米して「アメリカかぶれ」した振る舞いをして大バッシングされた事件を持ち出し、「やはり女優は女優としての本分を尽くし演技一筋に生くべきではないか」と尋ねた。ミソジニーに満ちたこうした質問に対して、田中絹代は次のように謙虚に答えている。

監督というお話があった時三日三晩というものはほとんど眠らずに考えました。〔……〕いろいろと三日間考えているうちに、もし失敗したとしてもこの前の、アメリカから帰った当時のような、あれほどの厳しい皆さまからのお叱りや批判はこんどは無いと思うんですが……、それはアメリカから帰った時と、こんどの監督をするということは全然性質が違いますでしょう。それから女優は女優ということについてですが、そのことについて私は是非皆さまにお願いがあるんですの……それはこんどのお仕事について女優田中絹代でなく、監督田中絹代として作品を見て戴きたいと思うんですが、女優と監督ということをはっきり割切って仕事をしたいのです。[3]

戦前からすでに男優としてキャリアを開始し、男性監督となるケースは珍しくなかった一方、女優からの転身がいかに難しいことだったか、作った映画が正当に評価されず、「女優」という色眼鏡で

見られてきたかが窺い知れる。特に田中絹代の場合は「スター女優」、すなわち「有名」かつ「女性」であるという二重の先入観のまなざしが注がれたわけで、彼女自身その歪んだ構造から生まれる言説を撮る前から推測できたのだろう。

同時代の評では「いかにも女流監督らしい女性的な細い線で、甘く描かれている」[4]というように「女流監督」や「女優で監督」ということが誇張され、女性ならではの細やかな表現といった陳腐な批評が散見された。こうしたステレオタイプの批評は、キャリアを積み重ねて六本の映画を撮っても変わることはなかった。たとえば、一九六二年に撮った最後の監督作『お吟さま』の評でも、「恋一筋に生きる女主人公の真剣さは田中絹代の女流監督らしい精緻な神経によって全編ににじみ出ている」[5]、あるいは「各人の人間の描写が、個性を強く持つまでに煮つめられず、無難に纏めることに力点が置かれて、迫力に欠けているのは、女の監督の故だろうか」[6]といった言説が当然のごとく見られる。

テクストを監督の属性と不用意に結びつけた批評は、この時代に限らず、現代においても珍しくない。したがってここで目指されるのは、初期作品への他者の介入を確認したうえで、そういった男性権力から距離を置けるようになった映画作家としての田中絹代が、何をいかにしてフィルムに漂着させたかである。

2　男性作家による介入

田中絹代は日米親善芸術使節として一九四九年に渡米した経験で、監督への道を強く志すようにな

っていた。とりわけアメリカ滞在中にクローデット・コルベールが監督に転向するというニュースを耳にし、帰国したら実現したいという思いを強くしたという。[7] しかしながら、自分が撮りたいよう撮ることは容易ではなかった。彼女の初期二作品は、彼女の作家的想像力を抑圧するような力学が周囲で働いていたのだ。新東宝で撮った第一作『恋文』（一九五三）は、香川京子の叔父でプロデューサーの永島一朗が田中の監督作品を見込んで原作を丹羽文雄、脚本を木下恵介に依頼し、特別出演で花井蘭子や入江たか子、賛助出演で笠智衆や井川邦子らが協力した。クレジットされていないカメオ出演で、成瀬巳喜男や小津安二郎、実業家の菅原通済や小説家の大佛次郎ほか、大勢がお祝いの意味を込めて参加したという。通常の映画製作としては考えらないプロセスである。

『恋文』の撮影に入る前、同年に成瀬が撮った『あにいもうと』（一九五三）で、田中絹代は演出助手として現場に参加し、映画作りを学んだ。『恋文』は、敗戦後の渋谷を舞台に、アメリカ兵と手紙をやり取りするパンパンたちの恋文を代筆する仕事に就く森雅之が、かつて愛しあった久我美子と再会し、その過去に苦しむ物語だ。本作では直前の成瀬組での経験を活かした、狭い部屋での視線をうまく使った切り返しや、二人が並んで道を歩く斜めからの移動撮影など成瀬の影響が見られる。それもそのはず、出演した久我美子は後年に、明治神宮の側の砂利を歩くシーンの移動撮影は成瀬巳喜男が演出し、墓参りの回想シーンは五所平之助が全部演出したと語っている。[8] そもそも木下の弟子だった川頭義郎が助監督としてベッタリついており、コンテは成瀬が作ったという。[9] 彼女は演出のみならず配役の決定権も奪われた。[10] 彼らは応援するだけでなく、それ以上の演出への介入をしたのである。

日活で製作した二作目の『月は上りぬ』（一九五五）は、もともと小津安二郎が高峰秀子を主演に想

定して斎藤良輔と書いたシナリオで、小津が自ら撮る予定だった。だが、映画界を巻き込む「事件」に発展してしまう。財政難の日本映画監督協会が借金解消のため未着手だったシナリオを使って田中絹代に白羽の矢を立て、小津や成瀬が口説いた。渋りながら一旦は承諾したものの、理事長だった溝口健二から苦言を呈されたことがきっかけで、田中が突如「辞退」を申し出たのである。結局、小津が溝口と話し、田中を説得するかたちになった。ところが、今度は大映から横槍が入ってしまう。詳しくは書かないが、当時、日活は五社協定で他社と微妙な関係にあり、大映と田中絹代との金銭的・契約的問題によって五社から「村八分」状態にされたという。さらに配役も契約上の問題で出演拒否せざるを得ない俳優もいて、連日のように新聞で取り沙汰された。[11]

『月は上りぬ』は撮影前に話題になったこともあって多くの映画評が書かれ、概ね好評だったが、小津の手法を強く意識した画面になっていることから、映画評論家の尾崎宏次は「田中絹代はここでは小津のエピゴーネン」[12]と記し、双葉十三郎も「誰もが驚くのは、あまりにも小津安二郎に似たスタイル」と述べ、皮肉ではないと前置きしたうえで「絹代監督は小津安二郎趣味の脚本のスタイルやムウドをそのまま画面に移すことに成功したのであって、脚本の忠実な画面化という点では申し分のない成功」と評した。[13]その一方で双葉は、終盤にある安井昌二が北原三枝に「可愛がってやる」というシーンを取り上げ、無礼な青年の封建性にうんざりさせられたと述べ、「絹代女史は女性としてかかる青年を無礼と思わなかったのであろうか。脚本どおりにやっているところをみると、女史もまた安井青年の言動を普通のこととしてうけとったにちがいない」[14]と批判した。

だが、スクリプターの秋山みよを除いてほとんどを男性スタッフが占めている現場で、そもそも男

性権力が蔓延る映画界で、果たして彼女が撮りたいように撮れただろうか。そのような環境で小津が書いたシナリオの台詞を改変することなど、いくら大女優とはいえ容易にできなかったことは想像に難くない。現に助監督の斎藤武市は、監督の意図がどれほど反映されたかという質問に対して、「それは無理なんです」と断言し、チーフの自分とセカンドの今村昌平、後ろにいる小津安二郎の存在をあげ、「どんなに意見をだしてもかないっこないということがわかっている」と答えている。[15]美術で参加した木村威夫の証言によれば、助監督でチーフの斎藤武市とセカンドの今村昌平は松竹時代の小津の愛弟子で、田中絹代のために協力するよう内令を受けていたとのこと、それゆえ「斎藤氏はチーフというより監督のそばにあって綿密なる演出コンテ係」で、「小津監督のコンテをすっかりと会得している斎藤、今村両氏が練りあげたコンテを、絹代監督に毎日渡していた[16]」と当時の現場の様子を振り返っている。

監督協会の企画で小津の肝いりの脚本をもとに小津の弟子たちがコンテを描いて監督に渡す。小津の世界観を崩さず高評価を得て興行面も好調だった本作だが、小津のエピゴーネンや小津に似たスタイルといった批判的言説は、ヘゲモニーをもった男性映画人たちの過剰な介入の結果と見たほうがよい。本作を論じた映画評、たとえば「三組の恋がそれぞれのテンポとニュアンスを保ちながら、いかにも女流監督らしい女性的な細い線で、甘く描かれている[17]」といった言説がいかに空疎で本質を捉え損なっているかがわかるだろう。彼女が作家性を発揮できるようになるのは、三作目以降の原作・脚本で女性スタッフと組んで撮った「女性映画」からだと思われる。

3　運動と空間――『乳房よ永遠なれ』

田中絹代が、成瀬と木下、小津とその弟子たちの強い影響を免れて、自身のスタイルを確立しようと自由になった最初の作品が三作目『乳房よ永遠なれ』（一九五五）である。若月彰による歌人・中城ふみ子の評伝『乳房よ永遠なれ』と中城ふみ子の歌集を原作とする本作は、田中澄江に脚本を依頼して製作した、女性スタッフを主軸に女性の生涯が描かれた女性映画だ。原作を読んだ田中絹代が自ら望んで映画化したはじめての企画でもあった。この作品ほど「女性ならではの」という枕詞とともに評された作品はないだろう。[18] しかしながら田中絹代の演出は、細やかであると同時に大胆不敵であり、ヒロインの具体的な身体を通じた情動の発露が見事にテクストに結実している。

歌人の短い生涯を描く本作の物語は、子供が二人いるふさ子（月丘夢路）が酷薄な夫との生活に耐えられず離婚し、友人の夫（森雅之）に想いを寄せる前半と、その男が病死し、乳癌で乳房を摘出し病床に伏すヒロインが東京からやってくる新聞記者の大月（葉山良二）とわずかな時間、愛しあって息絶える後半から構成されている。前作は小津のシナリオを忠実に映画化していたのに対し、田中澄江脚本の本作では大幅に台詞をカットした。シナリオでは説明台詞が多いが、成瀬の影響からか本作では言葉よりも視覚的な運動によって映画的に場面を構築しようとする意志が見られる。また、シナリオでは特に終盤における子供の登場シーンをカットし、母と女に引き裂かれるような「母もの」のメロドラマを避けている。

田中絹代の書き込みがある脚本を分析した津田なおみは、母性を想起させる場面がカットされ、乳房を母性としての身体よりも、女性性の表象として描こうとしたと論じている。[19]たとえば大月と病室で二人きりになるシーンで「あなたはお母さんなんでしょ?」という台詞がカットされた。あるいは、ふみ子が大月に「抱いて」といって一夜を過ごした翌朝、子供の昇とあい子が突如入ってくるシーンがある。ト書きには「大月は自分の居場所のない思い」と書かれているが、このシーンは大幅に改変され、愛する男と子供たちが同室に居合わせる状況も避け、彼が東京に戻ってから子供を登場させた。[20]女性が母／女の間で揺れ動き葛藤するという構造は、通俗的なメロドラマで頻繁に使われてきたが、田中絹代はヒロインを愛欲を曝け出す女として表象している。

明らかにこの映画において描かれているのは、女の具象化された欲望である。この時期の映画では、生々しいセクシュアルな描写は検閲の関係で難しく、男性視点の抽象化されたステレオタイプの女性像が多く描かれていた。しかしながら、女性の脚本家と組み、男性映画人の介入を極力免れたと思われる本作のヒロインは、心理を身体的な運動によって具現化する。斉藤綾子は「田中は歌人としてのふみこを歌の字幕で表すが、女としてのふみこはあくまで身体的に演出」し、「観客は彼女の情動や欲望がうごめいているのを感じる」[21]と論じている。

誰もが一度観ると忘れがたく、映画批評家が触れずにはおれないシーンが、親友のきぬ子（杉葉子）の家でふみ子が風呂に入れてもらう場面だろう。映画の前半で、密かに恋慕していたきぬ子の夫が浸かっていた風呂に、彼が病死した後、ふみ子が入るシーンだ。斉藤綾子や加藤幹郎も指摘するように、この場面は前半の森雅之が入浴するシーンをもとに［図16－1］、同じカメラポジションで構図を反復さ

せ、愛する友人の夫が浸かった場所を彼女が占有する［図16－2］。「性的な存在として自らの欲望を水の中で解放させ[22]」、彼の妻に胸の手術痕を見せつける彼女の入浴シーンは、映画史が幾度となく描いてきた「男性観客の好奇の視線」のために存在するのではない。そうではなく、ここでのカメラは「女性が自分自身のために入浴している現場に居合わせている[23]」のだ。さらにいえば後半、ふみ子は女性のシンボルを摘出したありのままの肉体を「見せつける」。窓枠を使ってドンデンを返し、見る者としての主体の位置を獲得させる構図の反転は強烈である［図16－3］。田中絹代の秀逸な演出は、徹底して女性の身体を客体化することを拒み、男性観客のまなざしの不在と、主体化する女性のセクシュアリティを視覚的に描く。

入浴と病室。男性から一方的に見世物にされてきた女性の閉鎖空間をヒロインが占拠し、異性に対する欲望をむき出しにする。そのようにして終盤での月丘夢路のセクシュアリティは、愛する男に対

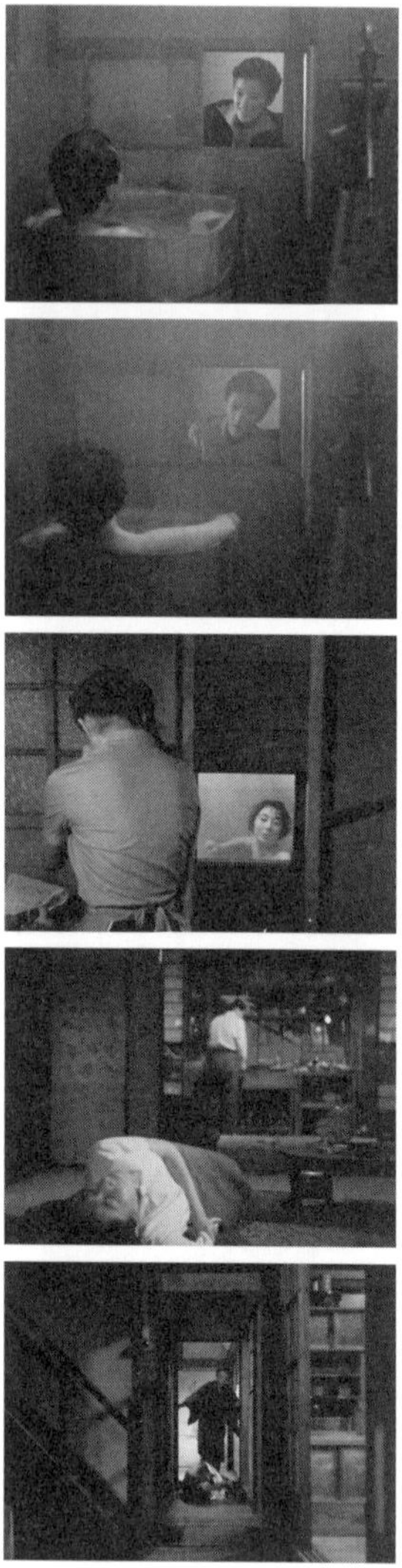

上から［図16-1］–［図16-5］
『乳房よ永遠なれ』（田中絹代、1955）

して映像上で特権的な位置を占めることになるのである。本作でもっとも身体の運動を焼き付けるのが、ほかならぬヒロインのふみ子である。まず夫の浮気の痕跡（女の足袋）を見つけるや、嗚咽とともに倒れ込む［図16－4］。この身体運動は斉藤・加藤両者が指摘するように、離婚後、息子から引き裂かれた途端、乳癌の痛みに耐えかねて仰向けに床に倒れ、同類のアクションが繰り返される［図16－5］。加えていえば終盤、霊安室の柵の手前で死の恐怖に情動が駆り立てられ、突如としてヒロインが倒れ込むアクションでも反復される［図16－6］。

この映画におけるヒロインのただならぬ運動性は上下にとどまらない。病床に伏すまでの間、彼女はまず親友の夫に同情されたくないと言い放ち、画面の手前から奥に向かって突然、駆け出す［図16－7］。さらに浮気現場に出くわし、愛人を追って家の外へと駆け出て［図16－8］、すぐさま家の中にいる夫のもとへと走って抗議する［図16－9］。家を飛び出した彼女は縦の構図を使って疾走するのだ［図16－10］。

上から［図16-6］－［図16-10］
『乳房よ永遠なれ』（田中絹代、1955）

前半は垂直・水平運動が掛けあわされ、後半は病状の進行とともに病室でほとんど画面を動きまわることはなくなり、静止を余儀なくされる。だが、大月を愛した彼女は、感情を制御できず、横になったまま男の身体を欲望する。彼女は指を男の首に絡ませ「抱いて」と性的欲求を解放させるのだ。前半の森雅之への思慕は抽象的なものだったが、後半の記者へのそれは肉感的なものへと変質する。こうした女の欲望を過剰な身体運動によって具象化した本作は、田中絹代のフィルモグラフィのなかでも傑出した作品だといえるだろう。

4　クィアな欲望——『女ばかりの夜』

四作目の『流転の王妃』（一九六〇）は、ベストセラーとなった愛新覚羅浩の同名小説を、和田夏十が脚色・田中絹代が監督し、主役を京マチ子が演じた作品である。映画製作の中心となる監督・原作・脚本・主演を女性が占めたことでも話題になった。原作者は中国のラストエンペラー愛新覚羅溥儀の弟の妻で、敗戦によって流浪の民となった自身の悲劇的な半世紀を描いた。本作は歴史に翻弄される被害者女性の物語だが、映画はヒロインを惨めな悲劇的女性としては造形しない。むしろ数奇な人生に耐えて美しく生き抜く、しなやかな女性が描出されている。

だが、『流転の王妃』には特段、取り上げるべきシーン、あるいはショットが見当たらない。物語は国策によって政略結婚をさせられた男女の、国境を越えた異性愛イデオロギーの強化の役割を果たしているにすぎず、京マチ子という稀代のスター女優のペルソナを生かした演出も見られない。芯の

強い女性が描かれるものの、根底にあるのは異性愛イデオロギーの再生産である。同様に、最後の監督作となった『お吟さま』も、妻のある男を想い続ける女が、引き裂かれても信念を貫いて自死するにいたる意志の強いヒロインを描く。原作は男性小説家の今東光、脚本も男性の成澤昌茂が担当した。不義密通の悲恋メロドラマの演出は、この映画作家が深く関わり、理想の作家であっただろう溝口健二を思わせなくはないが、純潔な異性愛イデオロギーが温存される『お吟さま』は、あまりにも無難な出来栄えで、いかなる新規性も提示しえていない。

田中絹代のフィルモグラフィの中で、作家性がテクストへと結実した『乳房よ永遠なれ』に匹敵する、もう一つの作品が五作目にあたる『女ばかりの夜』（一九六一）である。『乳房よ永遠なれ』や『流転の王妃』と共通するのは、作り手の中心を女性が占める点で、梁雅子の原作『道あれど』を田中澄江が脚色し、田中絹代によって映画化されただけではなく、登場人物のほとんどが女性であるという点で、紛れもない「女性映画」だ。当時としてはきわめて珍しい。加えていえば、序盤から怪演を見せる浪花千栄子の独壇場でレズビアン表象が可視化される。日本の女性監督が最初にレズビアニズムを描いた記念碑的映画という点でも特筆に値するだろう。

一九五六年に売春防止法が公布され、一九五八年に赤線が廃止されると同時に罰則が施行された。こうした法律のもと赤線の灯が消えたが、街娼がいなくなったわけではなく、夜の街に立つ女性たちは検挙され、更生施設や補導院に送られ職業訓練を受けた。本作は赤線地帯にいた売春婦たちの更生施設を舞台に、模範生の邦子（原知佐子）が色々な苦難を経て、最後に彼女の過去を知ったうえで愛してくれる男と巡りあうが、やはり前身ゆえに結婚できず、彼から離れて海女の世界で強く生きてい

こうとする姿を描く物語である。

明示的に同性愛が描かれる本作では、冒頭のシーンで、浪花千栄子演じる亀寿が、よしみ（富永美沙子）への性的欲望をあからさまに示す。婦人寮の一室で寝ているよしみの側に座り、もっていたチューインガムを口の中まで強引に押し込むと［図16-11］、唾液のついた指を自ら舐め［図16-12］、続いて何度も頬や額に接吻をして顔を擦り付ける［図16-13］。すると突然タバコに火をつけて自ら吸ってから彼女の口にもっていき、やや強引に吸わせる［図16-14］。ここでファルスを代理する指とタバコが愛する女の穴へと二度挿入されるのだ。映倫による検閲で当時は描くことのできなかった同性愛のセックスを、田中絹代は布団の上でメタフォリカルに実行するのである。

田中澄江の脚本では、接吻や抱擁など具体的なアクションの指示はなく、チューインガムのやり取りもない[24]。シナリオでは、よしみを求めようとすると、寮母が介入して行為が中断されるト書きにな

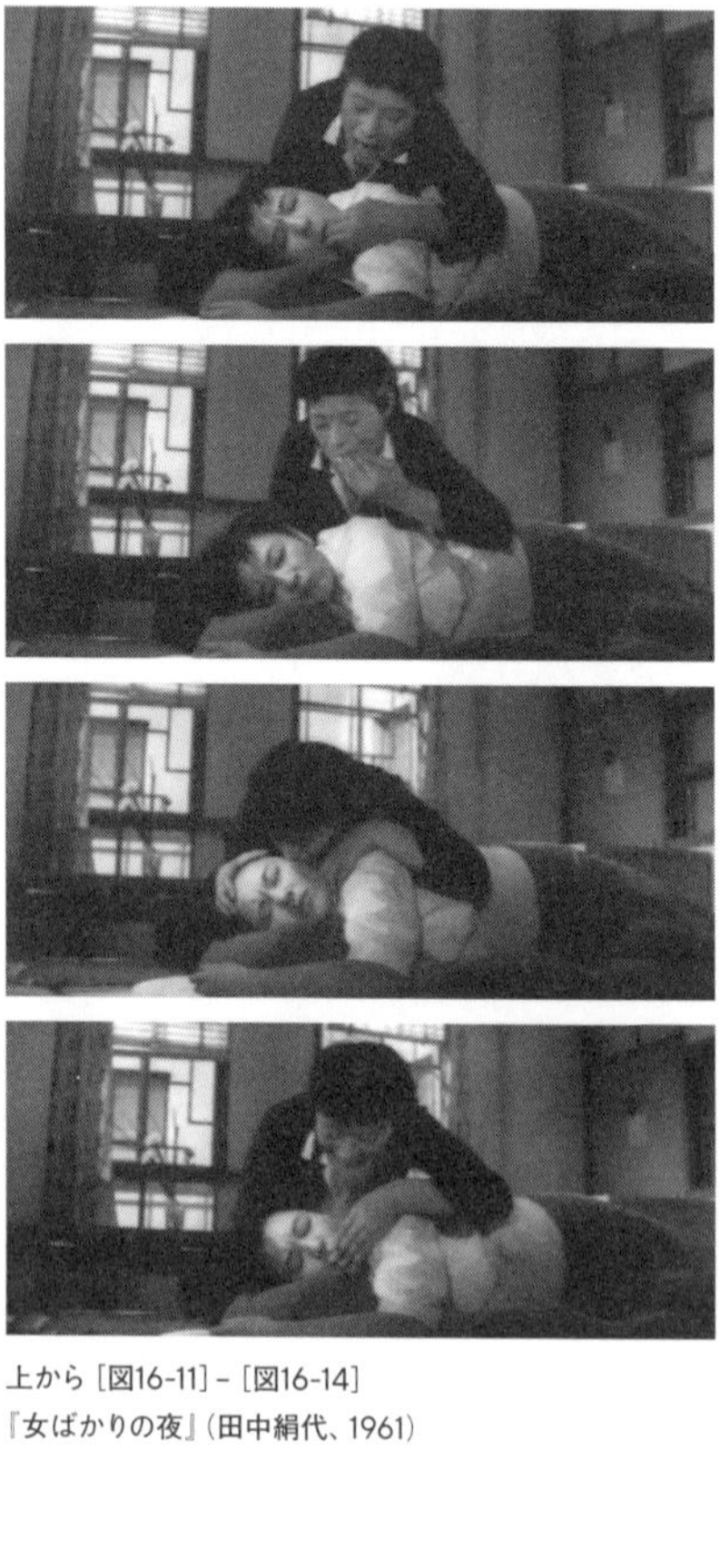

上から［図16-11］－［図16-14］
『女ばかりの夜』（田中絹代、1961）

っているのだが、映画では一連の性的な交感があり、亀寿が毛布の中でよしみの体をまさぐるところまで映し出している。しかも、当時の資料によればカットされている部分が多く、現場ではより過激なシーンを撮っていたという。

例えば、浪花千栄子が演ずる同性愛のシーン。出来上がりは彼女が若い富永美沙子ともつれたあげくフトンにもぐりこむところでチョンになっているが、撮影のときにはフトンの中で浪花の手がモゾモゾ動き、富永が「ワーッ、イヤラシイ！」と大声をはり上げるところまでやった[◆25]。

しかも「あたしゃ、女ってきらいなんだよ」という台詞を削除し、隠しもっていた男の写真を見つけて浪花千栄子がヒステリックに激昂する、脚本にはまったくないシーンとなっている。これが田中演出か浪花千栄子のアドリブかは定かではないが、亀寿が女子《おなご》のほうがいい、男は女を騙すことしか考えていない、と発して男性嫌悪《ミサンドリー》を示し、「あんた好きやねん」と女同士のクィアな欲望を表象している点は重要である。シナリオからの改変はこの場面だけではない。たとえば空地を掃除する邦子とチエコが対話するシーン18。シナリオではチエコによる邦子への「男の世界ってさ……思ってもぞっとしない？（と邦子に甘えて腕をとる）」という演出が、チエコによる突然の接吻の演出になり過激になっているのだ［図16－15］。

［図16-15］『女ばかりの夜』（田中絹代、1961）

小説、脚本、映画というプロセスにおける女性たちの協働実践によって、『女ばかりの夜』は大幅に変質した。小説をかなり改変したという田中澄江は、原作者の梁雅子と田中絹代との鼎談で「男の愛情だけを頼りにしているのは、けっして女の幸福じゃない」や「男の愛情って、不変なものじゃないし。〔……〕私なんか、男の愛情がだいじだなんて、身の毛がよだつほどいやだわ」と異性愛に対する懐疑心を表明し、田中絹代は「男はケダモノ」だと思って書くように注文したという。[26] こうした作り手の女性たちの意志は、映画の端々に反映されている。菅野優花は、本作での家父長的男性キャラクターの欠如や、小説に描かれた男性寮長が消去された点について触れ、映画に描かれる「女性共同体」と映画を描く「女性共同体」を論じている。[27]

決定的なのはラストシーンだ。小説では残酷な社会の冷たさによってヒロインが売春婦に舞い戻る絶望的な結末となっているが、映画では男のもとを去って海女になる。いうまでもなく、男が不在の海女の世界は「女性だけの共同体」である。このラストシーンは田中絹代の創作で、彼女自身が「女たちを過去の汚辱の環境から引き裂くためには男のいない未知の土地」に行かせる必要があり、「荒波に過去を洗いきよめたいという気持がラストに海をえらばせた」と語っている。[28]

異性愛イデオロギーの規範から逸脱して女同士の共同体を志向する『女ばかりの夜』において、異性愛の欲望はまったく肉体レベルで描かれていない。むしろ、この映画で視聴覚化されるのは、女から女への肉体的な接触、まさに映画史においてきわめて早い時期の、女性作家（たち）によるクィアな欲望の発露にほかならないのである。

（北村匡平）

◆1 「田中絹代さんの演出ぶり拝見」、『主婦と生活』一九五三年一二月号、三一六頁。
◆2 「女流監督第一号――昭和十一年に〝初姿〟の坂根さん」、『週刊よみうり』一九五七年一〇月一八日号、五四頁。
◆3 「初めて監督になる女優」、『近代映画』一九五三年七月号、六三頁。
◆4 映画評「月は上りぬ」、『産業と経済』一九五五年二月号、四六頁。
◆5 飯田心美「『お吟さま』その新鮮な造形美」、『キネマ旬報』一九六二年六月下旬号、七二頁。
◆6 丸岡明「映画 お吟さま」、『主婦之友』一九六二年七月号、一九四頁。
◆7 田中絹代・川喜多かしこ・永島一朗「対談 女優・監督・映画」、『フィルムセンター』一号、国立近代美術館フィルムセンター、一九七一年、五頁。
◆8 久我美子「インタビュー」「奥様も嫉妬？ 私の踊らせた〝あのかた〟の魅力」、田中眞澄・阿部嘉昭・永井正敏・佐藤千広編『森雅之――知性の愁い、官能の惑わし』フィルムアート社、一九九八年、七七頁。
◆9 田中眞澄・阿部嘉昭・永井正敏・佐藤千広「森雅之・出演全映画」、同前、七七、一三七頁。
◆10 その他にも田中絹代が希望したニューフェイスのキャスティングに成瀬が激怒して主演が森雅之になったという演出以外の介入もある。詳しくは、石井輝男・福間健二『完本 石井輝男映画魂』ワイズ出版映画文庫、二〇一二年、六二－六三頁。
◆11 溝口健二の『噂の女』（一九五四）を最後に田中絹代とのコンビは解消された。『月は上りぬ』に関連するトラブルについては、津村秀夫『溝口健二というおのこ』実業之日本社、一九五八年、二一三－二一七頁。木村威夫「『月は上りぬ』の頃」、『キネマ旬報』一九九四年七月七日号、九三－九六頁。大橋恭彦「五社協定と日活――「月は上りぬ」にからむ日本映画界の現状」、『映画芸術』一九五四年四月号、四二－四四頁を参照されたい。
◆12 尾崎宏次「月は上りぬ」、『映画評論』一九五五年三月号、六五頁。
◆13 双葉十三郎「日本映画批評 月は上りぬ」、『キネマ旬報』一九五五年二月下旬号、八四頁。
◆14 同前。
◆15 村川英「映画監督 田中絹代」、『城西国際大学紀要』二四巻五号、二〇一六年、七〇頁。村川英による映画関

係者への聞き取り調査の記録である。ただし斎藤によれば、ラストシーンでお汁粉をもっていきたいと田中が主張し、「それくらいだったら、いいでしょうということで、それは認めてあげた」という。

◆16 木村威夫、前掲「『月は上りぬ』の頃」、九三-九六頁。

◆17 「映画評『月は上りぬ』」、『産業と経済』一九五五年二月号、四六頁。

◆18 例えば、北川冬彦の「女性でなければ描けない描き方」（北川冬彦「日本映画批評 乳房よ永遠なれ」、『キネマ旬報』一九五五年一二月下旬号、九六頁）や、藤井重夫の「女流監督らしい細心な演出が見られた」（藤井重夫「乳房よ永遠なれ」、『映画評論』一九五六年二月号、八二頁）といった映画評。

◆19 津田なおみ「『乳房よ永遠なれ』——新たな考察」、『甲南女子大学研究紀要』五九号、二〇二二年、三頁。

◆20 参照したシナリオは『映画芸術』一九五六年一月号、八〇-一〇一頁。

◆21 斉藤綾子「メロドラマ的身体と欲望の法則」、『世界』二〇〇二年二月号、二五六-二五七頁。また、監督としての田中絹代の研究を含めた、充実した論集が英語圏で刊行され、本書で引用した斉藤綾子や菅野優花が寄稿している。Irene González-López and Michael Smith eds., *Tanaka Kinuyo: Nation, Stardom and Female Subjectivity*, Edinburgh: Edinburgh University Press, 2018.

◆22 同前、二五七頁。

◆23 加藤幹郎『日本映画論1933-2007——テクストとコンテクスト』岩波書店、二〇一一年、一六七頁。

◆24 参照したシナリオは『キネマ旬報』一九六一年六月下旬号、一一五-一三五頁。

◆25 「〝女だけの夜〟ってショッキングね!」、『週刊明星』一九六一年七月三〇日号、三六頁。

◆26 田中澄江・梁雅子・田中絹代「ラブ・シーンは苦手 東京映画「女ばかりの夜」を語る」、『婦人倶楽部』一九六一年五月号、八二-八三頁。脚本では終盤に求愛する早川に「あたしたち男のひとつき合わないって約束したんですもの」といわせたり、シーン18では脚本にはない「私たちばかり責めないでさ、男を更生寮に入れりゃあいいんだよ」という台詞をいわせたりしている。

◆27 菅野優花『クィア・シネマ——世界と時間に別の仕方で存在するために』フィルムアート社、二〇二三年、

一九二－一九九頁。菅野は、小説には映画をはるかに上回る女性同士のホモエロティシズムが描かれていたが、映画化に際して、その強度は失われたものの、小説にはない新たなエロティシズムが生み出されていると述べている。

◆28 田中絹代ほか「『夜ばかりの夜』を語る――日本映画ペンクラブ合評会より」、『映画芸術』一九六一年一〇月号、五六頁。

第3章
次世代の作家たち

児玉美月

「映画作るの教えてくれる学校ってあるんだけど、参加していい？」とまだ中学生ほどの女の子が母親に聞く。映画制作に興味を示すその子はやがて、映画監督への道を歩んでゆくのかもしれない。ある性暴力事件を背景に三つの島での物語が紡がれた三島有紀子による『一月の声に歓びを刻め』（二〇二三）には、そうした描写がさりげなく含まれる。それは「映画監督」という職業を、女の子たちがごく普通に夢見られなかったかつての状況からの変化を告げるものであった。そして同時に、一時代を築いてきた女性映画作家から、これから次世代を生きてゆく女性たちへ、あたかも映画監督の夢を手渡そうとしているようでもある。

本稿では二〇一〇年代後半以降に長篇第一作目が劇場公開されたより若い世代の作家に的を絞り、日本映画界における女性作家の現在地点を素描してゆく。二〇一七年、ハリウッドの著名な映画プロデューサーであるハーヴェイ・ワインスタインの性暴力及びハラスメントが告発され、#MeToo運動が一大ムーブメントとなった。その後、二〇二二年には遅れて日本にもそうしたムーブメントの兆しが見られた。二〇一〇年代後半以降に羽ばたきはじめた映画作家たちはまた、こうした旋風の煽りを受けているはずだろう。旧態依然な映画業界の体質が是正され、無数の作家たちが今後ますます輝ける未来への願いを込めながら、次世代の女性作家たちの星々を繋ぐ、未完成な星図をここに広げてみたい。

「映画」が孕む暴力性への自覚

安川有果監督作『よだかの片想い』（二〇二二）では、監督の飛坂が顔に痣をもつアイコを映画の題材にしようとする物語が描かれる。劇中では飛坂から「当事者ではない自分が扱うのは利用していることになってしまうのではないか」といった言葉も吐露される。脆弱な立場にある女性を男性監督が映画で撮る危うさについて言及されるのは、一〇年近く前に出版された島本理生による原作小説を映画化するうえで安川が時流を汲んで付け加えた部分だろう。映画は異性同士の恋愛が進行するメロドラマの型に沿いながら、次第にアイコと大学の先輩の女性同士によるシスターフッドの様相が色濃くなってゆく。『よだかの片想い』の結末は決して「ありのままの自分」を生きること、愛することを最上位には置かない。誰もがありのままでいられるようには設計されていないこの世界でありのままにいれば、無防備にただ傷つけられてしまうほかない。だから世界が追いついていないなかでの無批判な「ありのままの自分」賛美は、ときに欺瞞の響きを伴いさえするかもしれない。ひとつのドラマの枠を越えて、安川は『よだかの片想い』に性の非対称性や映画作家として映画が内包してきてしまった暴力に対する意思表明を込めている。

吉田奈津美監督作『浮かぶ』（二〇二二）もまた少年少女たちの寓話を通して、婉曲的にジェンダー化された映画の権力機制へと疑問符を突きつける。かつて彼らが暮らす町には天狗による「神隠し」の伝説が流布されていた。結衣はその昔、妹の佳代が神隠しにあっていたと思い出し、なぜ自分では

なく佳代だけが選ばれたのか、神隠しはほんとうに神隠しだったのかと思いを巡らせる。そこではカメラのモチーフも導入され、「撮る」側と「撮られる」側である進と佳代、あるいは「見る」側と「見られる」側である結衣と佳代、といった三者の関係性が交差する。そこには「見られる」「撮られる」側の者を、一面的に搾取の対象として見做すべきではないという疑義も伏在されている。

吉田の前作である短篇映画『ひとひら』（二〇一八）では幼馴染のいずみと陽一が秋桜畑を探しに旅に出る物語が描かれた。まだ中学生のいずみは性的なまなざしに晒されうる「女性」になることへの戸惑いと嫌悪感に苛まれている。『ひとひら』のいずみ役は『浮かぶ』の佳代役と同じ役者である芋生悠が務め、カメラに撮られる側であった佳代に反していずみはカメラで撮る側であり、それがまだいずみが見られる性である「女性」になっていないことを証し立てる。映画の最後にいずみが響かせるシャッター音は、「女性」になることを受け入れなければならない諦念の音として響く。陽一はいずみと共謀して生活圏から離れた場所ではスカートの制服を身に纏《まと》っており、それぞれ若者ふたりの揺らぐジェンダーの問題を描出している。

日本の社会問題と向き合う

是枝裕和、西川美和らが所属する映像制作者集団「分福」が輩出した川和田恵真長篇監督第一作『マイスモールランド』（二〇二二）は第七二回ベルリン国際映画祭ジェネレーション部門に出品され、アムネスティ国際映画賞スペシャルメンションを贈られるなど国際的にも高い評価を受けた。題材とな

ったのは日本の埼玉県南部にコミュニティをもち、「祖国をもたない世界最大の民族」と呼ばれる在日クルド人の家族だが、自身もイギリスと日本のミックスルーツである川和田は彼らにシンパシーを感じながら取材期間におよそ二年を費やした。当事者が演じることの安全性やプライバシーなどを考慮した結果、家族役には日本、ドイツ、イラン、イラク、ロシアの五ヵ国にルーツをもつ俳優の嵐莉菜と実際の家族がキャスティングされた。『マイスモールランド』は在留資格を失った家族の困難を追うが、主人公である一七歳の高校生サーリャとアルバイト先で出逢った聡太の淡い恋物語も並走してゆく。近年における日本の難民認定率は1%にも満たず、父親が政治的事由による凄惨な身体の傷跡を見せても不認定は覆らない。在留資格を取り消されれば、就労もできず、埼玉県から自由に出ることも許されない。なぜこうした理不尽な問題が常態化しているのか。『マイスモールランド』はそこに加担する日本人の悪意なき小さな無関心の積み重ねを丹念に炙り出してゆく。

映画はサーリャが鏡に向かって巻き髪をストレートアイロンで直毛にする様子を丁寧に追い、彼女が生活のなかでいかに日本人に同化しようと奮闘しているのかを映像で繊細に伝える。したがってサーリャの友人が睫毛の長さを過剰に褒めるのもまた、彼女にとっては他者化された疎外感を覚えうる何気ない会話のひとつかもしれない。アルバイト先のコンビニエンスストアでは老人がサーリャを日本語の話せない外国人だと決めつけて日本語が上手だと褒め、いずれ「故郷」へ帰る前提で話しかける。サーリャは便宜的に学校などでもクルド人ではなくドイツ人だと偽り、ささやかな無理解の言葉も作り笑いで交わす。しかしサーリャは聡太にだけは胸の内を打ち明けようとする。映画は当然ながら楽観的な答えには着地しえないものの、聡太が力強く仕方なくないのだとサーリャにかける言葉や

うである。

県境を越えて行き来する若者たちの足取りに、私たちが越えなければならない障壁が託されているよ

『マイスモールランド』と同年の二〇二二年には不寛容な現代日本社会への問題意識から、早川千絵による長篇監督第一作『PLAN75』が製作された。七五歳になると生死の選択権が与えられる「PLAN75」が施行された近未来の日本を舞台にする『PLAN75』は第七五回カンヌ国際映画祭「ある視点」部門に正式出品され、新人監督賞に相当するカメラドール特別表彰の快挙を成し遂げたほか、第九五回米アカデミー賞国際長篇映画賞部門の日本代表にも選ばれた。早川はニューヨークの美術大学School of Visual Artsで写真を専攻し、現地で子供を授かる。帰国後は業務委託の仕事をフルタイムで行い、三六歳から映画学校のENBUゼミナールに通いはじめた。出産や子育てによりキャリアが断絶される女性の映画作家も数多い日本の映画界において、子供がいながら比較的遅い年齢で本格的に映画を撮りはじめて国際的に高い評価を得るまでの作家になったその経歴もまた特筆に値するだろう。

早川千絵による卒業制作『ナイアガラ』は、第六七回カンヌ国際映画祭シネフォンダシオン部門に入選。この映画では児童養護施設で育ったやまめが、祖父が自分の両親を殺めた罪で死刑囚として拘置所に収容されている事実を知らされる。ここでもやはり死刑制度という日本社会における死と制度の問題が取り扱われており、早川の一貫した問題意識が窺える。二〇一八年には、是枝が総合監修したオムニバス映画『十年 Ten Years Japan』に『PLAN75』の前身ともいえる短篇作品で参加した。『PLAN75』の冒頭では二〇一六年に起きた相模原障害者施設殺傷事件を彷彿とさせる若者による高

齢者襲撃事件の現場から幕を開け、映画を通して「生産性」という尺度をもって人の価値を判断する風潮に警鐘を鳴らす。物語は七八歳の高齢になってもなお働かなければ生計を立てられないミチを主軸に、行政機関に携わる若者たちの視点も交えながら進行してゆく。『PLAN75』は超高齢社会、自己責任論、安楽死／尊厳死といった日本が向き合わなければならない諸問題を詳《つまび》らかに掬い上げてゆく。人物が撤退した後もその場に留まり続けるカメラによる無人ショットがとりわけ印象深く、観客に思考させる余白の時間としての効果をもたらしている。

『マイスモールランド』や『PLAN75』の主人公がともに女性に設定されているのはむろん恣意的な選択ではなく、『マイスモールランド』では父権的な家庭やコミュニティにおいて家事労働やケア労働などに従事させられやすい属性であること、『PLAN75』ではジェンダー間で賃金の格差や雇用形態の非対称性が明確に存在する日本においてとくに経済的な困窮に陥りやすい属性であることなどが意識されているだろう。女性ジェンダーを理由に恋愛や、恋愛と同一線上にあると見做されている結婚や出産など「女性ならでは」と押し付けられやすい主題に縛られずにこうして硬派な社会派ドラマを撮る映画監督がますます充実してゆくことは重要なことであるように思われる。

また、是枝と由縁のある、さらに若い世代の映画作家にはたとえば小川紗良がいる。俳優、小説家としてもマルチに活躍する小川は、長篇監督第一作『海辺の金魚』（二〇二一）で児童養護施設に暮らす一八歳の花と新たに入所してきた八歳の晴海の交流を描いた。演技経験のない子供がキャスティングされ、彼らは台本も渡されなかったという。役者のエモーショナルな表情を捉えようとする場面など以外では基本的に遠目にカメラを置いて適切な距離を保ちながら子供たちの様子を映す。そうして

子供たちの自然な姿がドキュメント的に画面に活写される『海辺の金魚』は、まさに是枝の『誰も知らない』(二〇〇四)といった作品からの影響も汲み取れる。一九九八年に起きた和歌山毒物カレー事件を想起させる事件の容疑者である母をもつ花が映画のモチーフとされた金魚と重ね合わせられながら訪れる終幕は、希望が込められていながらも現実のシビアさが波打つ。小川はこの映画をきっかけに保育士免許を取得。今後彼女は、どんな子供たちの姿をスクリーンに息づかせてゆくのだろうか。

独自の作家性を貫く

『21世紀の女の子』で公募枠から唯一選ばれた金子由里奈はその短篇『projection』で「私と映画を撮ってください」と書いた画用紙を掲げて路上に立ち、被写体になる女の子を描いた。開巻の喫茶店の場面で主人公は小説を手に取りながら周囲を観察し、雑多な会話に聞き耳を立てる。そのように金子の映画は、街の見知らぬ人々への好奇心と興味につねに掻き立てられている。たとえばそれは、MOOSIC LAB 2019の長篇部門でグランプリを受賞した『眠る虫』(二〇二〇)ではバスの車内で聞こえてくる乗客たちのさまざまな会話、大前粟生による同名小説を映画化した『ぬいぐるみとしゃべる人はやさしい』(二〇二三)ではレズビアンの西村がバスで恋人を見送って歩いているときにふと横切る通行人の会話が意図的に大きくされた音響などにも立ち現れている。主要な登場人物以外の人々の気配もつねに忘れず画面に招き入れながら、金子の映画は実際にその場にいるいないにかかわらず、街が無数の人々の記憶の総体であることを観者に思い起こさせる。『眠る虫』で佳那子は偶然同じバ

スに乗り合わせた老女の歌声に魅了されて彼女を追い、その街を走るバスを映画は長回しで追ってゆく。バスは通常入り口と出口が別に設えられた乗り物であり、それぞれを「生」と「死」に擬するとすれば、バスは人間の有限な人生の比喩たりうる。バスに乗った者はひとときの旅に出かけ、やがてどこかで必ず降りてゆく。したがってバスの乗客たちは奇妙な運命共同体でもある。佳那子は期せずして老女の「終着駅」に出くわし、彼女の聞いた声は「幽霊の声」となる。

『眠る虫』では使い捨てスリッパの袋を開けるとまるで人間が息を吐くかのように空気が抜けてゆき、ポールの先端に被された片方だけの軍手はこちらに挨拶するかのような愛嬌を湛え、バスの光は蛍のように暗がりの空へと飛び立ってゆく。喫茶店は閉店したのではなく死んでしまった。至る細部に「生」を宿す金子の筆致は厳然たるアニミズムに貫かれている。植物になりたいと願う奏子と植物園で出逢った航の交流を描く『散歩する植物』（二〇一九）は人間が植物に「なる」ことで、逆の経路で植物に「生」を宿す。したがって『ぬいぐるみとしゃべる人はやさしい』においてぬいぐるみが「生」を獲得したかのような主観ショットが時折差し込まれるのも、金子映画にあってごく自然な成り行きといえよう。金子の作品において息づくのは、決して人間たちだけではない。『散歩する植物』で序盤に画面に表示される奏子の日記には「人間力って何。こうして言葉を書く力？」と記されており、人間は言葉をもたぬ植物と対比されている。『ぬいぐるみとしゃべる人はやさしい』には、話す人間と話さないぬいぐるみという図式がある。幽霊は話さない。だから幽霊と話すために映画の魔法を利用する。植物もぬいぐるみも幽霊も話さないが、しかし話さないからこそ語りはじめられる物語があるのだという確信めいた探究心が金子の映画を駆動させている。

現代性に囚われず、すでにたった二作にして独自の確立された作家性を世に見せしめたのは工藤梨穂の『裸足で鳴らしてみせろ』（二〇二一）である。工藤は長篇監督第一作『オーファンズ・ブルース』（二〇一八）がぴあフィルムフェスティバルアワード2018でグランプリを受賞した。『オーファンズ・ブルース』は路上で古本を売りながら海沿いの町に暮らす、記憶に問題を抱えたエマが幼なじみのヤンを探す旅を繰り広げる。断絶の表情を垣間見せる映画の編集の手つきは、記憶が抜け落ちながら生きるエマの感覚を私たちにも追体験させる。レオス・カラックス監督作『汚れた血』（一九八六）は「いたるところで誰もがキャメラに向かって無意識の背中を晒している映画」（鈴木布美子『レオス・カラックス――映画の二十一世紀へ向けて』［筑摩書房、一九九二］）とも評されているが、『オーファンズ・ブルース』と『裸足で鳴らしてみせろ』のファーストショットではともに背中が映し出される。さらに『オーファンズ・ブルース』には、『汚れた血』でドニ・ラヴァンがデヴィッド・ボウイの「Modern Love」に合わせて疾走する場面への忠実なオマージュと思われる箇所も認められる。

一方『裸足で鳴らしてみせろ』は登場人物の会話のなかで引用されるだけでなく、目の見えない余命幾許もない養母のために世界各地の音を録音して届けようとするマキとナオミの青年ふたりが日本の滝をイグアスの滝だと偽った音をカセットで録音する挿話も描かれ、ウォン・カーウァイ監督作『ブエノスアイレス』（一九九七）を手繰り寄せる。彼らが手にしているカセットテープは、『ブエノスアイレス』のトニー・レオンが涙を浮かべながら握り締めていたカセットテープへと時を超えて私たちをいざなう。多くの女性作家たちの作品が女性を主人公にするなか工藤はクィアネスを少年同士に仮託し、そうして『裸足で鳴らしてみせろ』と『ブエノスアイレス』は「クィア映画」としても結ば

れる。少年たちは内に生起された同性に向かう欲望を処理しきれず、相手に触れたい願望は不本意ながら暴力に変換されてしまう。映画の終盤に翻って優しく滑らかな異性間の性的な触れ合いが配されるのは、それを強調する対比の効果をもたらすためだろう。

工藤は映画史的な記憶を、衒いなく現代においてフィルムに焼き直す。『オーファンズ・ブルース』では時代も特定できず、無国籍感が終始漂っていたが、続く『裸足で鳴らしてみせろ』でもスマートフォンのような現代を象徴するアイテムは排されてビデオテープやカセットテープ、レコードなどのアナログな記号が鏤《ちりば》められている。いつどこで撮られたのかわからないかのような工藤の映画は、ゆえに類稀《たぐいまれ》な普遍性を獲得している。たんに懐古主義とも言い切れない独特な時代感覚によって、工藤はこれからも他では観られないような「現代」の映画を撮ってゆくに違いない。

学園映画の異性愛規範に抗する

成人映画を数多く手がける城定秀夫監督作『欲しがり奈々ちゃん〜ひとくち、ちょうだい〜』（二〇二一）や同世代の映画作家である井樫彩監督作『可愛かった犬、あんこ』（二〇二二）などにも脚本を提供する首藤凜が手がけた『ひらいて』（二〇二一）は綿矢りさの同名小説を原作に、愛が思いを寄せるたとえ、たとえと内密に交際している美雪の高校生の三角関係が描かれている。愛はたとえの秘められた恋人が美雪と知って彼女に近づき、たとえと美雪の仲を掻き乱そうとしてゆく。愛が自分に恋心を抱いているのだと誤解した美雪は彼女を同性だからと拒むのではなく、健気に向き合う。慎

ましく親密さを育んでいたたとえと美雪に対する愛の凶暴な感情はやがて歪んだ回路によって発露し、愛と美雪は性行為にまで及ぶ。綿矢の原作を映画化するために映画監督になったとまで話す首藤はあくまでも原作に忠実な作品として仕上げたが、映画の着地点を見れば首藤が愛と美雪の女性同士の関係性を大切にしているのは明確だろう。

首藤はMOOSIC LAB 2017で準グランプリ、ベストミュージシャン賞、女優賞を受賞した過去作『なっちゃんはまだ新宿』（二〇一七）でも秋乃が思いを寄せる岡田、そして岡田の恋人のなっちゃんという三角関係を描いており、『ひらいて』の前身とも呼ぶべき作品となっている。岡田が話す恋人のなっちゃんに対して勝手な想像が膨らんでゆくなか、秋乃が部屋のクローゼットを開けると、そこには「なっちゃん」がいた。岡田への思いを抱えながら、家で一緒に過ごすようになった空想上のなっちゃんとも仲を深めてゆく。あるとき秋乃はひとつのベッドで並んで眠るなっちゃんの顔に、そっと自分の顔を近づける。なっちゃんと別れた岡田と付き合いはじめてキスしようとした瞬間、そのときのなっちゃんの顔のショットが素早く差し込まれる。しかしそれが嫉妬によって岡田となっちゃんのキスが頭を過ってしまったのか、なっちゃんへの潜在的な欲望の兆候なのかは定かではない。田舎から東京へと発車する電車を待つ駅のホームで、秋乃は離れた場所で立っているなっちゃんを見つける。そこにはなっちゃんだけでなく、凍えるなっちゃんの手を温めてやる秋乃自身の幻影も姿を現す。別次元のふたりは、いま・ここではないどこかでありえたかもしれない少女同士による恋のイマジネーションが結晶化されたようでもある。

枝優花監督作『少女邂逅』は学校でいじめられていたミユリが、まるで蚕の生まれ変わりかのよう

に目の前に現れた紬と邂逅する。この映画では少女たちの生きる被虐性の高い世界が残酷に映し出され、蚕の繭のように中が形骸化し精神性を剥奪された少女の身体が大量に積み重なったイメージも差し込まれる。それは首藤監督作『なっちゃんはまだ新宿』で秋乃が水着姿で撮影会モデルの被写体として活動するなっちゃんに対して「消費されないで」と叫ぶ姿も想起し、また山戸映画における少女たちの性的消費の問題とも繋がりゆく。『少女邂逅』でミユリは紬に対して恋愛的な感情を抱いてゆくが、ミユリにとって「神様」たりうる紬が決して理想通りではなくミユリの知らぬ紬がいることが次第に明らかにされてゆく。石橋夕帆監督作『左様なら』（二〇一八）でも学校のいじめ問題が織り込まれ、教室内における権力階層を炙り出しながら少女同士の関係が描かれた。由紀は仲の良かった綾から人生初めてのキスをされ、その直後に綾はこの世を去ってしまう。そのキスの意味がわからないまま、由紀は綾の幻影を抱きしめる。その抱擁は由紀にかねて思いを寄せる男子からの抱擁で反復されるが、彼らの恋が成就するのか、由紀の思いがどこにあったのかは観客の想像に委ねられる。

オルタナティヴな関係性を模索する

伝統的な家族像に異義を唱えるふくだももこ監督作『おいしい家族』（二〇一九）は、橙花が母親の三回忌で実家に帰ると父親が亡き母親の衣服を身につけて台所に立っているのを目撃するところから物語がはじまってゆく。橙花は父親の「再婚」相手として娘のいる中年男性を紹介され、父親の身なりに加えてさらに憤慨する。橙花が再婚相手に父親は実はゲイだったのかと尋ねると、彼は結婚は恋

愛や性愛だけではないと説く。日本の婚姻制度は同性間の婚姻を未だ認めていないため、父親とその相手は養子縁組によって家族になろうとしている。つまるところこの映画は婚姻制度が異性間に限定され、さらに恋愛／性愛関係を想定しているという二重の規範を脱臼させているといえる。特別養子縁組制度によって育てられた自身の生い立ちについてもメディアで語るふくだにとって、血縁関係に依らない絆を自然視する『おいしい家族』は自身の実人生にも根ざした代表作である。

近年、日本の映画界でも「シスターフッド」という言葉が一挙に使われはじめたが、そもそも「シスターフッド」を旗印とした女性たちの連帯には家父長制への批判的視座が不可欠であるはずが、脱政治化されてたんに女同士の友情を指す程度の文脈で駆り出されることも少なくない。そうしたなかで「シスターフッドムービー」と銘打ったふくだの最新作『炎上する君』（二〇二二）は、西加奈子の同名小説を換骨奪胎して政治性を付与したフェミニズム映画として世に送り出された。唯一無二の親友である梨田と浜中は通っている銭湯で政治談義に勤しむ。タイトルの「炎上」とは足を「炎上」させた男が高円寺に出没しているという噂を聞きつけたふたりが、彼を探すために街に繰り出す挿話にもかかっているが、インターネット上で物議を醸す「炎上」も意味する。そこでは東京医科大女子減点問題や二〇二三年に一三歳から一六歳へと引き上げられた性交同意年齢などを巡る政治家の問題発言などが言及され、日本における稚拙なジェンダー意識と知識の乏しさが批判の俎上に載せられる。夜を徹した捜索で「炎上する男」を見つけた末に浜中はかつて遭った痴漢被害を語り出し、そのときに助けてくれたのが梨田だったのだと明かす。未だ本邦では「声高に主張しない」「前面に押し出さない」フェミニズムを称揚する向きもあるなか、抑圧的な「慎ましさ」や「美徳」に忖度せず映画と

政治を接続した『炎上する君』は見事に作品自体がそういった言説へのカウンターへと化している。

得体の知れない生のエネルギーを発露させる『あみこ』で彗星のごとく映画界に現れた山中瑶子は、弱冠二〇歳でベルリン国際映画祭に招待された長篇映画監督の最年少記録を塗り替えた。撮影当時一九歳だった山中が完成させた『あみこ』は二〇一七年のぴあフィルムフェスティバルのPFFアワードで観客賞受賞、その後世界各地の映画祭を席巻した。高校生のあみこはアオミくんへの恋心を直向《ひたむ》きに走らせ、ついには長野からアオミくんのいる東京までひとりで飛び出してゆく。少女の一途な片想いというプロットだけならこれまでも青春映画で繰り返し描かれてきたが、『あみこ』は切れ味鋭い言葉の独自性もさることながら、独特のリズム感で疾走してゆく映像もまた何にも似ていない。その後、二〇一八年には『21世紀の女の子』に抜擢され、『回転てん子とどりーむ母ちゃん』を制作。実際に山中のアルバイト先である中華料理店で撮影され、回転テーブルの真ん中に幼い少女が座るなか、そこを取り囲む数人の女たちが舌鋒鋭い会話に興じてゆく。終奏、それは少女の夢だったと示唆され、目覚めた現実にはふたりの女性しかいないが、これまですべての山中の映画に父親は不在である。文化庁委託事業「ndjc（New Directions in Japanese Cinema）：若手映画作家育成プロジェクト」において製作された『魚座どうし』（二〇一九）でも、鬱屈として子供につらくあたる母親と宗教の勧誘に子供を使う母親をもつ小学生四年生の少女と少年が生きる父親不在の世界が描出された。

山中は映画に留まらず二〇一九年にはTOKYO MXで放送されたテレビドラマ『おやすみ、また向こう岸で』も手がける。ヒロキと同棲するナツキの家に高校時代の同級生であるカナコが遊びに来る。山中が私淑する濱口竜介監督による『偶然と想像』（二〇二一）の会話劇のトーンを帯びつつ、

ナツキが男性との性行為について「どうしてもフェアに感じられない」と悩みを打ち明ける一方、カナコはナツキへの恋愛感情を告白。物語は思わぬ方向へと転がってゆく。異性愛から幕が開け、交際関係において絶対視されている性行為へと疑問が投げかけられながらカジュアルに女性同性愛へと流れ、男性を排して女性ふたりが結ばれるのかと思いきや、さらに意想外の展開を見せる。この作品は合意に基づき複数人と親密な関係性をもつポリアモリーに着想を得たとされ、モノガミーが支配的なこの社会の「向こう岸」を観者に夢想させるだろう。そうしてひとつの小さな部屋からスケールの大きな可能性へと、広がりを感じさせるドラマに仕上がっている。

新たな属性を可視化させる

これまで私たちがなかなかスクリーンで出逢ってこなかった属性に、いまを生きる作家たちは息を吹き込む。『ぬいぐるみとしゃべる人はやさしい』の主人公である大学生の七森はホモソーシャルなノリにもついていけず、付き合おうと決意した相手にも恋愛感情を抱けずに関係を終えてしまう。七森は劇中で明言さえされないものの、Aセクシュアル／Aロマンティックとも捉えられるだろう。その傍らには女性の同性パートナーをもつ西村もいる。西村役を務めた俳優の若杉凩は、淺雄望監督作『ミューズは溺れない』（二〇二一）でも同じくレズビアンもしくはバイセクシュアルの人物である西原を演じた。『ミューズは溺れない』は美術部に所属する西原が海に落ちて溺れる朔子を絵に描く。絵を通した女性同士の関係をセリーヌ・シアマ監督作『燃ゆる女の肖像』となぞらえる評も多い。淺

雄はこの作品の前には二〇一八年に開催された東京レインボープライドを追った中篇ドキュメンタリー映画『アイム・ヒア』を撮っている。『ミューズは溺れない』の主人公である朔子は西原と友人の大谷に、人生で恋愛感情を抱いた経験がないと告白する。朔子もまた、Aセクシュアル／Aロマンティックの人物として着想されており、この映画では性的マイノリティとして描かれる朔子や西原と同時に、男子生徒に恋するヘテロセクシュアルの大谷にも光を当て、「ふつう」であることの悩みと苦しみにも寄り添う。

おそらくAセクシュアル／Aロマンティックが映像文化において主題として扱われはじめたメルクマールといえる作品が、二〇二二年に放送・公開されたNHK制作テレビドラマ『恋せぬふたり』及び玉田真也監督作『そばかす』だった。とはいえ、二〇二〇年代より以前の映画であっても遡及的にその属性の物語として読み直せる作品もあるはずだろう。井樫彩監督作『溶ける』は二〇一五年の映画だが、田舎の高校生活で燻った感情を川に飛び込むことで解消させている真子は性体験を続々と済ませてゆく周囲に対して違和感を抱えており、その文脈でAセクシュアル／Aロマンティックの人物としても捉え返せるかもしれない。井樫は長篇監督第一作である『真っ赤な星』(二〇一八)で孤独な少女と元看護師の女性の同性愛的な交流、『21世紀の女の子』の『君のシーツ』では情事の相手である男性が空想のなかで女性へと入れ替わる同性愛的な欲望、『あの娘は知らない』(二〇二二)では地方にひとりで暮らすレズビアンの物語をそれぞれ描き、女性(同士)のクィアネスを卓抜な感受性でスクリーンに投錨させてきた作家である。井樫の初期作にあたる『溶ける』の真子は、性愛／恋愛が当たり前とされている価値観の同級生と泥まみれで取っ組み合いにさえなりながら抵抗する。思春期

の少女に特有の性への嫌悪感や忌避感、恋愛沙汰や性行為によって田舎の退屈な日常から脱しようとする安易な同世代への反発心といった切り口でない新たな読みへと開花しうる萌芽が『溶ける』にはあるように思える。

長篇監督第一作『蒼のざらざら』（二〇一四）から絵を描くことをモチーフにしてきた上村奈帆による『僕の一番好きだった人』（二〇二一）には上村曰く、あえて名前を与えるのであればジェンダーフルイドでありバイセクシュアルだという悠が登場する。劇中で悠の一人称は「ぼく」と「わたし」の両方が使われる。バイナリーなジェンダー観による登場人物が占有してきた映画において、悠のジェンダーの在りようは強固な男女二元論に裂け目を入れうる。悠とかつて愛した女性がいた叶絵はひとときの時間を過ごすが、ディゾルブによって繋がれた絵を燃やす炎のショットと海の荒波のショットが完全には溶け合わない様が彼らの行く末を示唆する。

野本梢監督作『愛のくだらない』（二〇二〇）では、テレビの地方局でアシスタントプロデューサーとして働く景の五年間付き合っている恋人が、男性でありながら「妊娠」したと言い出すところから幕が開ける。景は任された番組にオファーするため、たまたま会社に訪れた金井に声をかける。景は金井からトランスジェンダーの男性であることをカミングアウトされ、やがて自分が無自覚にしてしまっていたマイクロアグレッションにも気づいてゆく。野本の『私は渦の底から』（二〇一五）はレズビアンの主人公が異性愛者だと思っていた片想い相手の恋人が実は同性であったことを知る物語であり、過去にもそうして性的マイノリティの主題のなかで先入観や思い込みを内省する人物を描いている。日本ではトランスジェンダーの女性はたとえば『彼らが本気で編むときは、』（荻上直子監督、

たものの、トランスジェンダーの男性となるとより少ない。金井には女性の恋人がおり、金井のよき理解者としてつねにそばにいる。この映画で重要なのはトランスジェンダーが社会の差別や偏見に苦しむだけでなく、そうして他の人々同様に愛されるべき存在なのだと提示したところにもあるだろう。枝優花監督作『息をするように』（二〇二一）は、俳優の伊藤万理華演じるアキが転校先の学校で出逢った人気者のキイタと距離を縮めてゆく。枝の得意とする詩的な映像で多くを語らない映画だが、アキはおそらくトランスジェンダーの少年であり、だからといって当然のように女性に惹かれるのではなく同性に性的指向が向くと解釈できる人物として描かれた。

スクリーンの外の問題でいえば、女性として活動している俳優によって演じられたこの二作品に加え、同時期製作の作品としてトランスジェンダーの男性であると公言している飯塚花笑監督作『フタリノセカイ』（二〇二二）で描かれたトランス男性も、トランスジェンダーを公言して活動しているのではない俳優によって演じられている。日本で初めて一般公募のオーディションにおいてトランスジェンダー当事者の俳優を募った東海林毅による映画『片袖の魚』（二〇二一）も対象はトランスジェンダーの女性だったが、同属性をトランスジェンダー男性の俳優として活動している若林佑真が演じたテレビ東京系列ドラマ『チェイサーゲーム』（二〇二二）のような作品も出てきており、これまで映像文化において就労の機会に恵まれてこなかったトランスジェンダーの俳優たちが役を不当に奪われず、十全な育成や支援が今後行われてゆくことを期待したい。

まだ見ぬ未来へのシスターフッド

都会で上流階級に生まれた華子と地方から上京して大学に進学した美紀という東京の異なる階層に生きる女性の交差を描いた『あのこは貴族』（二〇二〇）。山内マリコ同名小説の原作を丁寧な演出と繊細な脚色で映画化して高く評価された岨手由貴子もまた、間違いなくこれからの映画界を担ってゆくひとりであり、優れた作品を世に輩出するだけでなく映画界を取り巻くさまざまな問題についても積極的に発信している。

たとえば岨手は監督作である『グッド・ストライプス』（二〇一五）や『あのこは貴族』のほか、直近では『ヒヤマケンタロウの妊娠』（二〇二二）や『すべて忘れてしまうから』（二〇二二）といった配信ドラマなどの脚本も務めている。ハラスメントやジェンダーバランスについて調査する非営利団体「表現の現場調査団」による「ジェンダーバランス白書２０２０」に寄せたコラムでは、その執筆過程においても不均衡があることを指摘した。プロデューサーや監督といった製作陣が脚本家と推敲を重ねるプロセスである「ホン打ち」では、岨手の経験によれば女性の割合が多くて三割程度でしかなく、多数決の原理が働くとどうしても男性の意見が勝ってしまうという。それはまた、現実に即していない女性表象が批判を受けながらも日本映画において存命しているひとつの要因ではないかと疑問を呈する。さらに、女性が少数派であるがゆえに個人の意見が「女性の総意」として捉えられ、男性側は問答無用で意見を取り下げざるをえない局面もあり、そうなると健全な対話にはならない。女性

の映画人が増えてきたとはいえ、製作段階において決定権のある立場にも就くことが重要である。

　岨手は第一子出産時に仕事が激減した経験から、第二子出産時にはそれを隠して仕事をしなければならかったことを取材やシンポジウムなどの場でしばしば語ってきた。それ自体、映画界が妊娠と出産を担わなければならない立場の労働者を想定できておらず、受け皿が整備されていないことを物語る。ジェンダーバランスのみならず、育児や家事の負担を現状より被ってしまっている女性が働く環境を整えることもまた責務としてあるだろう。東京から金沢に移住した地方在住者であり、子供がいながらにして第一線で作家活動を続ける岨手は、その働き方においても後続の女性映画人たちの背中を押すに違いない。

『あのこは貴族』には、華子がネオンライトの煌めく道路を挟んだ向こう側にいる見知らぬ少女たちと、遠巻きに手を振り合うかけがえのない瞬間がある。たとえ境界線に隔てられていたとしても、距離が離れていたとしても、私たちは互いを勇気づけられるし、励まし合える。岨手が描く現代的なシスターフッドは、それぞれの持ち場で戦う私たちをそうした影響関係のもと共闘者にするだろう。『あのこは貴族』はこの二〇二〇年代の幕開けを飾るに相応しい、女性をエンパワメントする作品であると同時に、岨手の映画への愛が込められた作品でもあった。映画に携わる女性作家たちの愛が映画界の抱え込む宿痾に押し潰されて途絶してしまわぬように、過渡期に立たされているいまからここにない未来を築き上げてゆくそのために、私たちが向き合うべき課題はまだまだ残されている。

・本ガイドは、できる限り多くの作家の作品を掲載するという方針のもと、一作家につき一作品として一〇〇本の長篇作品を選出した（監督名50音順で掲載）。
・本ガイドの執筆は、原稿末尾に「＊」が付されているものは北村匡平が、それ以外のものは児玉美月が担当した。

女性映画作家
作品ガイド100

児玉美月＋北村匡平

●『月極オトコトモダチ』 001

二〇一八年／七八分

監督：穐山茉由／脚本：穐山茉由／撮影：中瀬慧／出演：徳永えり・橋本淳

—

『シノノメ色の週末』（二〇二一）で第三一回日本映画批評家大賞新人監督賞を受賞した穐山茉由による長篇劇映画第一作目となった本作は、MOOSIC LAB 2018 の長篇部門でグランプリ他四冠を受賞した。編集者の那沙が異性間の友人関係は成立するのか検証するために「オトコトモダチ」をレンタルし、そこにシンガーソングライターのルームメイトの存在も絡んでゆく。「恋愛」と「友情」の概念を哲学する本作は現代的なアクチュアリティをもっている。

●『ミューズは溺れない』 002

二〇二一年／八二分

監督：淺雄望／脚本：淺雄望／撮影：大沢佳子／出演：上原実矩・若杉凩

—

大九明子などの助監督についていた淺雄望による長篇監督第一作。美術部の西原は、海に落ちた朔子を絵に描き出す。不安定な少女の身体が勢いよく海に投げ出されるダイナミズムによって幕を開ける本作は、着実な足取りで大人になろうとする人生の出航へと辿り着く。朔子は恋愛感情を抱いた経験がなく、Aセクシュアル／Aロマンティックの人物としても捉えられる。本作は誰を好きになっても、あるいは誰も好きにならなくてもいいのだと伝える。

●『羊とオオカミの恋と殺人』 003

二〇一九年／一〇三分

監督：朝倉加葉子／脚本：高橋泉／原作：裸村／撮影：早坂伸／出演：杉野遥亮・福原遥

—

殺人鬼の兄弟を描く『クソすばらしいこの世界』、デスゲームを題材とした『ドクムシ』などを経て、「スプラッタ映画の旗手」とも称される朝倉加葉子の長篇監督第五作。裸村による漫画『穴殺人』を原作に、自殺に失敗した若者が殺人を繰り返す隣人女性と恋に落ちる物語が描かれる。血みどろのスプラッター場面と爽やかなラブロマンスの場面が交差する、ジャンルを跨ぐ青春映画。意外性のある福原遥の起用は、一風変わった殺人鬼を誕生させた。

●『アンダー・ユア・ベッド』 004

二〇一九年／九八分

監督：安里麻里／脚本：安里麻里／原作：大石圭／撮影：鎌苅洋一／出演：西川カナコ・高良健吾

—

黒沢清監督作品などに撮影助手で参加したほか、自身は『呪怨』シリーズや『リアル鬼ごっこ』シリーズをはじめホラー映画などを中心に映画を世に送り出してきた。本作は大学時代に一度だけお茶をした千尋にまた名前を呼んでほしいと切望した三井が、家に忍び込みベッドの下で監視するストーカー行為に及ぶようになる。「声」を渇望する映画にあって緻密な音響設計が施されている。女性の作家が手がける作品でもっとも容赦のない性／暴力描写が含まれた作品のひとつでもある。

●『暁闇』 005

二〇一八年／五七分

監督：阿部はりか／脚本：阿部はりか／撮影：平見優子／出演：中尾有伽・青木柚

—

本作は MOOSIC LAB 2018 で長篇部門準グランプリに輝き、二〇一九年には韓国の

全州国際映画祭ワールドシネマスケープ部門にてインターナショナル・プレミア上映された。演劇ユニット「はりか」の主宰を務める阿部はりかにとって、本作が長篇監督第一作目となった。中学校最後の夏に、音楽を通して出逢った孤独な若者たち。寡黙な雰囲気のなかでそれぞれの人物たちの内包する想いが映像で綴られてゆき、見えない月に一番近い場所で彼らが見た深淵を覗かせる。

006

●『ミセス・ノイズィ』
二〇一九年／一〇六分
監督：天野千尋／脚本：天野千尋・松枝佳紀／撮影：田中一成／出演：篠原ゆき子・大高洋子

―

短篇などで国内外の映画祭で着実に評価を得てきた天野千尋による本作は、東京国際映画祭日本映画スプラッシュ部門にも選出された。実際に起きた奈良騒音傷害事件を基に、小説家の真紀と隣人の「騒音おばさん」との騒動を描いてゆく。本作は天野が手がけた巧妙なオリジナル脚本によって途中で視点が切り替わり、一方面からでは見えてこない社会の複雑さを明らかにする。天野はその後、Netflixオリジナルドラマ『ヒヤマケンタロウの妊娠』の脚本などを手がけた。

007

●『0・5ミリ』
二〇一三年／一九六分
監督：安藤桃子／脚本：安藤桃子／原作：安藤桃子／撮影：灰原隆裕／出演：安藤サクラ・柄本明

―

監督デビュー作となった『カケラ』（二〇〇九）で個性的なレズビアン映画を撮った安藤桃子による三時間を超える第二作目。ヘルパーのサワは務めていた家が火事になり、すべてを失ってしまう。その後、初老男性の弱みにつけ込み、彼らの家を転々としてゆく。しかし物語は思わぬ方向へと転がりはじめ、終盤ではある人物が別の性別で生きることを強いられていたことが明かされると同時に、サワ自身もまた「女性」として社会が期待する生き方に与せない真実が告白される。

008

●『真っ赤な星』
二〇一八年／一〇一分
監督：井樫彩／脚本：井樫彩／撮影：萩原脩／出演：小松未来・桜井ユキ

―

井樫彩にとって長篇監督第一作となった本作は、日本人史上最年少でレインダンス映画祭のコンペティション部門出品を果たした。一四歳の陽が看護師の弥生に心奪われて、物語は紡がれはじめる。部屋で互いの身体に触れ合うふたりは黒いシルエットでしか映されず、ふたつの孤独な魂の愛撫をカメラは息を潜めて見つめる。過酷な現実に生きる彼女たちが星を見上げる秘密の天文台は、シェルターの機能を担う映画的空間として忘れ難い印象を残す。

009

●『人のセックスを笑うな』
二〇〇八年／一三七分
監督：井口奈己／脚本：本調有香／原作：山崎ナオコーラ／撮影：鈴木昭彦／出演：松山ケンイチ・永作博美

―

日本映画監督協会新人賞の女性初受賞など長篇監督第一作『犬猫』（二〇〇四）で高く評価を受けた井口奈己が、芥川龍之介賞の候補作にもなった山崎ナオコーラによる同名小説を映像化。美術学校の講師ユリと、モデルを頼まれたみるめの二〇歳差の恋愛

を描く。ロングショットと長回しが多用され、脚本に記されていないアクションやアドリブなどを積極的に招き込みながら、カメラは息の長い芝居を捉える。そうした映画的な冗長さにこの作家のスタイルが宿っている。

●『夏、至るころ』 010

二〇二〇年／一〇四分

監督：池田エライザ／脚本：下田悠子／撮影：今井孝博／出演：倉悠貴・石内呂依

—

自身も数々の映像作品に出演してきた俳優であり歌手としても活動する池田エライザによる初監督作品。全国の自治体と組み「地域」「食」「高校生」をキーワードに制作する「ぼくらのレシピ図鑑シリーズ」の第二弾として、原案も兼任した。福岡に暮らす翔と泰我の高校最後の夏。続けてきた太鼓を泰我がやめると言い出してしまう。そこに音楽を諦め東京から戻ってきた都が現れ、彼らは自らの人生と向かい合ってゆく。青春映画でお馴染みである真夏の夜の青いプールの場面が白眉。

●『君は放課後インソムニア』 011

二〇二三年／一一三分

監督：池田千尋／脚本：髙橋泉・池田千尋／原作：オジロマコト／撮影：花村也寸志／出演：森七菜・奥平大兼

—

『先輩と彼女』（二〇一五）などを監督し、黒沢清監督作『クリーピー 偽りの隣人』では共同脚本として参加、さらにテレビドラマ『大豆田とわ子と三人の元夫』などでも演出を手掛けてきた池田千尋による青春映画。舞台は石川県、高校生の丸太は不眠症を親にも打ち明けられず、鬱屈とした日々を送っていたが誰も寄りつかない天文台で同じく不眠症を抱える伊咲と出逢う。暗闇の黒で塗り潰された開巻の画面が、大切な誰かとの紐帯が深まるにつれて次第に光を獲得してゆく。

●『左様なら』 012

二〇一九年／八六分

監督：石橋夕帆／脚本：石橋夕帆／原作：ごめん／撮影：萩原脩／出演：芋生悠・祷キララ

—

二〇二三年には『4月の東京は…』、『僕らの食卓』といったBLドラマの脚本と監督を務めるなど、映画以外にも活躍の場を広げている石橋夕帆による本作。主人公の由紀は仲の良かった綾が突然この世を去り、同級生たちからも距離を置かれてしまう。映画は主要人物だけに焦点を合わせるのではなく、教室におけるヒエラルキーの構造そのものを俯瞰的な視点で描出しようと試みる。異性間と同性間の親密な関係性が並置された終幕は、多様な読みへと観客をいざなう。

●『重力の光』 013

二〇二二年／七二分

監督：石原海／脚本：石原海／撮影：八木咲／出演：菊川清志・西原宣幸

—

劇映画『ガーデンアパート』（二〇一七）で長篇監督デビューを果たし、その後イギリスの国営テレビBBC助成のもと『狂気の管理人』（二〇一九）を監督するなど国内外で活動する映画作家でありアーティストである石原海によるドキュメンタリー映画。石原の移住先である北九州に位置する東八幡キリスト教会を舞台に、そこに集う「罪人」たちと彼らによる演劇の創作過程を追う。モノクロかつソフトフォーカスで

撮られたインタビュー映像と重力が重くのしかかる世界に穿たれた一筋の光の映像が交差される。

●『サイド バイ サイド 隣にいる人』 014

二〇二三年／一三〇分

監督：伊藤ちひろ／脚本：伊藤ちひろ／撮影：大内泰／出演：坂口健太郎・齋藤飛鳥

―

『世界の中心で愛を叫ぶ』や『スカイ・クロラ The Sky Crawlers』の脚本家として知られる伊藤ちひろによる監督第二作目となる本作では、「誰かの想い」を見ることができるという特別な力をもっている未山が恋人とその娘と静かな暮らしを送っていたさなか、妊娠中のかつての恋人がそこに加わり奇妙な共同生活を送ることになる。規則正しいショットの連なりによって立ち籠めてゆく不穏さ、すべてが明かされない人間たちの心情と幽玄な自然が綾をなす。不思議な余韻を残す怪作。

●『ユモレスク～逆さまの蝶～』 015

二〇〇六年／七二分

監督：猪俣ユキ／脚本：猪俣ユキ／撮影：小川ミキ／出演：太田莉菜・美波

―

俳優としても活動していた猪俣ユキが二〇代前半で撮った長篇劇映画第一作目。一七歳のエイミーとソニーはいつも「秘密のアジト」に集まってはふたりで過ごしていた。映画館で抱えていたポップコーンをぶちまけその場から立ち去るはちゃめちゃな彼女たちを見れば、誰もがガールズムービーの金字塔であるヴェラ・ヒティロヴァのチェコ映画『ひなぎく』を思い出さずにはおれないだろう。蝉の鳴く声が終始響き渡り、少女時代という季節の刹那をフィルムに刻印している。

●『恋空』 016

二〇〇七年／一二九分

監督：今井夏木／脚本：渡邉睦月／原作：美嘉／撮影：山本英夫／出演：新垣結衣・三浦春馬

―

高校生の美嘉はヒロと交際をはじめるが、あるとき突然の別れを告げられる。別々の道を歩みはじめるものの、のちにヒロが末期癌を患っていた真実を知りふたりは再び結ばれる。美嘉によるこの同名ケータイ小説は若い世代の間で一大ブームとなり、映画化のみならず漫画化、テレビドラマ化されるなど一世を風靡した。『SPEC』シリーズや『高校教師』、『オレンジデイズ』など数々のテレビドラマの演出やプロデュースを手がけてきた今井夏木による映画デビュー作となった。

●『指輪をはめたい』 017

二〇一一年／一〇八分

監督：岩田ユキ／脚本：岩田ユキ／原作：伊藤たかみ／撮影：翁長周平／出演：山田孝之・二階堂ふみ

―

伊藤たかみによる同名小説を大胆に改変し、スケートリンク場の事故で記憶を失った輝彦が婚約指輪を渡そうとした恋人が誰なのかを解き明かそうとするラブコメディ。スケートの滑走をはじめ、指輪の形を連想させる輪状のアクションやモチーフが頻出する映像にも意匠が凝らされている。本作を監督した岩田ユキはこのあと、『おナスにのって』で双葉社漫画アクションカミカゼ賞佳作、『悪者のすべて』で小学館新人コミック大賞青年部門入選など漫画家としても活躍している。

●『少女邂逅』 018

二〇一七年／一〇一分

監督：枝優花／脚本：枝優花／撮影：平見優子／出演：穂志もえか・モトーラ世理奈

—

第二六回早稲田映画まつりに出品された『さよならスピカ』(二〇一三)が審査員特別賞を受賞、翌年も同映画祭で『美味しく、腐る。』が観客賞を受賞した枝優花は、二〇二〇年には初のテレビドラマ『スイーツ食って何が悪い!』の監督・脚本を務めた。学校でいじめを受けるミユリがある日蚕の生まれ変わりかのように目の前に現れた紬と邂逅し、少女たちの生きる被虐性の高い世界が残酷かつ幻想的に映し出される。その後、トランスジェンダーの学生を淡い映像で描く短篇『息をするように』を監督した。

●『過激派オペラ』 019

二〇一六年／九〇分

監督：江本純子／脚本：吉川菜美・江本純子／原作：江本純子『股間』／撮影：中村夏葉／出演：早織・中村有沙・桜井ユキ

—

本作は女と女の激しい肉のぶつかり合いから幕を開ける。それは既存の映画によく見られたような、幻想化された女同士の性行為などではない。女だけの劇団を捉えたスクリーンにおいて身体を投げ出す演者たちは、誰もが美しさよりも泥臭さを、あるいは慎ましさよりも過剰さを纏っている。女だけの空間において、もはや性の力学は無効化されている。劇団「毛皮族」の主宰である江本純子が、自身の自伝的小説『股間』を原作に映像化した監督第一作目。

●『勝手にふるえてろ』 020

二〇一七年／一一七分

監督：大九明子／脚本：大九明子／原作：綿矢りさ／撮影：米田博之／出演：松岡茉優・北村匠海

—

二四歳で恋愛未経験の女性を主人公にした綿矢りさの原作小説を映像化するに際して、モノローグをダイアローグに改変するなど大胆なアイディアを施した大九明子の代表作。ミュージカルの要素や、芸人として活動していた大九の得意とするコミカルな要素が同居している。その後、同じく綿矢の『私をくいとめて』を映画化した。どちらも自意識と現実の問題を扱っており、内向的で孤独な女性が外の世界へと関わってゆく過程が描かれている。

●『海でのはなし』 021

二〇〇六年／七一分

監督：大宮エリー／脚本：大宮エリー／撮影：松島孝助／出演：宮崎あおい・西島秀俊

—

画家、CMディレクター、エッセイスト、ラジオパーソナリティ、CMプランナーなどさまざまな肩書をもつ大宮エリーの監督デビュー作。もともとはスピッツのプロモーションビデオとして製作された。主人公の名前もスピッツの曲名に由来する楓だが、楓はある日父親に別の家庭があることを知ってしまう。非常勤講師の博士に想いを寄せている楓は、苦しい気持ちのまま彼と海へと向かう。映画の物語とスピッツの楽曲が響き合いながら進んでゆくユニークな手触りの作品。

●『プール』 022

二〇〇九年／九六分

監督：大森美香／脚本：大森美香／原作：桜沢エリカ／撮影：谷峰登／出演：小林

聡美・加瀬亮

—

『かもめ食堂』制作チームが桜沢エリカの漫画を『カバチタレ！』や『きみはペット』など多くのテレビドラマの脚本を手がけている大森美香で映像化した。舞台はタイのチェンマイ。四年前からそこでゲストハウスを営む京子のもとに娘のさよが訪れる。そこにはかつて余命半年を宣告された老人女性などが集うがドラマの起伏を生む〝死〟はこの映画世界で展開されず、ギターの優しい音色や空を飛んでゆく暖色の灯籠などだけで穏やかな時間がそっと流れてゆく。

•『さよならの朝に約束の花をかざろう』 023

二〇一八年／一一五分

監督：岡田麿里／脚本：岡田麿里／出演（声）：石見舞菜香・入野自由

—

P.A.WORKSが制作したアニメーション映画で、岡田麿里のオリジナル脚本による初監督作品。外見の成長が一〇代半ばで止まり、数百年生き続けるイオルフ族の少女マキアと、普通の少年エリアルの母と子の絆を描く。少年から青年へと成長していくエリアルと少女のまま変化することのないマキアの間に流れる異なる時間と複雑な関係。壮大なスケールの世界観を成立させる緻密な背景の画が素晴らしく、親と子の関係を重層的に描き出した秀作。　＊

•『海辺の金魚』 024

二〇二一年／七六分

監督：小川紗良／脚本：小川紗良／撮影：山崎裕／出演：小川未祐・花田琉愛

—

是枝裕和に師事した俳優で作家でもある小川紗良による長篇監督第一作の本作は、児童養護施設に暮らす一八歳の花と新たに入所した八歳の晴海の交流を描く。演技経験のない子供がキャスティングされ、彼らには台本も渡されなかった。そのためか映画には子供たちの自然な姿が活写されている。海では生きられない淡水魚である金魚に少女の運命が仮託された終幕は、残酷さと希望が互いに波打つ。撮影後、自身初となる小説が同名タイトルで執筆された。

•『かもめ食堂』 025

二〇〇六年／一〇二分

監督：荻上直子／脚本：荻上直子／原作：群ようこ／撮影：普嶋信一／出演：小林聡美・片桐はいり・もたいまさこ

—

群ようこによる書き下ろし小説を荻上直子が脚本化し監督した本作は、主人公サチエがヘルシンキで飲食店を開業し、そこで働きはじめる女性たちと客のゆるやかな交流を描く。荻上が私淑するフィンランドの名匠アキ・カウリスマキ監督作『過去のない男』の主演俳優マルック・ペルトラも出演。二〇代から三〇代の女性を中心に、「スローライフ」や「癒し系」、「北欧ブーム」といった文脈で大ヒットを記録し、荻上にとって代表作となった。

•『セノーテ』 026

二〇一九年／七五分

監督：小田香／撮影：小田香

—

メキシコ・ユカタン半島北部のセノーテと呼ばれる洞窟内にある泉は古代マヤ人にとって唯一の水源、生贄の儀式としても使用され、現世と黄泉を繋ぐ場所と信じられた。泉に沈潜した動物や人間の骨、クロースアップで捉えられる現地の人々、歴史を超えて伝えられてきたマヤのテキストが重なり、

壮大な織物が仕立て上げられる。小田香のカメラは水中撮影によって泉に差し込む光と影、魚たちの遊泳、水の運動を詩のように切り取り、神秘的な泉を徹底して内側から描いてゆく。

＊

●『恋とボルバキア』 027

二〇一七年／九四分
監督：小野さやか／撮影：小野さやか・高畑洋平・高澤俊太郎

—

日本映画学校の卒業制作『アヒルの子』（二〇〇五）でHOTDOCS国際ドキュメンタリー映画祭ほか国内外の映画祭に招待された小野さやかによるドキュメンタリー映画。平日は会社員の男性、週末は女性として生活する人、トランスジェンダー女性のアイドル、トランスジェンダーと交際して苦悩するレズビアン、自らを「化粧男子」と名乗る人などさまざまな非典型的なジェンダーの在りようを生きる人々にカメラが向けられてゆく。決して「LGBT」には収まりきらない〝生〟の姿がスクリーンに息づく。

●『そこのみにて光り輝く』 028

二〇一四年／一二〇分
監督：呉美保／脚本：高田亮／原作：佐藤泰志／撮影：近藤龍人／出演：綾野剛・池脇千鶴

—

大林宣彦の事務所に助監督見習いとして入社し、映画監督への道を歩みはじめた呉美保による長篇三作目。これまで映画化された佐藤泰志原作六作品のうち、唯一の女性映画作家。うだつのあがらない日々を送っていた達夫は、ある日寝たきりの父親と世話に明け暮れる母、水商売で生計を支える千夏の一家と出逢う。貧困層の行き詰まった者たちを映し出す本作は終幕までほとんど救いもないが、呉は彼らの傷ついた魂に寄り添うようにヒリついた質感の映像で彼らの心奥にまで手を伸ばす。

●『境界線の向こう側』 029

一九九八年／六三分
監督：小谷内郁代／脚本：今村千絵・小谷内郁代／撮影：小山田勝治／出演：八幡現代・西岡秀記・佐々木麻由子

—

余命幾許もない父親のために結婚して孫の顔を見せてやるために、レズビアンとゲイのための偽装結婚サイトにゲイカップルの片方が手を出す。そこでマッチングした女性と会う手筈を整えていたところ、その恋人を名乗る女性が家に乗り込んできて、三人が奇妙な旅に出るという風変わりなロードムービー。映画を通して男性同士の濃密な性行為が何度も繰り広げられる。ここには同じく一九九〇年代に製作された大木裕之監督作『あなたがすきです、だいすきです』のムードも看取できる。

●『チョコリエッタ』 030

二〇一四年／一五九分
監督：風間志織／脚本：風間志織・及川章太郎／原作：大島真寿美／撮影：石井勲／出演：森川葵・菅田将暉

—

監督を務めた風間志織と親交のあった大島真寿美による小説の映像化。幼い頃に亡くした母がイタリアの巨匠であるフェデリコ・フェリーニの名画『道』の主演俳優にちなんだ名前をつけた犬の死後、世界がクソそのものになってしまった千世子。千世子は映画研究部の先輩と映画を撮る旅に出る。東日本大震災後、世間で口を噤《つぐ》む風潮のあった放射能や原発の問題が作品の至る

所に鏤《ちりば》められ、「せかいのおわり」を迎えかねない未来への不安感が地下水路に潜む。

031

『はざまに生きる、春』

二〇二二年／一〇三分

監督：葛里華／脚本：葛里華／撮影：福本淳／出演：宮沢氷魚・小西桜子

―

映画コンテスト「感動シネマアワード」にて大賞を受賞して制作された本作は漫画編集者でもある一九九二年生まれの葛里華による長篇劇映画第一作。青い絵しか描かないという画家で発達障害をもつ透と雑誌編集者として働く春の恋愛を描く。葛が発達障害の男性に好意を抱いたという実体験も取り入れられたと同時に、当事者への取材も行われた。観れば明らかなように、透のこだわる「青」の色彩を際立たせるためのロケーション、美術、衣装などが選び取られている。

032

『おんなのこきらい』

二〇一五年／八〇分

監督：加藤綾佳／脚本：加藤綾佳／撮影：平野晋吾／出演：森川葵・木口健太

―

『水槽』でぴあフィルムフェスティバル2012コンペティション部門に入選し、女性の映画作家による作品だけを集めたプロジェクト「桃まつり」、さらに『21世紀の女の子』にも参加した加藤綾佳の初劇場公開長篇作。「かわいい」だけが取り柄の摂食障害を抱えた主人公の日常生活に、やがて亀裂が入ってゆく。ポップでガーリーな世界観でありながら、重要な場面では長回しを駆使して役者の演技に魅入らせる演出が本作のひとつの特徴といえる。

033

『ぬいぐるみとしゃべる人はやさしい』

二〇二三年／一〇九分

監督：金子由里奈／脚本：金子鈴幸・金子由里奈／原作：大前粟生／撮影：平見優子／出演：細田佳央太・駒井蓮

―

大前粟生による同名短篇小説を金子由里奈が映画化。ホモソーシャルな男社会や恋愛規範に馴染めない七森は、ぬいぐるみと話す大学サークル「ぬいサー」に入る。一方、七森が出逢う麦戸は女性がつねに性的な危険に曝されている社会に耐えられずに引き篭もってしまう。本作は加害性に自覚的な現代に生きる若者たちの繊細さや傷つきやすさを、どこまでも優しいまなざしで包み込む。そしてそのまなざしは同様に、ぬいぐるみたちにも注がれている。

034

『書くが、まま』

二〇一八年／七七分

監督：上村奈帆／脚本：上村奈帆／撮影：野口高遠／出演：中村守里・長谷川葉生

―

劇団「ナナカマド」の主宰でもある上村奈帆による本作はMOOSIC LAB2018で観客賞、最優秀女優賞を受賞。中学生のひなのはうまく話せず紙に書くことでしか伝えられない。ひなのは既婚者男性と交際する保健室の先生に強い感情を抱く。上村は『蒼のざらざら』（二〇一四）や『僕の一番好きだった人』（二〇二二）といった作品で絵を描くことを主要なモチーフとして扱っており、白紙のうえに想いをスケッチしてゆくという上村ならではの作家性で彩られた一作。

035

『Eggs 選ばれたい私たち』

二〇二一年／七〇分

監督：川崎僚／脚本：川崎僚／撮影：田辺清人／出演：寺坂光恵・川合空

―

作品に対して性別による判断を避けるために名前から「子」を落としたという川崎僚による長篇劇映画第一作目。第二二回タリン・ブラックナイツ映画祭では日本映画唯一のコンペティション作品に選出。三〇歳までの年齢制限を設けられている卵子提供者（エッグドナー）に応募することを決めた純子とレズビアンの葵。女性が社会から一方的に「消費期限」を定められて結婚や出産を押しつけられてしまう受苦に迫ってゆくと同時に、同性愛者へのマイクロアグレッションも描出される。

●『萌の朱雀』 036

一九九七年／九五分
監督：河瀬直美／脚本：河瀬直美／撮影：田村正毅／出演：尾野真千子・國村隼

―

自主制作でドキュメンタリーを撮りはじめた河瀬直美がはじめて長篇の劇映画に挑戦してカンヌ国際映画祭カメラ・ドールを史上最年少で受賞し、その名を世界に知らしめた作品。奈良の西吉野を舞台に、林業を営む父が突然失踪し、一家が崩壊していく。小川プロの田村正毅とタッグを組み、幽玄な森の風景に人間を溶け込ませ、朱雀（神）の視点から長回しで家族を映し出す。ドキュメンタリーの手法をフィクションに取り入れ、瑞々しいリアリティが息づいている。

＊

●『マイスモールランド』 037

二〇二二年／一一四分
監督：川和田恵真／脚本：川和田恵真／撮影：四宮秀俊／出演：嵐莉菜・奥平大兼

―

分福が輩出した川和田恵真による長篇監督第一作目。第七二回ベルリン国際映画祭ジェネレーション部門出品、アムネスティ国際映画賞スペシャルメンションなど高い評価を受けた。埼玉に暮らす、「祖国をもたない世界最大の民族」と呼ばれる在日クルド人の家族を描く。日本でも先行きの見えない未解決の問題にあって当然ながら楽観的な答えには着地しえないものの、サブプロットの少年少女の直向きな恋愛には希望と未来が託されているようでもある。

●『天使の恋』 038

二〇〇九年／一一九分
監督：寒竹ゆり／脚本：寒竹ゆり／原作：sin／撮影：角田真一／出演：佐々木希・谷原章介

―

岩井俊二に師事した寒竹ゆりの長篇劇映画第一作。友人たちと組んで援助交際などでお金を稼いでいた理央が、歴史を教える教師と人生初めての恋に落ちる。原作にされているケータイ小説らしい難病ものでもあり、いじめ、女性同士の同性愛的な要素なども含まれている。寒竹はその後、岩井が制作総指揮を務めた『DOCUMENTARY of AKB48 to be continued 10年後、少女たちは今の自分に何を思うのだろう？』（二〇一一）を監督した。

●『新しい靴を買わなくちゃ』 039

二〇一二年／一一五分
監督：北川悦吏子／脚本：北川悦吏子／撮影：神戸千木／出演：中山美穂・向井理

―

『ロングバケーション』、『オレンジデイズ』、『連続テレビ小説 半分、青い。』など数々のヒットテレビドラマの脚本家としても知られる北川悦吏子による本作は、プロデューサーに岩井俊二を迎え、音楽を坂本龍一が手がけた。パリを舞台に偶然出逢ったフ

リーペーパーの編集者であるアオイとカメラマンの千が共に過ごした三日間を描く。岩井俊二の映画世界も彷彿とさせる繊細な映像で綴られる、大人のための上質な恋愛映画。

●『恋に至る病』 040

二〇一二年／一一六分

監督：木村承子／脚本：木村承子／撮影：月永雄太／出演：我妻三輪子・斉藤陽一郎

―

第二一回ぴあフィルムフェスティバルのスカラシップを得た木村承子による長篇監督第一作。他人との接触を拒絶する高校教師のマドカと、マドカに片想いしている生徒のツブラ。ツブラはマドカと性器が入れ替わることを空想してノートに絵を描き綴っていたが、それがあろうことか現実化してしまう。さらにツブラのレズビアンの親友までそこに介入してきて……。ゲームの効果音を使用したユニークな編集と奇抜な設定で「恋愛」を再定義した意欲作。

●『わたしたちの家』 041

二〇一七年／八〇分

監督：清原惟／脚本：清原惟・加藤法子／撮影：千田瞭太／出演：河西和香・安野由記子

―

東京藝術大学大学院映像研究科の修了制作として撮られ、ぴあフィルムフェスティバルアワード２０１７グランプリを受賞したはじめての長篇映画にして強烈な作家性を凝集させた傑作。同じ家に住んでいるが、異世界に暮らしているかのようにお互いの存在は知らない二人の女性が二組登場し、次第にその空間がつながりはじめる。清原映画ではマジョリティの異性愛男性はほとんどスクリーンタイムを得ることなく、男性不在の家という空間を舞台に、女性同士の親密な関係が描かれる。

＊

●王国（あるいはその家について） 042

二〇一八年／一五〇分

監督：草野なつか／脚本：高橋知由／撮影：渡邉寿岳／出演：足立智充・笠島智・澁谷麻美・龍健太

―

長篇監督第一作『螺旋銀河』（二〇一四）がドイツで開催された第一四回ニッポン・コネクションで審査員賞を受賞した草野なつかは、今後の日本映画界を牽引する作家として期待される一人である。本作は英国映画協会が二〇一九年の優れた日本映画に選んだ一本。映画は少女殺害の容疑者と取調官が供述調書を読み上げる場面から開始される。そこから台本を手にした役者たちが何度もリハーサルを繰り返してゆく。「身体」を主題に制作された本作は、役者がその「役」を獲得してゆく過程に焦点が当てられている。

●『裸足で鳴らしてみせろ』 043

二〇二一年／一二八分

監督：工藤梨穂／脚本：工藤梨穂／撮影：佐々木靖之／出演：佐々木詩音・諏訪珠理

―

監督第一作である『オーファンズ・ブルース』（二〇一八）ですでに個性的な才能を世に知らしめ、その作家性を確固たるものにした工藤梨穂によるクィア映画の傑作。目の見えない母の望みを叶えるために世界中を旅していると偽り、身近な場所で「世界の音」を録音する若い男性ふたり。やがて彼らは同性同士であるがゆえに言語化不可能な感情を、暴力的にぶつけ合う。映画の始点と終点を結ぶ廃品回収車のノスタルジックな音声が、観者自身の過去の記憶ま

でをも手繰り寄せてゆく。

●『映画をつくる女性たち』 044
二〇〇四年／一〇三分
監督：熊谷博子／撮影：馬場宏子
—
東京国際女性映画祭第一五回の記念作品として撮られたドキュメンタリー映画。日本で初の「女性監督」となった坂根田鶴子からはじまり、同映画祭ジェネラルプロデューサーの高野悦子や羽田澄子、河瀬直美など女性の映画作家、プロデューサーたちが登場してカメラの前で映画製作にまつわる経験を語ってゆく。彼女たちの手がけた映画の一場面も同時に紹介され、現在の映画界における女性たちの場所がどう開拓されていったのかを知る貴重な映像資料になっている。

●『嫌な女』 045
二〇一六年／一〇五分
監督：黒木瞳／脚本：西田征史／原作：桂望実／撮影：渡部眞／出演：吉田羊・木村佳乃
—
俳優として活動してきた黒木瞳が桂望実の同名小説の映画化を熱望し、自ら初監督を務めた。優秀な弁護士でつねに冷静な徹子と自由奔放でつねに人を振り回す夏子という対照的なふたりの女性の関係性を描く。婚約破棄による慰謝料請求や偽の絵画売買などトラブルに巻き込まれてばかりの夏子を徹子が弁護してゆく。舞台がふたつに仕切られたような特徴的なスプリットスクリーンなど、飽きさせない演出で綴られてゆく。主題歌は竹内まりやが務めた。

●『落下する夕方』 046
一九九八年／一〇六分
監督：合津直枝／脚本：合津直枝／原作：江國香織／撮影：中堀正夫／出演：原田知世・渡部篤郎・菅野美穂
—
是枝裕和監督作『幻の光』を手がけたプロデューサーとしてもよく知られる合津直枝による長篇監督第一作目。江國香織の同名小説を映画化した本作は、四年間同棲した健吾に突然別れを告げられたリカと彼の一目惚れ相手である華子の歪な三角関係を描く。華子は健吾の出て行ったリカの家に押しかけ、そこから男性の存在は希薄化してゆき、女性ふたりの蜜月の時間が生起される。晩夏に奏でられる風鈴の音色と置いたヘッドフォンから漏れ出る音楽のようにもの寂しい作品。

●『息の跡』 047
二〇一六年／九三分
監督：小森はるか／撮影：小森はるか
—
東日本大震災後にカメラを持って現地に移り住み、地元に生きる人々を記録した小森はるかが、津波で家と種苗店を失い、その跡地に「佐藤たね屋」を再開した佐藤貞一さんを追ったドキュメンタリー映画。自力で住宅兼店舗のプレハブを建て、独学の英語や中国語、スペイン語で被災経験を綴った本を自費出版し、毎日朗読する強烈なキャラクターからは人間の生命力がみなぎっている。映画評論家の蓮實重彦が「日本映画の至宝」と絶賛する映像作家の最高傑作である。

＊

●『美しい彼〜eternal〜』 048
二〇二三年／一〇三分
監督：酒井麻衣／脚本：坪田文／原作：凪良ゆう／撮影：平野礼／出演：萩原利久・八木勇征

—

『いいにおいのする映画』（二〇一六）がMOOSIC LAB 2015でグランプリほか当時史上最多となる六部門を受賞した酒井麻衣が演出を手がけたテレビドラマシリーズ『美しい彼』の劇場版。ドラマで結ばれたふたりのその先を描く。原作の凪良ゆうによるBL漫画にはファンが多数いるが、その美しい映像で好評を博した。酒井は映画以外にもなにわ男子「初心LOVE（うぶらぶ）」のMVなども手がけ、とくに若い層の共感を呼ぶ映像作品を精力的に発表している。

●『アンフェア』　049

二〇一五年／一〇八分

監督：佐藤嗣麻子／脚本：佐藤嗣麻子／原作：秦建日子『推理小説』／撮影：佐光朗／出演：篠原涼子・永山絢斗・阿部サダヲ

—

テレビドラマとして開始した『アンフェア』シリーズ劇場版三作のうち、『アンフェア the answer』『アンフェア the end』で脚本のほか監督も兼任。佐藤嗣麻子は『インディ・ジョーンズ』のような冒険活劇を目指した『K-20 怪人二十面相・伝』も手がけ、『アンフェア』のようなハードボイルド作品然り、いずれも興行収入二〇億を超える規模の大作で女性が監督を務めることの少ないジャンルの映画を世に送り出した。

●『ひらいて』　050

二〇二一年／一二一分

監督：首藤凜／脚本：首藤凜／原作：綿矢りさ／撮影：岩永洋／出演：山田杏奈・作間龍斗

—

愛が思いを寄せるたとえ、たとえと内密に交際している美雪の三角関係からなる綿矢りさによる小説を原作にした青春映画。愛はたとえの秘められた恋人の存在を知り、ふたりの仲を掻き乱す。淡い桜色のヴェールに包まれたような質感の映像に彩られた物語は、エゴイスティックなまでに狂気的な他者への固執と愛情の名の下に潜む毒々しい猟奇性を隠しもつ。原作の文体の美しさと瑞々しい読後感が、映像として秀逸に昇華された。

●『エンディングノート』　051

二〇一一年／八九分

監督：砂田麻美／撮影：砂田麻美

—

大学時代から映像制作を学び、河瀬直美などの監督助手を務めていた砂田麻美の監督デビュー作である本作は報知映画賞の新人賞を受賞し、興行収入一億円を超えるヒットとなった。砂田の実の父親が癌で余命宣告を受けてからこの世を去る「段取り」をしてゆく姿を追う。砂田のナレーションは娘の立場による自身としての語りではなく父親の一人称の体裁を取っており、代弁者を担っている。最後は父親のまなざしが砂田のカメラに同期するようにして幕を閉じてゆく。

●『嘘つきみーくんと壊れたまーちゃん』　052

二〇一一年／一一一分

監督：瀬田なつき／脚本：瀬田なつき・田中幸子／原作：入間人間／撮影：月永雄太／出演：大政絢・染谷将太

—

入間人間によるライトノベルの映像化。瀬田なつきにとってメジャーデビュー作となった。かつて起きた幼児誘拐事件の被害者であるみーくんとまーちゃんは久しぶりに再会し、同居生活をはじめてゆく。みーち

ゃんが自宅に監禁する幼い子供たちは彼らの似姿のようであり、この映画にもやはり瀬田の作家性である時間軸の戯れ、時制の多層化という要素が含まれている。みーくんが何度もカメラに向かって「嘘だけど」と語りかけてくる遊戯性が特徴的な作品。

●『あのこは貴族』 053

二〇二〇年／一二四分
監督：岨手由貴子／脚本：岨手由貴子／原作：山内マリコ／撮影：佐々木靖之／出演：門脇麦・水原希子

—

都市部の上流階級に生まれた華子と、地方から上京して大学を中退した美紀。まったく異なる階層で東京に生きるふたりの女性が、ひとりの男性を介して交差する物語を描く。原作は『アズミ・ハルコは行方不明』や『ここは退屈迎えに来て』といった作品が映画化されている山内マリコによる同名小説。岨手由貴子はささやかな役者の所作まで丁寧に演出し、女性同士や男女の対立に陥らないよう、俯瞰的に社会構造の方へとまなざしを向けている。

●『左様なら今晩は』 054

二〇二二年／九八分
監督：高橋名月／脚本：高橋名月・穐山茉由／原作：山本中学／撮影：板倉陽子／出演：久保史緒里・萩原利久

—

高校時代に脚本を書いた短篇映画『正しいバスの見分けかた』で史上最年少で伊参スタジオ映画祭シナリオ大賞2014短篇の部大賞を受賞した。映画は田舎の高校生たちのゆるい会話で進み、バスが恋愛の駆け引きの道具に使われる。『左様なら今晩は』は同棲していた恋人が出て行った陽平の家に若くして死んでしまったらしい愛助が現れて恋に発展してゆく。本作も人間と幽霊のどこかおかしい掛け合いが魅力。劇中にはふたりが広島のミニシアターであるシネマ尾道を訪れる場面もある。

●『みちていく』 055

二〇一四年／八九分
監督：竹内里紗／脚本：竹内里紗／撮影：松島翔平／出演：飛田桃子・山田由梨

—

大学では万田邦敏に師事し、鶴岡慧子作品の助監督にも入っていた竹内里紗の大学卒業制作として撮られた本作は第一五回TAMA NEW WAVEコンペティションでグランプリとベスト女優賞を受賞した。陸上部エースのみちるはあるとき部長の新田が自分の悪口を書いていたノートを見つけてしまう。しかしふたりは正反対の性格ながら次第に仲を深めてゆく。みちるは恋人に身体を噛んでもらわないと存在の実感が得られないが、映画は若者による自傷行為を簡単に否定しない。

●『シグナル100』 056

二〇二〇年／八八分
監督：竹葉リサ／脚本：渡辺雄介／原作：宮月新・近藤しぐれ／撮影：谷川創平／出演：橋本環奈・小関裕太

—

ヤクザに切断された涼介の小指を手に入れたストーカーの桃子が、愛するあまりにそれでクローンを作り出してしまう『さまよう小指』、家にあったテレビが人間の姿と化して持ち主の春子と恋愛関係になる『春子超常現象研究所』など、奇想天外の設定から他に類をみないハイテンションなギャグ漫画さながらの映画を生み出してきた竹葉リサ。宮月新による漫画を原作にした本作では、学校で繰り広げられるデスゲーム

のなかで生徒たちが次々と自殺に至り、スプラッタ描写が連打される。

●『乳房よ永遠なれ』 057

一九五五年／一一〇分
監督：田中絹代／脚本：田中澄江／原作：若月彰『乳房よ永遠なれ』・中城ふみ子『乳房喪失』『花の原型』／撮影：藤岡粂信／出演：月丘夢路・葉山良二

—

日本映画において坂根田鶴子に次ぐ劇映画の女性監督として一九五三年にデビューした田中絹代が、映画会社や男性作家たちの介入から逃れて脚本を田中澄江に依頼し、自身のスタイルを確立した三作目の映画。月丘夢路を主演に乳癌で乳房を摘出した歌人の短い生涯を描く本作は、離婚した夫との子供がありながらも母と女の間で引き裂かれる陳腐な母物のメロドラマとは一線を画し、女性の性的欲望を身体によって具体的かつ大胆に映像化した傑作だといえる。

＊

●『百万円と苦虫女』 058

二〇〇八年／一二一分
監督：タナダユキ／脚本：タナダユキ／原作：タナダユキ／撮影：安田圭／出演：蒼井優・森山未來・ピエール瀧

—

友人とのルームシェアに了承したことからトラブルに巻き込まれ、鈴子は不本意に前科持ちとなってしまった。住んでいた街にも居づらくなってしまった鈴子は、百万円を貯めるごとに街を転々と引っ越そうと決意する。『モル』、『赤い文化住宅の初子』、『浜の朝日の嘘つきどもと』など、脚本も兼任した作品に顕現されるタナダ的主題である経済の問題と、生きづらさを抱えながらそれでも生きてゆこうとする女性の物語が描かれたタナダの代表作。

●『空の味』 059

二〇一六年／一二五分
監督：塚田万理奈／脚本：塚田万理奈／撮影：芳賀俊／出演：堀春菜・松井薫平

—

大学時代の卒業制作『還るばしょ』（二〇一四）が第三六回ぴあフィルムフェスティバル入選を果たす。長篇劇映画第一作となった本作は第一〇回田辺・弁慶映画祭でグランプリはじめ四部門受賞のほか高い評価を得た。聡子の日常にじわじわと侵食しはじめた異変。やがて自身の摂食障害を自覚するようになる。そして双極性障害と思われるマキとの出逢い。聡子との距離を少しずつ縮めるようにして寄ってゆくカメラワークの反復によって、観客もまた彼女の心にそっと近づいてゆく。

●『コーヒーが冷めないうちに』 060

二〇一八年／一一六分
監督：塚原あゆ子／脚本：奥寺佐渡子／原作：川口俊和／撮影：笠松則通／出演：有村架純・伊藤健太郎・波瑠

—

ある席に座ると望んだ時間にタイムスリップできると噂される喫茶店を舞台にしたヒューマンドラマ。海外へ行ってしまう相手に素直になれずにいる女性、急死した妹を避けていた姉、認知症の妻を介抱する看護師の夫といった客とそこで働く主人公の四つの物語によるオムニバス形式ともいえ、『リバース』や『アンナチュラル』をはじめとした数多くのテレビドラマの演出やプロデュースを主戦場としてきた塚原あゆ子の手腕が光る監督第一作目。

●『まく子』 061

二〇一九年／一〇八分
監督：鶴岡慧子／脚本：鶴岡慧子／原作：西加奈子／撮影：下川龍一／出演：山崎光・新音

—

立教大学で万田邦敏に師事し、卒業制作『くじらのまち』で第三四回ぴあフィルムフェスティバルアワード2012グランプリとジェムストーン賞（日活賞）をW受賞した鶴岡慧子による本作は、西加奈子の小説を原作に温泉街を舞台にしたヒューマンドラマでありながらSF的な展開も見せてゆく。小学生の慧は青いランドセルを背負う宇宙人のコズエと出逢う。変化してゆく自分の身体に戸惑いを覚えつつ、「男性性」に拒否感情を示す少年の葛藤が描かれる。

●『愛と法』 062

二〇一七年／九四分
監督：戸田ひかる／撮影：ジェイソン・ブルックス

—

ロンドン大の大学院で映像人類学を学んだ戸田ひかるによる本作は、第三〇回東京国際映画祭「日本映画スプラッシュ」部門作品賞受賞、国外でも香港国際映画祭最優秀ドキュメンタリー賞を受賞した。大阪で法律事務所を営むカズとフミのもとに訪れたのは「わいせつ物陳列罪」等の疑いで逮捕されたろくでなし子、「君が代不起立」で処分された教師、無戸籍者たち……彼らの裁判の様子とともに、ゲイカップルであるカズとフミの日常生活にもカメラは向けられる。

●『永遠が通り過ぎていく』 063

二〇二二年／六〇分
監督：戸田真琴／脚本：戸田真琴／撮影：平見優子・谷村咲貴・林大智／出演：中尾有伽

—

AV女優と文筆家の肩書きをもって撮影された三篇——『アリアとマリア』『Blue Through』『M』——から紡がれる戸田真琴による詩的世界。フィルムの感触を湛えた静止画や独自性の強い言葉によるモノローグなどが織り込まれながら、戸田自身の人生の過去と記憶の海を潜水してゆく。『M』では戸田から受け取った手紙をもとに書き下ろしたシンガーソングライターの大森靖子による楽曲が流れ、MVのような作品に仕上がっている。

●『食堂かたつむり』 064

二〇一〇年／一一九分
監督：富永まい／脚本：高井浩子／原作：小川糸／撮影：北信康／出演：柴咲コウ・余貴美子

—

大学時代から映像制作をはじめ数々のTVCMを手がけたのち、執筆した脚本がサンダンスNHK国際映像作家賞を受賞し長篇監督第一作『ウール100%』（二〇〇五）に至った富永まいによる本作は、小川糸のベストセラー小説の映画化。失恋によって失語症を患ってしまった倫子が母親のもとに戻り、一日一組限定の食堂を開業する。言葉の役割を担うイラストがコラージュされたアニメーションによる空想が現実と溶け合い、ファンタジックな世界観を創出している。

●『名探偵コナン 紺青の拳』 065

二〇一九年／一一〇分
監督：永岡智佳／脚本：大倉崇裕／原作：青山剛昌／出演（声）：高山みなみ・山崎和佳奈

—

長らく人気漫画『名探偵コナン』の劇場版に演出として携わっていた永岡智佳が監督を務めたシリーズの二三作目の作品。シンガポールを舞台にシリーズの人気キャラ・怪盗キッドと京極真を中心に伝説の秘宝ブルーサファイアをめぐる戦いが繰り広げられる。スケールの大きなアクションシーンに比重が置かれ、迫力あるキャラクターの動きとミステリー要素をうまく融合したことも功を奏し、二〇一九年の興行収入は第二位という成績を収めた。 ＊

●『彼女はひとり』 066

二〇二〇年／六〇分
監督：中川奈月／脚本：中川奈月／撮影：芦澤明子／出演：福永朱梨・金井浩人

—

立教大学の修了制作として撮られた中川奈月の監督第一作である本作は、日本を代表する撮影監督である芦澤明子とタッグを組み、階段など空間の高低差を巧妙に利用した画面に類稀な個性が刻み込まれている。高校生の澄子は自殺を目論んで橋から飛び降りるが、未遂に終わり生還する。しかし澄子は父親と交際関係にあったこの世にはいない幼馴染の聡子の霊が見えるようになる。生者と死者が同質に描かれ、異質な女性の連帯が現前するホラー映画。

●『Little DJ～小さな恋の物語』 067

二〇〇七年／一二八分
監督：永田琴／脚本：三浦有為子・永田琴／原作：鬼塚忠／撮影：福本淳／出演：神木隆之介・福田麻由子

—

岩井俊二監督のもとで助手を務めた永田琴による本作は、第二〇回東京国際映画祭の正式招待作品にもなった。一九七〇年代の函館を舞台に、ラジオの好きな少年が難病を煩い、院内放送を任されると「DJ」として人気を集めてゆく。ロックバンド「クイーン」の「愛にすべてを」などポピュラー音楽が劇中に次々流れるのもラジオさながらで楽しめる。本作で好きなことに夢中になる子供の姿を撮った永田は、子供向けの映像制作ワークショップ「えいがっこ」も主催した。

●『Bの戦場』 068

二〇一九年／九〇分
監督：並木道子／脚本：久馬歩／原作：ゆきた志旗／撮影：大野勝之／出演：よしこ・速水もこみち

—

お笑いコンビ「ガンバレルーヤ」のよしこが映画初主演し、見た目にコンプレックスをもつウエディングプランナーを演じた。監督は坂元裕二脚本のテレビドラマ『最高の離婚』や『いつかこの恋を思い出してきっと泣いてしまう』などの演出を手がけた並木道子。本作が長篇監督第一作となった。ラブストーリーが原点という並木による王道ラブコメ作品で、本当の美しさとは何かを問いつつ、よしこのコミカルな演技と軽妙な話運びが見どころになっている。

●『ゆれる』 069

二〇〇六年／一一九分
監督：西川美和／脚本：西川美和／撮影：高瀬比呂志／出演：オダギリジョー・香川照之

—

是枝裕和の現場についた助監督時代に『蛇イチゴ』を書き上げて監督デビューした西川美和の二作目にあたる、彼女の評価を決定づけたホームドラマ。西川映画では初期から一貫して嘘や秘密が暴露され、共同体が崩壊し、そのプロセスのなかで人間の虚

実や表裏が浮き彫りになっていく。本作は兄弟と女性が形づくる人間模様を、吊り橋からの転落というアクションを軸にサスペンスフルに描き出し、西川的主題が見事にスクリーンに結実する代表作である。＊

070
●『さくらん』
二〇〇七年／一一一分
監督：蜷川実花／脚本：タナダユキ／原作：安野モヨコ／撮影：石坂拓郎／出演：土屋アンナ・椎名桔平・成宮寛貴
―
安野モヨコによる同名漫画を原作に、写真家として活躍していた蜷川実花が映像化。脚本には同じく映画作家のタナダユキ、主演のきよ葉に土屋アンナ、楽曲に椎名林檎が配され、日本を代表する女性のクリエイターたちが集結した。かつての吉原を舞台に男性監督によって描かれた『吉原炎上』などに伏在していた男性目線を捉え返す向きもある。鮮烈な色を放つ金魚や花といった蜷川美学に欠かせないモチーフたちが入り乱れ、豪華絢爛な花魁の世界がここに花開いた。

071
●『ぼけますから、よろしくお願いします』
二〇二二年／一〇一分
監督：信友直子／撮影：信友直子・南幸男・河合輝久
―
フジテレビで数多くのドキュメンタリー番組を手がけた信友直子の初劇場公開ドキュメンタリー映画。一〇万人を超える観客を動員し、文化庁映画賞、文化記録映画大賞など数々の賞を受賞した。自らの老いた両親にカメラを向けているうち、母親が認知症を患っていることが判明する。洗濯機の前の床に散らばった衣服の上に寝そべる姿、衝動的に「包丁持ってきて」と泣きじゃくる姿など、寄り添って生きてきた子供の距離感でしか捉えられないような母親の姿が収められている。

072
●『愛のくだらない』
二〇二〇年／九五分
監督：野本梢／脚本：野本梢／撮影：野口高遠／出演：藤原麻希・岡安章介
―
テレビの地方局でアシスタントプロデューサーとして働く景の五年間付き合っている恋人が、男性でありながら「妊娠」したと言い出すところから幕が開ける。景は任された番組にオファーするために、たまたま会社に訪れたトランスジェンダー男性の金井に声をかけ、金井との交流によってやがて性的マイノリティに対して内包していた偏見や無自覚にしてしまっていたマイクロアグレッションに気づいてゆくと同時に、恋人との関係性にも変化が訪れる。

073
●『Ribbon』
二〇二二年／一一五分
監督：のん／脚本：のん／撮影：彦坂みさき／出演：のん・山下リオ・渡辺大知
―
俳優、アーティストとしても活動してきたのんによる劇場公開初監督作。リボンを使った特撮には樋口真嗣と尾上克郎が協力し、予告編は出演もしている岩井俊二が手がけるなど錚々たる映画人が集まった。のん自身が演じるのは、コロナ禍で卒業制作展が不可能になった美大生。「不要不急」の名のもとで軽んじられた芸術の重要さを再確認すべく撮られた。主要舞台となる部屋は陽光に包まれ、鬱屈としたコロナ禍の生活にあたたかみを与えている。

● 『ブルーアワーにぶっ飛ばす』 074

二〇一九年／九二分

監督：箱田優子／脚本：箱田優子／撮影：近藤龍人／出演：夏帆・シム・ウンギョン

―

CM界で活躍する箱田優子による企画が、二〇一六年に「TSUTAYA CREATORS' PROGRAM」の審査員特別賞を受賞して映画化。箱田自身が投影された三〇歳のCMディレクターの砂田は複雑な感情を抱く故郷の茨城へと、「親友」の清浦と車を走らせて向かう。出演したシム・ウンギョンは本作を女性版『ファイト・クラブ』と形容するが、旅の終着点で矢継ぎ早の回想シークエンスとともに物語の大きな仕掛けが明かされる。

● 『百合子、ダスヴィダーニヤ』 075

二〇一一年／一〇二分

監督：浜野佐知／脚本：山崎邦紀／原作：沢部ひとみ『百合子、ダスヴィダーニヤ 湯浅芳子の青春』、宮本百合子『伸子』『二つの庭』／撮影：小山田勝治／出演：菜葉菜・一十三十一

―

日本の「女性監督」のパイオニアであり、ピンク映画をゆうに三〇〇本以上手がけてきた浜野佐知による一般映画。実在の戦後民主主義文学を牽引した作家であり、他の男性と結婚していた中條百合子と、芸者の女性と長く暮らしていた湯浅芳子がすぐにお互いを思い合うようになる。百合子が他の男性と再婚したため実際はふたりの共同生活は七年間で幕を閉じたが、映画は百合子と芳子のふたりの日々を永遠に終わらない夢のようにフィルムに刻印した。

● 『PLAN75』 076

二〇二二年／一一二分

監督：早川千絵／脚本：早川千絵／撮影：浦田秀穂／出演：倍賞千恵子・磯村勇斗・河合優実

―

七五歳になると生死の選択権が与えられる「PLAN75」が施行された近未来の日本を舞台にする本作は、カンヌ国際映画祭でカメラドール特別表彰の快挙を成し遂げた。超高齢社会、自己責任論、安楽死／尊厳死といった現代の日本が向き合うべき諸問題を詳らかに掬い上げている。過去作『ナイアガラ』（二〇一四）では児童養護施設で育った少女が死刑囚の祖父の存在を知らされる物語を通して、すでに日本社会における死と制度の問題が取り扱われていた。

● 『37セカンズ』 077

二〇二〇年／一一五分

監督：HIKARI／脚本：HIKARI／撮影：江崎朋生・スティーブン・ブラハット／出演：佳山明・神野三鈴・大東駿介

―

巨匠ジョージ・ルーカスなどを輩出した南カリフォルニア大学で映画を学び、俳優や写真家としても多彩に活動してきたHIKARIによる長篇劇映画第一作。第六九回ベルリン国際映画祭パノラマ部門で、観客賞と国際アートシネマ連盟賞を日本人初受賞。出生時に呼吸が三七秒間止まっていたために、身体に障害をもった漫画家志望のユマの性／生が描かれてゆく。主演には当事者へのエンパワメントの思いが込められ、実際の車椅子ユーザーである役者が起用された。

● 『好きっていいなよ。』 078

二〇一四年／一一三分

監督：日向朝子／脚本：日向朝子／原作：葉月かなえ／撮影：月永雄太／出演：川口

春奈・福士蒼汰

―

日本大学芸術学部映画学科で映画を学び、短篇『Finder』（二〇〇三）でショートピース！仙台短篇映画祭審査員奨励賞受賞、同年『SEESAW』でサンダンスNHK国際映像作家賞優秀賞を受賞した日向朝子。葉月かなえの少女漫画を映画化した本作にて、日向は男性監督優勢なジャンルであるキラキラ青春映画を手がけた。奥手なめいとモデル業でも人気を博す大和。最悪な出逢いからはじまり、相手との釣り合わなさに悩むなどストレートな若者の恋愛模様が爽やかに描かれている。

●『あの日のオルガン』 079

二〇一九年／一〇九分

監督：平松恵美子／脚本：平松恵美子／原作：久保つぎこ『あの日のオルガン 疎開保育園物語』／撮影：近森眞史／出演：戸田恵梨香・大原櫻子・佐久間由衣

―

鎌倉映画塾の第一期生として入塾し、数多くの山田洋次監督作品に助監督として参加してきた平松恵美子は、松竹では田中絹代による『お吟さま』（一九六二）以来、二人目の女性の映画監督としてデビューした。久保つぎこが『君たちは忘れない――疎開保育園物語』と題して出版した原作を基に日本初の疎開保育園の実話を映画化。太平洋戦争末期、園児たちを空襲から守るため奮闘した保育園を舞台にしながら子育てをたんに礼賛せず、それが含む厄介さ、面倒さ、しんどさも吐露している。

●『オー・ルーシー！』 080

二〇一八年／九五分

監督：平柳敦子／脚本：平柳敦子／撮影：パウラ・ウイドブロ／出演：寺島しのぶ・南果歩

―

淡々と会社に通うだけの毎日を過ごしていた四〇代の節子が、姪の美花を探しにアメリカへと旅立つ。ニューヨーク大学大学院映画学科で映画を学んだ平柳敦子の長篇監督デビュー作となった本作は第七〇回カンヌ映画祭の批評家週間に出品され、インディペンデント・スピリット賞で日本人で初めて新人作品賞と主演女優賞にもノミネートされた。その後、平柳はAmazonオリジナルドラマ「モダンラブ・東京～さまざまな愛の形～」（二〇二二）で、レズビアンカップルの子育てを描いた。

●『夜明け』 081

二〇一九年／一一三分

監督：広瀬奈々子／脚本：広瀬奈々子／撮影：高野大樹／出演：柳楽優弥・小林薫

―

分福に所属し、是枝裕和や西川美和の助監督を務めてもいた広瀬奈々子の長篇劇映画第一作。倒れていた身元不明のシンイチを助けた哲郎が彼を家に招き入れたことで、ふたりは擬似親子のような関係になってゆく。男同士の関係性が緊密になってゆくにつれて生じる危うさにじっくり迫った秀作。装幀家の菊地信義など本に関わる者たちを追った広瀬によるドキュメンタリー映画『つつんで、ひらいて』（二〇一九）にあった「手作業」への拘りが、木工所を舞台とした本作にも垣間見える。

●『ずっと独身でいるつもり』 082

二〇二一年／九四分

監督：ふくだももこ／脚本：坪田文／原作：おかざき真里／撮影：中村夏葉／出演：田中みな実・市川実和子

―

主に女性から絶大な支持を集める田中みな実を主演に迎えた本作は、原案に雨宮まみ、原作におかざき真里、さらに脚本家に坪田文、撮影に中村夏葉と、女性のクリエイターたちが多く集まった。三六歳の人気作家であるまみを主軸に、まみの元ファンである由紀乃、インフルエンサーとしても活動する主婦の彩佳、「パパ活」しながら暮らす美穂といった現代に生きる四人の女性たちの姿が、タイトルの通りとくに「結婚」の問題と描かれる。

●『ヴァイオレット・エヴァーガーデン外伝 ‐永遠と自動手記人形‐』 083

二〇一九年／九〇分

監督：藤田春香／脚本：鈴木貴昭・浦畑達彦／原作：暁佳奈／出演（声）：石川由依・寿美菜子

―

京都アニメーションのテレビアニメ『ヴァイオレット・エヴァーガーデン』の映画化作品で、原作は暁佳奈の小説、キャラクターデザインに高瀬亜貴子、シリーズ構成に吉田玲子、監督に藤田春香と女性陣が中核を担った。手紙の代筆業を担う「自動手記人形」のヴァイオレットが、女学校に通うイザベラの教育係を任され、次第に親密な関係を築いてゆく。二人でワルツを踊るシーンの動きや光と風の美しい表現、手紙を介した女性たちの心の交感が静謐な世界で描かれる。

＊

●『幕が下りたら会いましょう』 084

二〇二一年／九四分

監督：前田聖来／脚本：大野大輔・前田聖来／撮影：春木康輔／出演：松井玲奈・筧美和子

―

子役として俳優活動もしていた前田聖来の商業監督デビュー作。学生時代に制作した『いつか輝いていた彼女は』がMOOSIC LAB 2018で上映されるや高評価を得る。本作は妹が急逝してしまったことをきっかけに、劇団の主宰を務める麻奈美が再び立ち上がってゆく物語が二〇代半ばの作家の現代的な感性とともに描かれる。終盤では時間をかけて舞台上の芝居をカメラが捉え、映画内の「虚構」が次第に麻奈美の「現実」と溶解してゆく。

●『明け方の若者たち』 085

二〇二一年／一一六分

監督：松本花奈／脚本：小寺和久／原作：カツセマサヒコ／撮影：月永雄太／出演：北村匠海・黒島結菜

―

カツセマサヒコによる小説を、史上最年少の一六歳で初長篇映画『真夏の夢』（二〇一四）がゆうばり国際ファンタスティック映画祭に正式出品されるなど早くから映画作家としてその才能が注目される松本花奈が映画化。「僕」が学生最後の飲み会で出逢って付き合いはじめた「彼女」にはある秘密があった。映画にとって重要な「夜明け」の描写にとりわけ力を感じる本作は男性視点で描かれてゆくが、「彼女」視点の『ある夜、彼女は明け方を想う』もスピンオフとして制作された。

●『幼な子われらに生まれ』 086

二〇一七年／一二七分

監督：三島有紀子／脚本：荒井晴彦／原作：重松清／撮影：大塚亮／出演：浅野忠信・田中麗奈

―

重松清の同名小説を原作として荒井晴彦が脚色し、三島有紀子が監督して数々の映画賞に輝いた作品。再婚同士の夫婦がもがき

ながらも新たな家庭を築こうとする物語。浅野忠信演じる田中信が血のつながらない娘とうまくやっていけず、それでも良い父親であろうと悪戦苦闘する姿が胸を打つ。離婚率の上昇とともに家族の関係性がますます複雑になるなか、親と子の葛藤を映像として鋭く浮かび上がらせ、家族のあり方を問い直したホームドラマの秀作といえるだろう。＊

●『チェケラッチョ!』 087

二〇〇六年／一一七分

監督：宮本理江子／脚本：秦建日子／撮影：柴崎幸三／出演：市原隼人・井上真央

—

一世を風靡したテレビドラマ『101回目のプロポーズ』の演出を手がけ、二〇〇八年には『風のガーデン』で第六三回文化庁芸術祭放送個人賞を受賞など主にテレビの世界で活躍してきた宮本理江子による監督作。宮本は現在まで映画はこれ一本のみを監督。ストーリーは王道青春ものであり、沖縄に暮らす高校生の若者たちがライブに出演するため奮闘してゆく。沖縄発のバンド「ORANGE RANGE」の音楽も劇中で流れ、沖縄色に満ちた一本。

●『よだかの片想い』 088

二〇二一年／一〇〇分

監督：安川有果／脚本：城定秀夫／原作：島本理生／撮影：趙聖來／出演：松井玲奈・中島歩・藤井美菜

—

「〝へたくそだけど私らしく生きる〟、等身大の女性のリアルをつむぐ映画シリーズ」として発足されたプロジェクト「(not) HEROINE movies」の第二弾として制作された本作は、ルポルタージュ本の取材を受けて世間で話題になった顔に痣のある女性と、彼女を映画に撮ろうとする男性監督の恋愛が描かれる。作家自身の映画を取り巻く暴力性への内省も込められ、異性愛は女性同士のシスターフッドへと流れてゆく。

●『幸福のスイッチ』 089

二〇〇六年／一〇五分

監督：安田真奈／脚本：安田真奈／撮影：中村夏葉／出演：上野樹里・沢田研二

—

第一六回日本映画批評家大賞特別女性監督賞受賞。本作は町の小さな電器屋を舞台にしているが、安田真奈自身も大学卒業後から家電メーカーに勤めながら自主映画の制作をしていた。本作は東京でイラストレーターとして燻っている怜が病気の父親の代わりに電器屋で働きはじめる。利益を度外視して町の住人たちのために奔走していた父親の働きぶりを知って、怜にも次第に変化が訪れてゆく。現代に忘れられてしまった地域コミュニティの繋がりが素朴な物語で語られる。

●『いなくなれ、群青』 090

二〇一九年／一〇五分

監督：柳明菜／脚本：高野水登／原作：河野裕／撮影：安藤広樹／出演：横浜流星・飯豊まりえ

—

監督を務めた柳明菜は、高校で制作した作品がオハイオ州優秀賞を受賞。さらに大学の卒業発表作品として制作した『今日という日が最後なら、』(二〇〇七)が国外の映画祭でも上映され注目を浴びた。柳は助監督や映画学校ではなく、現場にエキストラで入って映画制作を学んだという。本作では河野裕の同名小説を原作に、とある秘密を抱えた「階段島」で暮らす高校生たちが描かれてゆく。撮影場所の南伊豆町の広い

群青の空が、ミステリアスな雰囲気を一層醸成している。

●『タイトル、拒絶』 091

二〇一九年／九八分
監督：山田佳奈／脚本：山田佳奈／撮影：伊藤麻樹／出演：伊藤沙莉・恒松祐里・佐津川愛美

—

正団員が女性のみで構成された劇団「□字ック」の主宰でもある山田佳奈による長篇監督デビュー作。セックスワーカーの女たちの生き様を力強く描いた。主役を演じた伊藤沙莉が黒の下着姿でカメラに向かって人生のぼやきをぶつける強烈な語りがまず映画に観客を引き込む。雑居ビルに構えられた風俗店の狭い事務所内は舞台さながらと化し、そこで泥臭く生きる人間たちの激昂が飛び交う場面では凄まじいエネルギーが放出される。本作は劇場公開の翌年に舞台化もされた。

●『映画 聲の形』 092

二〇一六年／一二九分
監督：山田尚子／脚本：吉田玲子／原作：大今良時／出演（声）：入野自由・早見沙織

—

京都アニメーションのテレビアニメ『けいおん！』で監督として抜擢され、頭角を現した山田尚子が、大今良時の漫画をアニメ映画化した長篇映画監督三作目の作品。本作は興行的にも成功し、批評的にも大絶賛され、数々の賞を受けた。石田将也が、小学生のときに傷つけてしまった、先天性の聴覚障害をもつ西宮硝子と高校になって再会し、交流を通して次第に変化していく物語。『映画けいおん！』（二〇一一）以来、脚本家の吉田玲子とは、名コンビとして幸福な関係が続いている。

＊

●『21世紀の女の子』 093

二〇一九年／一一七分
監督：山戸結希・井樫彩・枝優花・加藤綾佳・坂本ユカリ・首藤凜・竹内里紗・夏都愛未・東佳苗・ふくだももこ・松本花奈・安川有果・山中瑶子・金子由里奈・玉川桜

—

山戸結希プロデュースによる女性の映画作家たちのオムニバス作品。「自分自身のセクシャリティあるいはジェンダーが揺らいだ瞬間が映っていること」をテーマにした八分以内の短篇が集められた。短い時間のフィルムながらそれぞれの個性が光り、この後多くの作家たちが映像業界で目覚ましい活躍を見せている。第三一回東京国際映画祭日本映画スプラッシュ部門にも出品され、作品の順序が異なる劇場公開版とインターナショナル版の2パターンがある。

●『溺れるナイフ』 094

二〇一六年／一一一分
監督：山戸結希／脚本：井土紀州／原作：ジョージ朝倉／撮影：柴主高秀／出演：菅田将暉・小松菜奈

—

ジョージ朝倉による少女漫画の名作を映画化した青春映画。モデルの夏芽は東京から越した浮雲町で、神主一族の跡取りであるコウと海で宿命的な出逢いを果たす。永遠に戻らない刹那の時間が波打つ水面の煌めきと、それを自らの手で燃え尽くさんとするばかりに火祭りで振り翳される松明の炎のイメージが対比的に交差する。山戸結希が大学在学中に制作した第一作『あの娘が海辺で踊ってる』（二〇一二）は、すでに本作の胎動を宿していたといえる。

●『あみこ』 095

二〇一八年／六六分
監督：山中瑶子／脚本：山中瑶子／撮影：加藤明日花・山中瑶子／出演：春原愛良・大下ヒロト

―

高校生のあみこはアオミくんへの恋心を直向きに走らせ、彼を求めて長野から東京までひとりで飛び出してゆく。得体の知れない生のエネルギーを発露させる本作で頭角を現した山中瑶子による監督第一作目。ソーシャルメディアで山中本人がキャストを探し、一八歳から二一歳の若いスタッフのみで撮影された。切れ味鋭い言葉の独自性もさることながら、独特のリズム感で疾走してゆく本作の映像は何にも似ていない。

096

●『マザーウォーター』
二〇一〇年／一〇五分
監督：松本佳奈／脚本：白木朋子・たかのいちこ／撮影：谷峰登／出演：小林聡美・小泉今日子・加瀬亮

―

荻上直子監督作『かもめ食堂』の制作チームが京都を舞台にスローライフを描く映画を松本佳奈を監督に迎えて新たに世に送り出した一作。役者陣も小林聡美や市川実日子、加瀬亮ら過去作にお馴染みの顔が続投した。ウィスキーしか出さないバー、豆腐屋などで、住人たちが何気ない会話に興じる様を長回しで撮影し、どこまでも穏やかな雰囲気が流れてゆく。「水」を重要なモチーフとして扱い、京都の町で煌めく水の姿がフィルムに焼きついている。

097

●『スープとイデオロギー』
二〇二一年／一一八分
監督：ヤン ヨンヒ／脚本：ヤン ヨンヒ／撮影：加藤孝信

―

大阪大空襲で韓国チェジュ島に疎開し、済州4・3事件を経験して大阪で生涯を過ごした母に、在日コリアン2世のヤン ヨンヒがカメラを向け、その記憶を辿ったセルフ・ドキュメンタリー映画。両親は〝北〟を信じて活動を続け、三人の息子は北朝鮮へと渡った。彼らに仕送りを欠かさなかった母は島での体験や日本への亡命について語りはじめる一方、認知症が進行し、すでに亡くなった家族を探しはじめる。目を背けてはならない、忘却された戦争の記憶が一つの家族から鮮烈に語り直される。＊

098

●『いとみち』
二〇二一年／一一六分
監督：横浜聡子／脚本：横浜聡子／原作：越谷オサム／撮影：柳島克己／出演：駒井蓮・黒川芽以・横田真悠

―

商業映画デビュー作の『ウルトラミラクルラブストーリー』（二〇〇九）がTAMA CINEMA FORUM最優秀作品賞を受賞した横浜聡子。本作は第一六回大阪アジアン映画祭でグランプリを受賞し、これまで手がけた作品で着実に評価を集めてきた。越谷オサムの同名小説を原作とした本作は、横浜の出身地でもある青森を舞台にメイドカフェで働くことになるいとを描く。ある側面では男女が擬似的な主従関係を演じるメイドカフェの題材に、現代的な視点がもたらされている。

099

●『浮かぶ』
二〇二一年／八五分
監督：吉田奈津美／脚本：吉田奈津美／撮影：杉山綾／出演：田中なつ・芋生悠

―

天狗による「神隠し」の伝説が流布されるとある町に暮らす姉妹。妹は神隠しに遭い、

姉は遭わなかった。なぜ妹は選ばれたのか。そこに少年も介在し、「撮る」側と「撮られる」側、あるいは「見る」側と「見られる」側の図式が形成され、映画のジェンダー化された権力機制を暗示する寓話にもなっている。前作の短篇『ひとひら』（二〇一八）では女性の制服を身につける少年や「女性」になることへの抵抗感を示す少女も描かれ、吉田の作品ではつねにジェンダーを巡る問いが投げかけられている。

●『ともしび』 100

二〇〇四年／七九分

監督：吉田良子／脚本：吉田良子／撮影：斉藤幸一／出演：河井青葉・遠藤雅・蒼井そら

—

女性作家のみのオムニバス企画「桃まつり presents 真夜中の宴」にも参加した吉田良子による長篇監督デビュー作。「映画番長」シリーズ第二弾「エロス番長」の一作として撮られた。都会に住む裕子は人知れず思いを寄せる男性のストーカーにまでなり、不在の部屋に侵入するなどの奇行を繰り返す。しかし映画はサスペンスの様相を呈するだけでなく、終盤には女性同士の切ない抱擁の瞬間が待ち受け、間接的にしか誰かを愛せない悲哀と切なさが醸成されてゆく。

あとがき

北村匡平

本書の誕生は、SCOOLシネマテークで開催された「中川奈月監督特集」でのアフタートークに端を発している。対談の準備のため、中川映画を改めて詳しく分析することになったのである。あまりにも作品が面白く、すぐに言葉が溢れ出てきて、いつの間にか映画批評が完成していた。そのくらい『彼女はひとり』は強烈な作家性を携えた作品だった。ちょうど同じ特集で別の日に登壇していた共著者の児玉美月さんにイベントの後で会う機会があり、「女性監督」という色眼鏡で見られた紋切り型の批評がいまだ跋扈していること、いまの若手の女性監督がいかに才能豊かかを語りあった。

ソーシャルメディアを基盤としたフェミニズムが盛り上がりを見せた二〇一〇年代後半、世界中で女性の映画監督が再注目され、各地で特集上映が組まれていた。日本でもアニエス・ヴァルダ、ケリー・ライカート、メーサーロシュ・マールタ、シャンタル・アケルマンといった女性監督が上映され再評価された。アリス・ギイの存在にも再び光が当たり、田中絹代の監督作がフランスなど海外で上映されて注目を浴びた。現役のセリーヌ・シアマが『燃ゆる女の肖像』（二〇二〇）を引っ提げて一大ブームを巻き起こし、その一方、日本の若手の女性監督が、それまでの世代の作品とは異なる素晴らしい映画を次々と作っている。こうした時代の熱気のなかで意気投合して本書の企画が立ち上がり、

執筆が進められたことをここに記しておきたい。

とはいえ、個人的なことをいえば躊躇する点もかなりあった。男性の評論家が女性監督の作品を先入観をもって論難するという一方的な図式は、二〇世紀の映画ジャーナリズムで、その権力勾配に無自覚なまま繰り返されてきたことである。女性であるということを根拠に作品を貶めたり、空疎な言説をあてがったり、作品や監督が不当に評価されてきたその権力構造を反復するだけになりはしないだろうか、そういう戸惑いと不安があった。

けれども一方で、個別の作家論集を除いて「女性監督」にフォーカスした本や雑誌は、ほとんどが女性執筆陣によって占められていた。だから男性が加わる本があってもいいのではないか、という思いがあった。そして何より、初期映画の多くの女性監督が恣意的に歴史から抹消され、あるいは「女性監督の映画」というジェンダーバイアスで取るに足りないものと、半ば無意識的に見過ごされてきたのならば、われわれは意識的に女性監督の実践を歴史化しなければならない、そう強く思って本書を作る決意をした。これが本書を作った経緯である。

本書のタイトルについても簡潔に触れておく。フェミニスト映画理論を牽引したローラ・マルヴィはかつて「視覚的快楽と物語映画」と題された有名なエッセイを書いた。そこで彼女はハリウッド映画において、いかに男性権力のまなざしによって女性が見世物化され、受動的な位置に追いやられているかを看破した。スクリーンは「男性のまなざし」によって構成され、そこに「女性のまなざし」が入り込む余地はほとんどない。これはジェンダーが不均衡な構造をもつ現実社会と地続きの問題である。

だから本書では、「女性」というレンズを通してスクリーンの世界を捉え返すことを企図した。英語圏では女性監督にフォーカスした書物がすでに多く刊行されている。日本においても、女性の映画作家が増えるだけでなく、批評言説も広く展開されなければならない。長らく存在しえなかった「女性たちのまなざし」に寄り添い、オルタナティヴな日本映画史を描き直すこと——。そういう想いをタイトルに込めたつもりである。

*

本当に多くの助けを借りて、この本は作られている。最後にその方々への感謝をここに記したいと思う。貴重な映像資料を提供してくださった熊谷博子さん、瀬田なつきさん、山戸結希さん、山中瑶子さん、上村奈帆さん、下村健さん、荻野洋一さん、ゆっきゅんさん、西田宣善さん、他にもお名前をすべて挙げることはできないが、さまざまな映画会社や配給会社の方々に助けていただいた。両著者から深謝申し上げたい。

最後に編集を担当してくださったフィルムアート社の藪崎今日子さんに感謝の気持ちを表したい。この本の主旨に賛同し、快く出版企画を引き受けてくださったおかげで本書を届けることができた。藪崎さんと一緒に作ることができて、とても幸運だったと思う。本来の出版予定はもっと早い時期だったが、思い通りに原稿が進まないときも、何度も丁寧なメールや打ち合わせを通して本書の向かうべきゴールを見極め、併走してくれた。また本書のデザインを担当し、素晴らしい装幀に仕上げて

くださった北岡誠吾さんにもお礼申し上げる。そして素晴らしい作品を残してくれた女性監督たちへ、最大限の感謝を捧げたい。

二〇二三年一〇月一〇日

於山形国際ドキュメンタリー映画祭
著者識

北村匡平（きたむら・きょうへい）

映画研究者／批評家。東京工業大学リベラルアーツ研究教育院准教授。単著に『椎名林檎論——乱調の音楽』（文藝春秋、2022年）、『アクター・ジェンダー・イメージズ——転覆の身振り』（青土社、2021年）、『24フレームの映画学——映像表現を解体する』（晃洋書房、2021年）、『美と破壊の女優 京マチ子』（筑摩書房、2019年）、『スター女優の文化社会学——戦後日本が欲望した聖女と魔女』（作品社、2017年）、共編著に『川島雄三は二度生まれる』（水声社、2018年）、『リメイク映画の創造力』（水声社、2017年）、翻訳書にポール・アンドラ『黒澤明の羅生門——フィルムに籠めた告白と鎮魂』（新潮社、2019年）などがある。

児玉美月（こだま・みづき）

映画文筆家。共著に『反=恋愛映画論——『花束みたいな恋をした』からホン・サンスまで』（ele-king books、2022年）、『「百合映画」完全ガイド』（星海社新書、2020年）、分担執筆に『ロウ・イエ 作家主義』（A PEOPLE、2023年）、『デヴィッド・クローネンバーグ 進化と倒錯のメタフィジックス』（ele-king books、2023年）、『フィルムメーカーズ24 ホン・サンス』（宮帯出版社、2023年）、『ジャン=リュック・ゴダールの革命』（ele-king books、2023年）、『韓国女性映画 わたしたちの物語』（河出書房新社、2022年）、『アニエス・ヴァルダ——愛と記憶のシネアスト（ドキュメンタリー叢書）』（neoneo編集室、2021年）、『岩井俊二『Love Letter』から『ラストレター』、そして『チィファの手紙』へ』（河出書房新社、2020年）、『フィルムメーカーズ21 ジャン=リュック・ゴダール』（宮帯出版社、2020年）など多数。『朝日新聞』、『キネマ旬報』、『文藝』、『ユリイカ』、『文學界』などに寄稿。

彼女たちのまなざし
日本映画の女性作家

2023年12月26日　初版発行

著者　北村匡平・児玉美月

デザイン　北岡誠吾
編集　藪崎今日子（フィルムアート社）

発行者　上原哲郎
発行所　株式会社フィルムアート社
〒150-0022
東京都渋谷区恵比寿南1丁目20番6号 第21荒井ビル
TEL 03-5725-2001　FAX 03-5725-2626
http://www.filmart.co.jp

印刷・製本　シナノ印刷株式会社

Printed in Japan
ISBN978-4-8459-2314-4　C0074